郭尚先書法學研究

崔成宗著

文史哲學集成

文史哲出版社印行

國家圖書館出版品預行編目資料

郭尚先書法學研究 / 崔成宗著 -- 初版. -- 臺
北市：文史哲，民 97.08
　頁：　公分. （文史哲學集成；555）
參考書目
ISBN 978-957-808-5(平裝)

1.（清）郭尚先 2.書法家 3.傳記 4.學術
思想 5. 書法美學

942.099207　　　　　　　97016946

文史哲學集成　　555

郭尚先書法學研究

著　　者：崔　　　成　　　宗
出 版 者：文　史　哲　出　版　社
　　　http://www.lapen.com.tw
　　　e-mail:lapen@ms74.hinet.net
登記證字號：行政院新聞局版臺業字五三三七號
發 行 人：彭　　　正　　　雄
發 行 所：文　史　哲　出　版　社
印 刷 者：文　史　哲　出　版　社
臺北市羅斯福路一段七十二巷四號
郵政劃撥帳號：一六一八○一七五
電話886-2-23511028 · 傳真886-2-23965656

實價新臺幣.四二○元

中華民國九十七年（2008）八月初版

自 序

　　郭尙先青少年時期，就銳意臨摹名家碑帖。有一段時期，他「每徹夜臨《醴泉銘》一過」，如此下功夫臨寫歐陽詢《九成宮醴泉銘》，大約維持了半年，「始以他事止」[1]。清仁宗嘉慶十二年（1807），郭尙先年二十三，應鄉試，中式第一名。同年冬天，進京考進士。臨行時，他的父親郭仲伊將王獻之《洛神賦十三行》交給他，並且勗勉他：「《十三行》不激不厲，風規自遠，日摹之可也。豈惟書哉！立身行己，處事接物，皆當若是矣。」[2]郭尙先的書法理論尤重人品與書品合一，此番趨庭之教，應是影響至深吧。

　　郭尙先進京以後，恣意蒐羅佳帖名碑，觀賞臨摹，而其書法自然是百尺竿頭，進步神速。嘉慶十四年（1809），郭尙先年二十五，殿試中式二甲第三十名。這年的清和月既望，也就是四月十六日，郭尙先爲其師英和的德配介文女史以端楷題畫（圖 70），以門生的身分，而奉師命爲師母題畫，其書法、學養造詣之優卓，而蒙恩師印可，較爾可知。

　　郭尙先一生熱愛書法，自少至老，鑑賞臨摹碑帖名跡，精研不輟。其於書法創作、書學理論，用功勤篤，悟性又高，

---

1 見梁章鉅《吉安室書錄》頁 175，上海：上海人民美術出版社，2003年 8 月版。

2 郭尙先《芳堅館題跋·十三行》卷 2，頁 16，臺北：新文豐圖書公司《叢書集成續編》第 95 冊，民國 78 年 7 月版。

因此隨手揮灑，往往從容中道；而其題跋碑帖，莫不論旨精闢。他一方面精擅帖學，對於傳世的、經再三翻刻的王羲之、王獻之書跡，對於《十七帖》、《淳化閣帖》、《洛神賦十三行》以及趙孟頫、董其昌、文徵明等帖學名家之作，用力甚深。對於唐碑，他也潛心臨摹研究，如歐陽詢的《皇甫誕碑》、《九成宮醴泉銘》、《化度寺邕禪師塔銘》、《虞恭公碑》等，虞世南的《孔子廟堂碑》，褚遂良的《伊闕佛龕碑》、《孟法師碑》、《唐慈恩聖教序記》、《房玄齡碑》等，敬客的《王居士塼塔銘》，顏真卿的《祭姪季明文稿》、《爭坐位帖》、《劉中使帖》、《鹿脯帖》等，他都一再諦觀，一再臨摹，心摹手追，追求離形得似、相當高明的書法境界。甚至於主張「學書不過顏魯國一關，終是門外漢。」不僅如此，他還撰寫了大量的題跋，評其優點，溯其源流，指點臨習之方，論述參悟所得，以其智慧，開示後學。值得一提的，就是顏真卿的書法有篆籀氣，其中已隱藏著帖學書法所較爲欠缺的、可以與篆隸接軌的因素。郭尙先既然步趨顏真卿的書法，很自然地也相當重視這種足以和商周尊彝相得益彰、足以和金石書法相通的篆籀氣。

　　至於兩漢的許多碑刻，北朝的一些名跡，郭尙先亦復勤於臨摹、精於論述，而體現其卓識。他所撰寫的《芳堅館題跋》卷一，就有近三十則題跋文字，暢論漢碑與北碑。他對於《漢少室神道石闕》、《漢裴岑紀功碑》、《漢北海相景君碑》、《禮器碑》、《孔宙碑》、《史晨碑》、《孔彪碑》、《張遷碑》、《張猛龍碑》等，都曾加以評論。至於《禮器碑》、《孔宙碑》、《史晨碑》，以及《石門頌》，他更是黽勉臨習，而得其神髓。

　　清代書法的發展，帖學原是主流，碑學則於乾、嘉之際，異軍突起，而浸成顯學。郭尚先生逢帖學昌盛，碑學肇興的時代，兼工碑帖之學，體現「預流」[3]之義。他與同一時期的書法家顧蒓、李宗瀚、何紹基並稱「顧李郭何」，可謂名重當代。這樣一位在清代書法史中舉足輕重的書法家、書法批評家，自然應該有一部專著來研究、表彰他的藝術成就、書學思想，以啟迪後學，弘揚書道。這是本書著述的宗旨。

　　筆者於是蒐羅、論述郭尚先的傳記資料、詩文著作、各體書跡，而撰寫本書第一章〈緒論〉。尚友古人，必須知其人，論其世；鑽研書法，尤重博其學，高其品，筆者因而撰寫本書第二章〈郭尚先之生平仕履與學養人品〉。郭尚先一生遍習名碑佳帖，兼工篆、隸、真、行、草書等各體書法，淵源有自，原委歷然，筆者因而撰寫本書第三章〈郭尚先之書法造詣〉。郭尚先對於習書之方、悟書之道、書法之風格、書品與人品，論之綦詳，為書法之巨擘，示後學以矩矱，筆者因而撰寫本書第四章〈郭尚先之書法理論〉。歷代書法批評，種類繁多，方法周備，郭尚先評論書法，每繼承此一方法論之傳統，而又時出新警之見，筆者於是擇其精者，詮次析述，因而撰寫本書第五章〈郭尚先之書法批評〉。條貫全書各章之統緒，綜述蘭石書學之大要，筆者因而撰寫本書第六章〈結論〉。

　　本書附圖，除郭尚先畫像之外，都是郭尚先的書跡，雖然由於主、客觀因素，無法蒐羅所有尚存於世的蘭石書跡，

3　陳寅恪《陳寅恪先生論文集・敦煌劫餘錄序》頁 1377：「一時代之學術，必有其新材料與新問題。取用此材料，以研求問題，則為此時代學術之新潮流。治學之士得預於此潮流者，謂之預流……此古今學術之通義。」臺北：九思出版社，民國 66 年 6 月版。

然而存此數十幀書跡，也足以藉斑窺豹，了解郭尚先的書藝成就了。

　　林語堂曾主張：欣賞書法，其意義存於忘言之境，其筆畫、結構，只有在不可言傳的意境中方可體會其真味。於此純粹線條美與結構美之魔力的教養領悟中，吾人可有絕對自由，貫注全神於形式之美，而無庸顧及其內容。[4]筆者研究郭尚先的書法學，發現無論是創作還是理論，郭尚先都兼顧形式之美與內涵之美，而且由書法之美與人文之美、道德之美、情操之美相即相融，從而形成全體生命恢廓宏偉之美。走筆至此，筆者對於郭尚先不禁要發出「高山仰止，景行行止」的崇仰讚嘆。

　　本書著述期間，內人許俊雅教授，協助尋訪郭尚先書跡，並時時關切寫作進度，玉成之忱，銘感在心。

　　　　　　　　　　　福山崔成宗序於雲鶴齋
　　　　　　　　　　　中華民國九十七年七月三十日

4　此處撮述林語堂的言論。見《吾國與吾民・第八章・藝術家生活》頁
　　313，臺北：林白出版社，民國 73 年 3 月版。

郭尚先書法學研究

目　次

圖 版

目 次

第一章　緒　論

第一節　研究緣起

　　民國九十三年四月三十日、五月一日，淡江大學中國文學學系與文鏑藝術中心書法研究室合辦「2004臺灣書法國際學術會議」。此一書法學術盛會由書法名家張炳煌教授與筆者負責承辦。忝爲此一盛會的承辦人，除了處理相關行政業務之外，自應另有述作，以無負於同仁賓友、社會賢達之鼓勵與贊襄。先是張教授已經花了幾個月的功夫，奔走三臺，遠赴韓、日，商請二十多位書畫收藏家提供臺灣先賢墨跡原作一百七十餘件，自四月八日至五月二日，在國立　國父紀念館舉行「臺灣書法傳承展」，並且將臺灣先賢所創作的這一百七十餘件心血結晶，裒爲一編，梓行於世，化身千萬，是爲《翰墨珠林 ── 臺灣書法傳承展作品集》。其魄力之大、貢獻之卓，蒐羅書跡之豐饒、保存文獻之功勳，在臺灣書法史與臺灣書法文獻史上，可謂樹立豐碑，霑漑靡窮。筆者受此激勵，思之再三，遂以〈郭尚先的人品與書藝〉爲題，勤蒐相關文獻，撰成〈郭尚先的人品與書藝〉一文，而於「2004臺灣書法國際學術會議」發表，希望對於郭尚先（字元開，號蘭石，1785-1832，圖1）這位海峽兩岸書法史上的重要書法

家有更深刻的了解與探討。

　　〈郭尚先的人品與書藝〉這篇文章發表之後，獲得不少
回響。先是趙心鑑先生以郭尚先所書《孝經》首頁影本（圖
2），及郭尚先所書對聯「飛電流雲絕瀟灑，名章俊句紛交衡」
影本（圖 3）相贈。其後李郁周教授又以全面研究郭尚先的
書法學相勉，且復寄贈蕙風堂筆墨公司影印出版之郭尚先臨
《顏真卿爭坐位帖》（圖 4）。中華書畫印藝學會暨收藏家協
會創會理事長張建富先生則親筆寫繪郭尚先最喜愛的作畫對
象 —— 蘭花，並且賦題畫詩一首爲贈：「蘭石先生也畫蘭，風
姿瀟灑出塵看。題云取法倪鴻寶，古聖多才筆墨寬。」[1]另有
書法同好，出示《清代學者像傳》一書所收錄郭尚先的畫像[2]，
以相勉勵。九十六年五月，淡江大學中國文學學系碩士班黃
子純小姐於高雄市立美術館所出版的《臺灣書法三百年》一
書訪得郭尚先隸書《朱柏廬治家要言》（圖 5）[3]，並惠贈其
影本[4]。凡此回響，都令筆者深受鼓舞。於是賈其餘勇，鍥而
不捨，而以撰成《郭尚先書法學研究》一書自期，庶幾無負
於先賢之啓迪，無負於同道之期勉；庶幾爲近數百年來海峽
兩岸書法史之建構與研究，有所探研，有所獻替。

1　張理事長此詩落款寫道：「甲申桐月。」則其寫作年月爲民國 93 年，
　　陰曆 3 月。
2　《清代學者像傳》第一輯所錄郭尚先的畫像，爲清人黃小泉所繪製。
　　也收錄於華人德主編《中國歷代人物圖像集》下冊，頁 2441，上海：
　　上海古籍出版社，2004 年 11 月版。
3　《朱柏廬治家要言》一作《朱柏廬治家格言》，民國七〇年代，筆者任
　　教國立臺灣師大附中，講授國文時，曾以溥心畬所楷書之《朱柏廬治
　　家格言》影本，作爲教具，勗勉學生。
4　見陳偉編《臺灣書法三百年》頁 32-33，高雄：高雄市立美術館，民國
　　87 年 6 月版。

　　於是查考民國七十三年五月，行政院文化建設委員會所出版的《明清時代臺灣書畫作品》一書，而得該書所收錄郭尙先書跡兩件。[5]其一是草書「韓幹畫馬，傳世者只一本，意境深遠，筆勢亦圓勁，李龍眠學之，備得其妙。鑑塘大兄屬」（圖6）。其二是行書「勝事傳來隨筆記，名區歷過借詩留」對聯（圖7）。這兩件作品，無論行書、草書，都是筆酣墨飽，氣韻飛動，神采耀然，引人入勝。再參閱《明清時代臺灣書畫作品》所附〈小傳〉，以及《書道全集・第14卷》所附〈書人小傳〉，而於郭尙先的生平，有了初步了解。依據《明清時代臺灣書畫作品》編撰者引述王國璠撰《臺灣金石木書畫略》的記載，郭尙先字蘭石，福建莆田人，與媽祖同鄉。年三十來臺，建館八里坌[6]，也就是今天的臺北縣八里鄉，授徒自遣。其後回中土，舉鄉試，成進士（案：依《蘭石公年譜》，郭尙先年二十五成進士。王國璠之說有誤），歷官至大理寺卿。卒年四十八。王國璠《臺灣金石木書畫略》又記載：郭尙先「工篆隸，善行楷。初學顏、歐，晚兼米、董，碑版刊行頗多。能畫墨蘭，傳世頗少。著有《增默菴遺集》等」[7]。《書道全集・第14卷》所附〈書人小傳〉則提供了更豐富的傳記資料：

　　　郭尚先（乾隆五〇 —— 道光一二、1785-1832），字元

---

5 見《明清時代臺灣書畫作品》頁82-85，臺北：行政院文化建設委員會，民國73年5月版。

6 八里坌，今臺北縣八里鄉。原屬臺灣原住民八里坌社，地當淡水河口與淡水港，同屬臺灣開化較早之地區。明鄭時期，八里坌即爲赴臺灣登陸之要地。康熙時，開闢殆遍。說見《臺北縣志》卷5，頁16，臺北：成文出版社《中國方志叢書》，民國72年版。

7 王國璠《臺灣金石木書畫略》頁395，臺中：臺灣省立臺中圖書館，民國65年3月版。

聞（案：聞，當作「開」。），號蘭石、伯柳（案：柳，
當作「抑」）等。福建莆田人。

嘉慶十四年（1809）進士及第，入翰林院，由編修累
升至光祿卿，在大理寺卿任中卒。其間屢任鄉試考官。
學問淵博，經史之外，諸子百家、輿地、象緯之學，
無不通。又精於鑑別，工書畫。書為嘉、道年間的大
家。世評娟秀逸宕，入敬客《磚塔銘》之室。其行書
出自顏真卿《爭坐位帖》，中年以後，足與董其昌並
駕齊驅。當時與同為福建出身的梁章鉅、林則徐並稱
「三妙」。又此三人的書法極為相似，但以郭尚先最
優秀。畫最工蘭竹，以筆力峭勁著稱。著有《增默菴
遺集》[8]、《芳堅館題跋》。[9]

此二則記載，提供了許多研討郭尚先生平事跡與書法學
的線索。

筆者任教職於淡江大學中國文學系，每日遠眺山海，徜
祥勝境，對岸八里的嵐光海色、四時佳景，以及朝暉夕陰、
萬千氣象，自然盡收眼底，得以時時賞翫。《詩經・秦風・蒹
葭》「所謂伊人，在水一方」的情境，也經常現乎心頭，而浮
想聯翩。於是經常遙思兩百年前的伊人君子郭尚先，就曾在
此觀音山之山麓、婆娑洋之水濱，建館授徒，而對臺灣的教
育和人文有所貢獻，樹立典範。既然嚮往前賢，何妨尚友古
人。若欲尚友古人，那就恪遵孟子的訓示，從事一番「知人

8　筆者案：依據《續修四庫全書》，《增默菴遺集》當作《增默菴詩遺集》。
9　見倉田淳之助等著、洪惟仁譯《書道全集・第 14 卷》頁 173，臺北，
　大陸書店，民國 87 年 2 月版。

論世」[10]的探究吧。於是博蒐郭尚先的書跡，稽考他的生平仕履，研讀他的詩文著作，就成為這幾年來（民國九十三年春月迄今），筆者教學之暇、甘之如飴的工作。

第二節　研究旨趣

一、現存對郭尚先書法評論之檢討

郭尚先（1785-1832）同時及其身後，兩百年來，評論清代書法的名家與著作，為數不少，而且各持精闢之論，而成一家之言。譬如包世臣（1775-1855）的《藝舟雙楫》、劉熙載（1813-1881）的《藝概·書概》、楊守敬（1839-1914）的《書學邇言》、《激素飛清閣評碑記》、《激素飛清閣評帖記》、康有為（1858-1927）的《廣藝舟雙楫》等，以及二十世紀海峽兩岸學者、世界各國學者所撰寫的有關中國書法史、書法理論的許多著作，率皆膾炙人口，影響深遠。然而注意到郭尚先的書藝與書論的，則較為少見。茲臚列各家評論，以徵其說：

1. 蘭石先生以工八法名嘉、道間，作字甫脫手，輒為人持去。片縑寸楮，咸拱璧珍之。書法娟秀逸宕，直入敬客《塼塔銘》之室。行書嗣體平原《論坐帖》，中年

---

10 孟子說：「以友天下之善士為未足，又尚論古之人，頌其詩，讀其書，不知其人，可乎？是以論其世也，是尚友也。」見《孟子·萬章下》卷 10 下，頁 12，臺北：藝文印書館《十三經注疏》第 8 冊，民國 62 年 5 月版。

以後，幾與董思翁方駕齊驅。（龔顯曾語）[11]

2.予藏（郭）大理小真書《闕里孔孺人墓誌冊》，大如指
頂，精妙絕倫。孺人係繡山舍人憲彝之母，龔定庵撰
文，梅伯言書後，可稱三絕。又有所臨《塼塔銘》冊，
亦佳。（《木葉廠法書記》）[12]

3.道光季世，郭蘭石、張翰風（張琦，1764-1833，字翰
風，江蘇陽湖人，道光年間舉人）二家，大盛於時，
名流書體相似。其實郭、張二家，方板緩弱，絕無劍
戟森森之氣。彼於書道，未窺門戶。然而風流扇蕩，
名重一時，蓋便於摺策之體也。（《廣藝舟雙楫》）[13]

4.郭尚先……工書畫……白簡侯少司馬藏有墨蘭屏四
幀，為其祖小山尚書（白鎔，為郭尚先之師）款。余
家藏有先叔祖梅坡公款行楷屏四幀。辛蘊山處士藏有
小楷冊十六頁，僅鈐印章，許壽彭跋云：「乃蘭石中年
書。館閣得此，無不決勝。」（《甌鉢羅室書畫過目考》）[14]

5.蘭石書似歐陽詢，以骨力勝。間作小楷，頗深別趣，
亦書家之不可無。至臨摹諸家，悉可亂真。（《書畫所見

---

11 龔顯曾語，轉引自馬宗霍輯《書林藻鑑》頁 418，臺北：臺灣商務印
　書館，民國 54 年 12 月版。

12 《木葉廠法書記》，李放纂輯《皇清書史》卷 31，頁 9。錄自周駿富
　編《清代傳記叢刊》第 84 冊，臺北：明文書局，民國 75 年元月版。

13 康有為《廣藝舟雙楫‧干祿》頁 239，臺北：華正書局，民國 71 年
　10 月版。案：「彼於書道，未窺門戶」句，崔爾平《廣藝舟雙楫注》
　作「彼於書道，未窺堂戶」，見該書頁 194，上海：上海書畫出版社，
　2006 年 1 月版。

14 李玉棻《甌鉢羅室書畫過目考》卷 4，頁 10。錄自周駿富編《清代傳
　記叢刊》第 74 冊。

錄》）[15]

6. 郭尚先……善書，摹倣華亭（董其昌），工夫老到。兼
　　工蘭竹。（《國朝書畫家筆錄》）[16]

7. 郭尚先研習唐宋諸大家書法。聽說中年以後，他的書
　　法可以和董其昌媲美。觀此作品（「好古不求秦以下，
　　游心常在物之初」楹聯，圖8），字字雄勁，令人有一
　　種堅守古風的印象。但世評其書，以小字行楷較佳，
　　大字有時嫌肉勝於骨，不夠乾脆。這種批評不能說不
　　恰當。署款「郭尚先」，鈐「臣尚先」、「蘭石」二印。
　　（《書道全集》第14卷）[17]

8. 道光年間，盛行歐體，「歐體趙面」之字風靡一時……
　　當時擅長這種風格的郭尚先名重一時。（《中國書法史‧
　　清代卷》）[18]

　　上述八則評語是兩百年來書學論著或書法史一類的著
作中，論及郭尚先書法的文獻，其評語往往針對郭尚先的書
跡而發。或者從郭尚先的工於臨摹著墨，推崇其「臨摹諸家，
悉可亂真」，「摹仿華亭（董其昌，明華亭人），工夫老到」；
或者從郭尚先書法的風格著眼，而以「娟秀逸宕」、「精妙絕
倫」、「字字雄勁」、「歐體趙面」評之；或者追溯郭尚先的書
法淵源，認為他的楷書「直入敬客《塼塔銘》之室」，行書則

---

15 李放纂輯《皇清書史》卷31，頁9，錄自周駿富編《清代傳記叢刊》
　　第84冊。
16 寶鎮輯《國朝書畫家筆錄》卷3，頁7。錄自周駿富編《清代傳記叢
　　刊》第84冊。
17 洪惟仁譯《書道全集》第14卷，頁153。
18 劉恆《中國書法史‧清代卷》頁123，江蘇：江蘇教育出版社，1999
　　年10月版。

取法於顏真卿的《爭坐位帖》；或者論及郭尚先書法對於當時書壇的影響，所謂「以工八法名嘉、道間」，「道光季世……大盛於時」，「館閣得此（指郭尚先書法作品），無不決勝」。然而對於郭尚先所撰《芳堅館題跋》中的許多書論書評，則未見著墨。因此康有爲有「方板緩弱」，「彼於書道，未窺門戶」這種粗疏陋誤的批評[19]；《書道全集》的作者有「（大字）肉勝於骨，不夠乾脆」的膚廓之論。厚誣古賢，實宜匡正。《民國莆田縣志》就反駁康有爲：「康南海譏其（郭尚先）『字法板弱』，非知言也。」[20]《民國莆田縣志》的作者真是獨具隻眼，議論中肯。持論中肯者，另有今人曹建，所撰〈氣韻：郭尚先帖學論的核心〉一文，收錄於華人德、葛鴻楨主編《明清書法史國際學術研討會論文集》。曹建認爲：郭尚先「將歷代書家置於其以二王所崇尚的晉韻的評價體系，從而總結書法創作範式」，實有見解。

　　其次，有關郭尚先的傳記資料，評論其書法造詣的，也有若干。錄之於後，以便參考：

1.……慕（蘭石郭）先生者，大抵首推書法，謂當頡頏元、明兩文敏，而生平志誼學行，幾為所掩……銘曰：「狩歟莆陽，夙鍾秀良。此才晚出，與古頡頏。淹洽

---

19 康有爲《廣藝舟雙楫・敍目》有言：「永惟作始於戊子之臘，實購碑於宣武城南南海館之汗漫舫，老樹僵石，證我古墨焉。歸歟於己丑之臘，迺理舊稿於西樵山北銀塘鄉之澹如樓，長松敗柳，待我草元（《玄》）焉。凡十七日，至除夕，迺書迄。光緒十五年也。」康有爲董理《廣藝舟雙楫》舊稿，論述全編，前後僅十七日，或許由於成書太速，遂無暇細究郭尚先的書學成就，而不免隔靴搔癢之疵病吧。

20 石有紀修、張琴纂《民國莆田縣志》卷 33，頁 67-68，上海：上海書店出版社《中國地方志輯成・福建府縣志輯 17》，2000 年 10 月版。

宏麗，如鄭浹漈。文名書名，為蔡端明。……」(《大理
寺卿蘭石郭先生墓誌銘》)[21]

2. 蘭石十餘歲即工書，銳意臨古，自言每徹夜臨《醴泉
銘》一過，約半年，始以他事止。通籍入京後，又無
帖不臨，愈變愈上。每晨起必蓄墨一升，至晚輒盡。
凡知好及門下士之得試差者，所需賞聯、賞扇二、三
百事，蘭石輒代了之。謂人曰：「借他人物以學書，莫
便於此。」當時索書者，戶外屢滿，無不各饜所求以
去，無觖望者。其遺跡貴抵兼金矣。(《吉安室書錄》)[22]

3. 郭蘭石大理尚先……書名筆林所推重，精鑑別，
收藏碑帖甚夥。公餘惟以翰墨自娛。予丁亥（道
光 7 年，1827）入都，暇輒奉訪，淪茗焚香，清
談娓娓，時出其所藏法書名畫以娛客。偶寫蘭竹，
灑然出塵。為予仿文衡山意，作幽蘭一叢，秀潤
可愛。予嘗謂蘭石曰：「伊墨卿有句云：『月華洞
庭水，蘭氣瀟湘煙。』君之畫品足以當之矣。」(《墨
緣小錄》)[23]

4. 工書法，嘗為仁宗（嘉慶皇帝）所賞識。四方求書者
無虛日，高麗、日本爭相購致。然非其人不輕許，有
以厚資為其父乞銘者，拒不與。又浼權要來，仍不與。

---

21 《碑傳集補·大理寺卿蘭石郭先生墓誌銘》卷 7，頁 6-8。錄自周駿
富編《清代傳記叢刊》第 120 冊。

22 梁章鉅《吉安室書錄》卷 15，頁 175，上海：上海人民美術出版社，
2003 年 8 月版。

23 潘曾瑩《墨緣小錄》頁 10。錄自周駿富編《清代傳記叢刊》第 79 冊。

（《清史稿・文苑傳》）[24]

5. 蘭石入翰林院後，書名最著。每以徹夜之功，臨《醴泉銘》一過。於同時張韓山、陳玉方、顧南雅、林少穆諸書家，如驂之靳也。(《師友集》) [25]

6.（郭尚先）行、楷傾動一時。(《制義叢話》) [26]

7.（郭尚先）長於書法，鑑古家得尚先書（無）不為貴。然非其人，亦不輕與。(《福建通志》) [27]

8. 先生以書名於時，嘉慶館閣書多宗趙承旨（趙孟頫），先生獨宗率更（歐陽詢），後進爭相仿效之，京師書法為之一變。晚喜作篆、隸。(《歸樸龕文稿》) [28]

9. 此（郭尚先《小楷冊》）乃蘭石中年書，館閣得此，無不決勝。林少穆、梁苣林皆閩人，三人書絕相似。(許壽彭〈跋蘭石小楷冊〉) [29]

10.（郭尚先）於書法尤著，道光壬辰（1832）主試山左（山東），乞書者繁。將回都，求者長跪，皆書而後行。惜不永年，故片紙皆貴。(《家言隨記》) [30]

11. 書家近稱「郭何」。惟子貞太史有學古太過處。(王鍾霖語) [31]

24　《清史稿・文苑傳》卷 73，頁 14。錄自周駿富編《清代傳記叢刊》第 105 冊。

25　李放纂輯《皇清書史》卷 31，頁 8。錄自周駿富編《清代傳記叢刊》第 84 冊。

26　李放纂輯《皇清書史》卷 31，頁 8。

27　李放纂輯《皇清書史》卷 31，頁 8。

28　李放纂輯《皇清書史》卷 31，頁 8。

29　李放纂輯《皇清書史》卷 31，頁 8-9。

30　李放纂輯《皇清書史》卷 31，頁 9。

31　李放纂輯《皇清書史》卷 31，頁 9。

12. 郭尚先，字蘭石……善書，摹傚趙、董，秀勁天成，
    工夫老到。兼工蘭竹。(《清代畫史增編》) [32]

13. 郭尚先……工書法，得唐人《塼塔銘》之神髓。(《清畫
    家詩史》) [33]

14. 郭尚先……工書法，為仁宗（嘉慶皇帝）所賞識，一
    時館閣，競摹其書，求者無虛日，高麗、日本人爭購
    之。一日能書數百幅，頡頏元、明兩文敏。自來善書
    者皆年五十以後方能成家，而尚先享年僅四十八，所
    造尚非極詣。康南海譏其「字法板弱」，非知言也。(《民
    國莆田縣志》) [34]

　　上述文獻大抵是針對郭尚先的書法創作及其名氣、影響
等，加以陳述、評論、推崇。這些文獻，或者說明郭尚先研
習書法的黽勉精勤，朝夕不輟；或者強調郭尚先的「書名最
著」，「行、楷傾動一時」；或者推崇郭尚先不受趙孟頫書風囿
限，而「獨宗率更（歐陽詢）」，管領當時風雅，使得後進之
士「爭相仿效之，京師書法爲之一變」；或者極力稱讚郭尚先
「摹仿趙（孟頫）、董（其昌）」，「頡頏趙、董兩文敏」（與元
代趙孟頫、明代董其昌並駕齊驅）。這些論述，對於研究郭尚
先的書法學固然可以取資，相當重要；但是論及郭尚先書法
理論的，也並不多見。以郭尚先書法造詣之卓越、書論見解

---

32 盛叔清輯《清代畫史增編》卷 35，頁 3。錄自周駿富編《清代傳記叢
　　刊》第 78 冊。

33 李濬之輯《清畫家詩史》卷己下，頁 21。錄自周駿富編《清代傳記
　　叢刊》第 76 冊。

34 石有紀修、張琴纂《民國莆田縣志》卷 33，頁 67-68，上海：上海書
　　店出版社《中國地方志輯成‧福建府縣志輯 17》，2000 年 10 月版。

之精闢，實在不應只是受到如此評價而已。因此，弘闡郭尚先的書法理論，審視郭尚先在中國書法史的地位，就成為筆者研究書法學的重點工作之一。

二、郭尚先之書法學，造詣精湛

郭尚先一生精研書法之學，可謂好書法而著迷，嗜書法而成癖。無論行、住、坐、臥，或是在深夜的書房裡、旅途的舟車上，他總是名賢的書跡在手，賞翫不已。或自得其樂，或排寂遣悶；而且靈光常現，時有妙悟。因此郭尚先除了是馳譽中外的書法名家之外，他還精擅於書法學理，是一位書法理論家。他所撰寫的《芳堅館題跋》，以及某些書法作品所書寫的內容，就時常展現精闢的書法見解。

郭尚先的大字行草師法顏真卿，楷書師法歐陽詢、虞世南、褚遂良、敬客，行草書體則受《蘭亭集敘》、《十七帖》、《淳化閣帖》，以及顏真卿《爭坐位帖》、《祭姪文稿》、《劉太沖敘》、《劉中使帖》、《鹿脯帖》等書跡的影響。他的隸書師法《孔宙碑》的「波撇並出，字字飛動」[35]；「橫溢」「清真」[36]，「風神逸宕」[37]；兼具《禮器碑》的「疏秀」「嚴密」[38]，

---

35 楊守敬《激素飛清閣評碑記》。

36 萬經評《孔宙碑》：「規矩整齊，一筆不苟，而姿態卻自橫溢，有《卒史》之雄健而去其板重，化《韓敕》之方幅而有其清真。」案：郭尚先自稱：「臨《孔季將（宙）碑》，筆下覺有秦篆氣。」說見《芳堅館題跋》卷1，頁3。再者，諦觀郭尚先隸書《朱柏廬治家要言》，結體寬博，風神逸宕，捺筆旁出透迤，「極其勢而去，如不欲還」（康有為《廣藝舟雙楫》語），可見其隸書確實深受《孔宙碑》影響。

37 康有為《廣藝舟雙輯·本漢》頁86：「《孔宙》、《曹全》是一家眷屬，皆以風神逸宕勝。《孔宙》用筆，旁出透迤，極其勢而去，如不欲還。」臺北：華正書局，民國71年10月版。

而有《曹全碑》的渾雅峻整。同時，郭尙先對於漢隸的極品
《石門頌》，也下過一番鑽研的工夫。[39]至於他的小篆，傳世
的書跡雖然有限，然而從《皇淸誥授榮祿大夫太子少保直隸
總督愼餘溫公墓志銘》碑額的「皇淸誥授榮祿大夫……溫公
墓誌銘」這二十三個小篆來看，也是勻圓秀逸，中規中矩
（圖 9），可與郭尙先（1785-1832）同時或前後的書法家如：
錢坫（1744-1806）、洪亮吉（1746-1809）、孫星衍
（1753-1818）、張惠言（1761-1802）、嚴可均（1762-1843）
等小篆之作分庭抗禮，方駕並馳。

　　他曾經諦觀熟翫《淳化閣帖》、《戲鴻堂帖》、《書種帖》、
《墨池堂帖》、《玉煙堂帖》、《快雪堂帖》、《李書樓帖》、《秋
碧堂帖》、《詒晉齋帖》、《滋蕙堂帖》等叢帖，意有所至，則
題寫跋語，歷述其觀賞心得及研究成果。上述叢帖所刊刻的
書法名跡，幾乎涵蓋了書法史中帖學系統的重要作品，由此
可知郭尙先研習書家典範之宏富精采。謂余不信，請舉數例，
以資隅反。

　　例如《戲鴻堂帖》，收錄索靖《出師頌》，褚遂良《摹王
羲之樂毅論》，王羲之《東方朔畫贊》、《快雪時晴帖》、《奉橘
帖》，王獻之《洛神賦》、《保母帖》、《送梨帖》、《新埭帖》，

38　楊守敬《激素飛淸閣評碑記》：「要而論之，（《禮器碑》）寓奇險於平
　　正，寓疏秀於嚴密。」
39　呂世宜曾說：「是碑（《楊孟文頌》）爲蘭石夫子所贈，學之數十百過，
　　不能得其一二……。」見呂世宜《愛吾廬題跋》頁 42，臺灣：林宗
　　毅發行，民國 63 年 11 月版。《楊孟文頌》全稱爲《司隸校尉楗爲楊
　　君頌》，世稱《石門頌》，東漢桓帝建和二年（148）刻碑，其書法具
　　有雄厚奔放之氣。郭尙先既然將此作拓本持贈呂世宜，以其愛好隸書
　　的個性，自然也曾對《石門頌》下過一番工夫。

唐玄宗《鶺鴒頌》，歐陽詢《千字文》，虞世南《汝南公主墓誌》，褚遂良《哀冊文》、《枯樹賦》，徐浩《道德經》、《朱巨川告身》，張旭《郎官石柱序記》，懷素《客舍帖》，唐玄宗《鶺鴒頌》，顏真卿《爭坐位帖》、《劉中使帖》、《自書告身》、《送劉太沖序》、《鹿脯帖》，杜牧《張好好詩》，楊凝式《韭花帖》，蘇軾《赤壁賦》、《黃州寒食詩帖》，黃庭堅《九陌黃塵帖》，米芾《王羲之辭世帖》、《吳江垂虹亭詩》，宋高宗《毛詩》，鮮于樞《張長史帖》，趙孟頫《謝惠連雪賦》、《張衡歸田賦》等名跡。[40]

再如《墨池堂帖》，收錄索靖《出師頌》，鍾繇《墓田丙舍帖》、《宣示表》，王羲之《黃庭經》、《遺教經》、《東方朔畫贊》、《樂毅論》、《曹娥碑》、《快雪時晴帖》、《袁生帖》、《瞻近帖》、《奉橘帖》、《平安帖》、《定武蘭亭敘》，王獻之《洛神十三行》、《乞假帖》、《送梨帖》、《益州帖》、《鵝群帖》，智永《臨王羲之告墓文》，歐陽詢《化度寺碑》、《心經》，虞世南《千人齋疏》、《汝南公主墓誌》，褚遂良《摹蘭亭敘》，柳公權《嘗瓜帖》，李靖《上西岳書》，薛稷《論燴帖》，顏真卿《鹿脯帖》，賀知章《近日東陽帖》、《隔日不面帖》、《敬和在彼帖》，徐浩《寶林寺詩》，蘇軾《烟江疊嶂圖詩歌》、《畫記》、《陶詩二首》，黃庭堅《石耳長句》，米芾《蕪湖縣學記》，蔡襄《扈從帖》、《暑熱帖》、《腳氣帖》，薛紹彭《久假帖》，趙孟頫《道德經》、《玉枕蘭亭》、《陰符經》、《洛神賦》等名跡。[41]

---

40 李光德《中華書學大辭典》頁 1015-1016，北京：團結出版社，2000年 1 月版。
41 李光德《中華書學大辭典》頁 1039。

　　再如《快雪堂帖》，收錄王羲之《快雪時晴帖》、《晚復帖》、《極寒帖》、《四月五日帖》、《追尋帖》、《秋中感懷帖》、《官奴帖》、《十月五日帖》、《霜寒帖》、《樂毅論》、《東方朔畫贊》，鍾繇《力命表》，王獻之《思戀帖》、《節過歲終帖》、《廿九日帖》，王廙兩《表》[42]，歐陽詢《卜商帖》、《張翰帖》，柳公權《守翰林職帖》，徐浩《朱巨川告身》、顏真卿《蔡明遠帖》、《鹿脯帖》、懷素《高坐帖》、高閑《正嘉座主帖》，李建中《詩帖》，宋高宗《詩經》，蔡襄《尺牘》，蘇軾《天際烏雲帖》，黃庭堅《尺牘》，吳琚《尺牘》，米芾《九歌》、《燕然山銘》，趙孟頫《閑邪公家傳》、《蘭亭帖十三跋并臨》等名跡。[43]

　　舉此三例，可知郭尚先經眼、臨習、鑽研、甚至於評論的歷代書法名跡，為數相當可觀。因此，郭尚先的書法，也不只是取法於鍾繇、王羲之、王獻之、歐陽詢、虞世南、褚遂良、敬客、顏真卿而已。像徐浩、楊凝式、蔡襄、蘇軾、黃庭堅、米芾、趙孟頫、文徵明、董其昌等書法名家，都或多或少對郭尚先的書法有所啓迪。林則徐所撰寫的〈大理寺卿蘭石郭先生墓誌銘〉推崇郭尚先：「文名書名，為蔡端明。」[44]，就是以郭尚先的書法造詣和北宋四大家之首的蔡襄相提並論。郭尚先的書法學，其取法之廣博，用力之精勤，實足以垂範後昆，為多士之師表。誠應闡論弘揚，以為吾人研習書法之所取資。

　　郭尚先精擅真、草、篆、隸，而且通曉書學理論，碑學、

42　筆者案：王廙《兩表》當是《祥除帖》、《昨表帖》。
43　李光德《中華書學大辭典》頁 1008-1009。
44　《碑傳集補・大理寺卿蘭石郭先生墓誌銘》卷 7，頁 6-8。錄自周駿富編《清代傳記叢刊》第 120 冊。

帖學，兼容並包。以他這樣精湛的書法造詣，在清代書法史自應享有重要的地位。如果只是輕描淡寫地說他的書法是「歐體趙面」，是清代館閣體的典範，然後以寥寥數語簡略帶過[45]；或者批評郭尚先只注重帖學，至於碑學，則未嘗措意。那就真是誤解，甚至是辜負了這樣一位貢獻卓越的書學大家了。因此，重新評價郭尚先在清代書法史的地位，就成為本書著述的重要旨趣。

　　郭尚先在書法理論方面，也提出了許多獨到之見。一般中國書法史、中國書法理論史、中國書法批評史、中國書法風格史、中國書法思想史、中國書法美學史等相關著作，對於郭尚先的書論幾乎是忽而不論，不贊一辭的。其實郭尚先的書論，眼光精到，生面別開，有不少中肯的見解。如果細讀本書第四章、第五章，就會知道筆者所述，絕非阿其所好，謬為之辭。因此，重新評價郭尚先在清代書論史，甚至於中國書法理論史的地位，也是本書著述的重要旨趣。

第三節　研究文獻

一、郭尚先之傳記資料

　　首先，筆者從蒐羅郭尚先的傳記資料著手。諸如梁章鉅的《吉安室書錄》、李玉棻的《甌缽羅室書畫過目考》、閔爾

---

45 劉恆《中國書法史・清代卷》頁 123：「道光年間，盛行歐體，『歐底趙面』之字風靡一時⋯⋯當時擅長這種風格的郭尚先名重一時。」

昌的《碑傳集補》、震鈞的《墨緣小錄》、朱汝珍的《詞林輯略》、馬宗霍的《書林藻鑑》、李放的《皇清書史》、陶湘的《昭代名人尺牘續集小傳》、江銘忠的《清代畫史補錄》、盛叔清的《清代畫史增編》、李濬清的《清畫家詩史》、汪兆鏞的《碑傳集三編》，以及《中國方志叢書》所收《民國莆田縣志》等，這些著作中，或詳或略，都有和郭尚先相關的記載，而且論述其書法的文獻也不少。

其次，又從《北京圖書館藏珍本年譜叢刊》尋得郭尚先的曾孫郭嗣蕃所編《蘭石公年譜》，再參考今尚可見的郭尚先詩文集、書法作品或書跡，以及前述郭尚先的傳記資料、相關題跋，和其他清人詩文集之相關論述，輯為《郭尚先年譜新編稿》。於是郭尚先的生平仕履、書法繫年、書法風格的形成與發展等課題，都可稍事董理，而知其大要了。

二、郭尚先之詩文著作

至於郭尚先的著作，則有《續修四庫全書》所收錄的《郭大理遺稿》、《增默菴詩遺集》，另有收錄於新文豐圖書公司出版《叢書集成續編》的《芳堅館題跋》等。

《郭大理遺稿》的編輯，出於郭尚先的同年好友、己巳年（嘉慶14年，1809）進士魏茂林笛生之手。此書編輯原委，魏茂林在所撰〈郭大理遺稿序〉及《郭大理遺稿‧識語》都有所說明：

> （郭尚先）歿之日，求其詩文全稿而不可得，即其門
> 人之親炙者，拾其殘編斷楮，亦不過三、四十首，不
> 能成集。蓋其生平作文，率不存稿，即有零星紙片，

亦拉雜摧燒之。余每見其法帖背葉，多為人作誄墓
文，及應酬壽序稿。其家用帳目，凌雜米鹽，亦夾書
其間，久亦初不記省也。其詩益不多作，作亦散葉，
獨吾閩楊雪茮方伯喜其詩，每索其詩，必錄其近作，
是以所存獨多。聞余輯其遺稿，錄寄一冊，余復為增
補，然不盈二冊也。(〈郭大理遺稿序〉) [46]

蘭石所撰文稿，每本不過五、六首，或七、八首，即
為人假去。別立稿本，積至三、五首，復為人攜去。
有還者，有不還者，有別鈔一稿送還而存其手書之稿
者。並有脫稿後即為人將去，未經存稿，或將原稿給
人而令傔人謄一底本，舛錯遺漏，至不可讀者。茲集
所錄，據原稿者十之二，據鈔寫者十之五，據同好錄
寄者十之三。其可校正者正之，疑者仍闕以待補。(〈郭
大理遺稿‧識語〉) [47]

　　依據魏茂林所說，郭尚先身後留存的詩文，有的累積了
五、六首，就被有人借走了。於是另起爐灶，再編稿本，累
積了三、五首，又被友人求索墨寶而攜去。或還或不還，這
種情形所在多有。還有剛撰寫完成，就被友人拿走，根本來
不及錄存副本的。郭尚先的詩文為數本來就有限，加上楊雪
茮當年陸陸續續向郭尚先索取的詩稿一冊，而魏茂林也增補
了一些，裒而錄之，總共「不盈二冊」。再加上郭尚先平生撰
寫文章，也時常不留底稿或副本，因此郭尚先詩文集的編纂，

---

46 魏笛生〈郭大理遺稿序〉，見《郭大理遺稿》卷首，上海：上海古籍
　　出版社《續修四庫全書》第 1510 冊，2003 年 5 月版。
47 魏笛生《郭大理遺稿‧識語》頁 1，見《郭大理遺稿》卷首。

並非易事。〈郭大理遺稿序〉又說：

> 道光（十九年）己亥（1839），余自潞垣請退，養痾
> 海陵，適其門人成蘭生方伯開藩江左，彼此札商，欲
> 編定蘭石詩文付梓。時梁芷鄰中丞自粵西遷撫吳中，
> 蘭生擬就正芷翁，冀有所增，再為彙刻。詎芷翁抵蘇
> 未久，旋即移疾歸閩。蘭生亦積勞遘疾不起。此稿棄
> 置篋中，遂無人過問矣。

> 烏虖！蘭石與余同鄉同譜，又同官京師，同居者二
> 載，比鄰而居者三載，其家瑣屑，余無不知之，是以
> 掇拾其稿，視他人較備……孰知天不憖遺我友，奪我
> 國家楨幹之材，而留此樗散擁腫之木於江海之濱，乃
> 為故人掇拾遺文，存十一於千百，急將付梓，又為造
> 物所撓。

> 烏虖！蘭石文名溢天下，而使天下無可錄其詞章；書
> 名耀海外，而使海外莫可窺其著作。才耶？命耶？時
> 耶？後世誰相知收其文者耶？吾今乃得以敘我蘭石
> 遺稿矣。道光二十三年（1843），歲在癸卯，長至後
> 一日，蘭懷老人魏茂林笛生。[48]

郭尚先留存於世的詩文稿件，篇數有限，在此情況下，
想要編輯郭尚先詩文全集，就得多方蒐羅了。於是魏茂林和
郭尚先的門生成蘭生頻有書信往還，多所商榷。成蘭生更打
算求助於福建同鄉前輩梁章鉅（字芷鄰、茞林，1775-1849），
因為梁章鉅年長於郭尚先十歲，兩人又是情誼深厚，必然可

---

48 魏笛生〈郭大理遺稿序〉，見《郭大理遺稿》卷首。

以提供不少郭尙先的詩文作品。然而陰錯陽差,「又爲造物所撓」,其時梁章鉅回福建家鄉養病,成蘭生又積勞病逝。這種種巧合,延緩了郭尙先詩文蒐羅整輯的工作,因而讓魏茂林慨歎不已。

　　道光二十三年(1843),也就是郭尙先過世之後十一年的夏至後一日,魏茂林終於完成了《郭大理遺稿》的編輯,而撰此序文,說明其成書原委。從道光十九年(1839),魏茂林與成蘭生商量編纂郭尙先詩文集,到《郭大理遺稿》的成書,前後花了四年的時間。這部書收錄於上海古籍出版社所出版的《續修四庫全書》第 1510 冊。

　　至於《增默菴詩遺集》的纂輯,則出於郭尙先的哲嗣郭篯齡,和女婿許祖淓之手,並由其文孫郭慎、姪孫郭維城校字。郭篯齡請翰林院庶吉士林慶貽作序。林慶貽寫道:

> ……辛未(清穆宗同治 10 年,1871)之春,子壽司馬曾集蘭石前輩遺筆共一冊,其間題者、跋者、銘者、贈答者、郵寄爲家言者,殘篇斷簡、接而續者有之,無可接而續者亦有之。祕書監文辭書翰,列於五絕,竊得以窺見一斑。余幸之,余轉惜之。幸得云覩,惜不得多覩也。
>
> 茲於新秋,子壽司馬又攜《增默菴詩遺集》兩卷,囑爲之序。余於案牘餘暇,展而莊誦之,喟然曰:「旨哉!至矣!以後輩而贊前輩,僭也,妄也。夫何敢?」惟既承前輩哲嗣司馬君諄囑,又何敢以不文辭?《詩》有之:「高山仰止,景行行止。」綴此以志鄉(嚮)往云爾。同治十年(1871)九月,知興化府事前翰林

院庶吉士林慶貽頓首拜，謹序。[49]

　　林慶貽的序文提到郭尙先的哲嗣子壽司馬，也就是郭籛齡「曾集蘭石前輩遺筆共一冊」，這一冊收錄了郭尙先的作品，「題者、跋者、銘者、贈答者、郵寄爲家言者，殘篇斷簡、接而續者有之，無可接而續者亦有之」，其數量應是相當可觀的。這一冊「蘭石前輩遺筆」顯然與魏茂林所編纂的《郭大理遺稿》八卷殊異，不知百餘年後的今日，是否尙存於天壤間？至於郭尙先的詩作，林慶貽不但推崇倍至，而且還引用司馬遷欽仰孔子的詩句「高山仰止，景行行止」[50]來表達嚮慕之情，其欽遲之深，可以想見。

　　關於郭尙先的詩集，程恩澤《程侍郎遺集》有兩首詩爲之題詠：

　　　　醉來搖筆醒來驚，腕力心光結撰成。書自顏行出蒼秀，詩從杜律得縱橫。禁中方獎元才子，天上偏呼石曼卿。畢竟前賢無此遇，九遷三召問蒼生。(〈題郭蘭石大理詩冊其一〉)

　　　　□□□笑郭郎，詩天樂地恣飛揚。東夷挾寶求珍翰，西蜀焚香拜講堂。四海墨花霑几席，九河情淚灑篇章。何人爲訂名山業，此冊應同瓠本藏。(〈題郭蘭石

---

49 林慶貽〈增默菴詩遺集序〉，見《增默菴詩遺集》卷首，上海：上海古籍出版社《續修四庫全書》第 1510 冊，2003 年 5 月版。

50 「高山仰止，景行行止。」語見《詩經・小雅・車舝》卷 14 之 3，頁 15，臺北：藝文印書館《十三經注疏》第 2 冊，民國 62 年 5 月版。《史記・孔子世家・贊》頁 1947：「《詩》有之：『高山仰止，景行行止。』雖不能至，然心鄉往之。余讀孔氏書，想見其爲人……。」臺北：洪氏出版社，民國 64 年 9 月版。

大理詩冊其二〉〉[51]

前一首詩的三、四句推崇郭尙先詩冊，其書法的蒼秀之氣，出自顏眞卿的行草；其詩篇的縱橫自得，則應歸本於杜甫的詩律。第五句以唐代詩人元稹來比擬郭尙先，贊美他的詩有如元稹之作，連皇帝也深致嘉賞。第六句用宋代詩人石延年（字曼卿）的典故。石曼卿「自少以詩酒豪放自得。其氣貌偉然，詩格奇峭，又工於書，筆畫遒勁，體兼顏、柳，爲世所珍」[52]。以石曼卿比擬郭尙先，實爲切合。「曼卿卒後，其故人有見之者，云：『恍惚如夢中，言我今成爲鬼仙也。』所主芙蓉城，欲呼故人往遊。」[53]這就是「天上偏呼石曼卿」詩句之所本。

至於後一首詩，其第三句「東夷挾寶求珍翰」說明郭尙先的詩篇翰墨，受到高麗、日本人士的喜愛，紛紛攜帶珍寶前來求索。第四句「西蜀焚香拜講堂」，則是說郭尙先主持四川學政，弊絕風清，士子除了向他求取墨寶之外，對於他的人品勳業，更是欽仰不已。五、六句「四海墨花霑几席，九河情淚灑篇章」，指出郭尙先的翰墨，名重士林；而其詩篇，則寄情溫厚，字字句句都是心血情淚的結晶，感人甚深。末了兩句「何人爲訂名山業，此冊應同瓠本藏」，則用梁宣城太守得《漢書》眞本的典故。《事物異名錄・漢書》：「《類書》：梁有僧，南渡齎一葫蘆，有《漢書》班固眞本，宣城太守得

---

51 程恩澤《程侍郎遺集・題郭蘭石大理詩冊》卷 4，頁 21，上海：上海古籍出版社《續修四庫全書》第 1511 冊，2003 年 5 月版。

52 歐陽脩《六一詩話》頁 12，臺北：藝文印書館《歷代詩話》，民國 63 年 4 月版。

53 歐陽脩《六一詩話》頁 12。

之，謂之瓠史。」細翫這兩句，應是郭尚先過逝之後，《增默菴詩遺集》尚未纂輯時，程恩澤所題寫的。

關於《郭大理遺稿》和《增默菴詩遺集》，袁行雲《清人詩集敘錄》有一段提要，敘錄中肯，引述於後：

> 郭尚先……《遺稿》八卷，卷一、卷二為詩，不滿百首。附《外集》詩二十八首。受業陶廷杰序，魏茂林跋。其中題畫詩較多。〈題梅村集〉、〈鄭少谷先生詩〉、〈書黃仲則詩後〉、〈題秋窗滌筆圖〉，講求學力，不徒恃以性靈。尚先與林則徐善交，乃此集酬答詩只有與魏茂林數首，是平生所為，必不止於此。同治十年刻《增默菴詩遺集》二卷，為前編補遺。首林慶貽序。以使湘之作為勝。〈讀放翁集〉、〈題桃花扇雜劇〉、〈明妃出塞圖〉、〈葉小鸞眉子硯〉，亦清雋有致。作者生前不留詩稿，有此二編，亦盡搜采之事矣。[54]

由此可知郭尚先之詩，講求力學，清雋有致。而其詩文蒐羅之不易，也是實情。至於《郭大理遺稿》和《增默菴詩遺集》幸存於世的難能可貴，必須珍惜、弘揚，也就成為後學者的責任了。

至於《芳堅館題跋》一書，據《中國叢書綜錄》所載，其版本凡五。分別收錄於下列叢書或著作：

1.《述古叢鈔》第四集（四卷本）
2.《藏修堂叢書》第四集（四卷本）
3.《翠琅玕館叢書》（四卷本）

---

54 袁行雲《清人詩集敘錄》頁 2108，北京：文化藝術出版社，1994 年8 月版。

　　4.《芋園叢書》（四卷本）

　　5.《吉雨山房全集》（三卷本）[55]

　　再者，新文豐圖書公司出版的《叢書集成續編》第 95 冊，也收錄了四卷本《芳堅館題跋》，這是第六個版本。四卷本的《芳堅館題跋》應屬足本，所收大多數的題跋反映了郭尚先的書論見解。至於《郭大理遺稿》、《增默菴詩遺集》二書，論及書法或與書法有關的作品也不少。上述文獻都是本書論述所依據的重要資料。

　　再者，郭尚先常於所書作品中發揮書法理論，如：

1.謝安格在子敬上，真宜批尾帖也。余收張季明帖，是胡西輔所送。虞老可喜，必相從歡。[56]

2.貞觀所購大王書，評定以《黃庭》第一，《畫贊》第二。則知此帖唐時尚在御府也。[57]

3.顏書《千福寺塔頌》，乃年少未能自立家時書，然繩墨已自精備。[58]

4.香光先生臨顏魯國《送劉太沖》、《（送）蔡明遠》二敘長卷，運筆圓厚而清暢，能事當出趙松雪公而與米海岳方駕。[59]

5.趙吳興書，當其得意時，可到唐人，離晉人猶遠。其

55 上海圖書館編《中國叢書綜錄》第 2 冊，頁 916，上海：上海古籍出版社，1986 年 2 月版。

56 蘇州市文物商店，蘇 3-121。見《中國歷代書畫圖目》。

57 收錄於《中國真跡大觀・清（十一）》頁 24，京都：株式會社同朋舍，1995 年 10 月版。

58 收錄於莊芳榮主編《清代書畫雅集》頁 67，臺北：中華民國文化資產維護學會，民國 93 年 11 月版。

59 《金石家書法集》，北京：中國書店，2000 年 1 月版。

病在為法縛，不能自以己意縱橫運之也。然他家氣候未到，遽求變化，為弊亦不可勝言。如于湖、樗寮，以自為尚不可，況足為後人臨學乎？[60]

6.因書〈舞鶴賦〉及之，趙文敏得宋思陵《十三行》於陳灝，蓋賈似道所購先九行、後四行，以悅生印款之，此子敬真蹟。往余以《黃庭》、《樂毅》真書為人作牓署書，每懸看輒不得佳。因悟小楷法，欲可展為方丈者，乃盡勢也。題牓如細書，亦跌蕩自在，惟米襄陽近之。襄陽少時不能自立家，專事摹帖，人謂之集古字。已有規之者曰：「復得勢，乃傳之。」正謂此。至我朝惟存唐摹本，無論神采，即形模已不相似。惟晉陵唐太常家藏宋搨為當今第一。[61]

這些書論都相當精闢，如果置於郭尚先的《芳堅館題跋》中，也是前後和諧，並無鑿柄。因此，探討郭尚先的書法理論時，上述文獻都是不容忽視的。

三、郭尚先之書跡

接著就是郭尚先書跡的蒐訪了。筆者所能蒐訪到的郭尚先書跡，皆屬書法作品的影本，其內容有不少論及書法的，也有一些屬於題畫之作。書法作品影本部分，除了前述行政院文化建設委員會《明清時代臺灣書畫作品》一書所收的兩件作品，與「臺灣書法傳承展」作品集《翰墨珠林》所收錄

---

60 收錄於《金門民間古字畫珍藏集》頁 60，金門：金門縣立文化中心，民國 91 年 9 月版。
61 收錄於陳偉編《臺灣書法三百年》頁 31-32，高雄：高雄市立美術館，民國 87 年 6 月版。

的「唐人畫佛……」[62]作品（圖10），以及《郭尚先書孝經》（圖2）、「飛電流雲絕瀟灑，名章俊句紛交衡」對聯（圖3）之外，另有下列書跡，可供鑑賞。略依其書體、書風，列述如後：

（一）小篆之作

1.《郭尚先溫公墓志銘篆額》一件（圖 9，皇清誥授榮祿大夫……），中華博物廣州今古博達網路科技有限公司收藏[63]。

（二）隸書之作

1.《郭尚先朱柏廬治家要言》一件（圖 5，黎明即起……），《臺灣書法三百年》收錄[64]。

（三）楷書之作

1.《楷書黃庭內景經》一件（圖 11，上清紫霞虛皇尊……，道光四年六月十四日所書），《故宮博物院藏文物珍品全集·清代書法》收錄[65]。

2.《楷書臨顏真卿及朱巨川告身》一件（圖 12，勑國儲

---

62 見《翰墨珠林-臺灣書法傳承展作品集》頁 41，臺北：淡江大學文鑪藝術中心，2004 年 4 月版。

63 見 Copyright（c）2004 Gg-Art.Com NET TECH CO.LTD All Rights Reserved

64 陳偉編《臺灣書法三百年》頁 32-33，高雄：高雄市立美術館，民國 87 年 6 月版。

65 見單國強主編《故宮博物院藏文物珍品全集·清代書法》頁 138-139，香港：商務印書館，2001 年 12 月版

為天下之本……道光四年十一月廿一日書），《中國真
跡大觀・清（十一）》收錄[66]。

3.《臨王居士塼塔銘》一件（圖 13，英宗穎邁）[67]，《中
國古代書畫圖目》第十四冊收錄。

4.《楷書翁氏平糶記》一件（圖 14，興郡河北陞翁氏平
糶記……道光乙酉夏五月書），《中國古代書畫圖目》
第十四冊收錄[68]。

5.福建省拍賣行 2005 秋季拍賣會有《楷書敬恕齋銘等屏
條》一組（圖 15，出門如賓……）

6.《郭尚先跋語》一件（圖 16，嘉慶庚辰花朝），上海
書畫出版社《張旭郎官石柱記序》收錄[69]。

7.《臺灣縣學教諭鄭君墓志銘》一件（圖 17），《臺灣書
法三百年》收錄[70]

（四）行草之作

1.《行書五言楹聯》一副（圖 18，赤子視萬類……），《臺
灣先賢書畫專輯》收錄。[71]

2.《行書五言楹聯》一副（圖 8，好古不求秦以下……），

---

66 見《中國真跡大觀・清（十一）》頁 14-19，日本京都：株式會社同朋
　社，1995 年 10 月版。
67 見《中國古代書畫圖目》第 14 冊。
68 見《中國古代書畫圖目》第 14 冊。
69 《張旭郎官石柱記序》頁 37，上海：上海書畫出版社，2001 年 6 月
　版。
70 陳偉編《臺灣書法三百年》頁 36-37，高雄：高雄市立美術館，民國
　87 年 6 月版。
71 鄭文彰、蔡長鐘編《潤古汲今：臺灣先賢書畫專輯》頁 38，臺南：
　臺南縣政府文化局《南瀛文化叢書・一二八》，民國 92 年 11 月版。

《書道全集》收錄[72]。

3.《行書五言楹聯》一副（圖 19，刻燭分題……），上海
博物館收錄[73]。

4.《行書七言楹聯》一副（圖 20，山色只宜遠處看……），
上海博物館收錄[74]。

5.《行書七言楹聯》一副（圖 21，山花雨露圖書室……），
《臺灣早期書畫展圖錄》收錄。[75]

6.《行書七言楹聯》一副（圖 22，梅花四照成珠海……），
《國泰美術館選集‧第十一輯‧明清民初名家書畫集》
收錄[76]。

7.《行書七言楹聯》一副（圖 23，樓中飲興因明月……），
《中國歷代墨寶精華》收錄[77]。

8.《行書七言楹聯》一副（圖 24，顧視清高氣深穩
[78]……），《清代書畫雅集》收錄[79]。

9.《行書七言楹聯》一副（圖 25，琴裡知聞惟淥水……），
《臺灣關係一百翰林書畫集》收錄[80]。

---

72 《書道全集》卷 14，頁 40，臺北：大陸書店，民國 87 年 2 月版。
73 見上海圖書館網站。
74 見上海圖書館網站。
75 《臺灣早期書畫展圖錄》頁 78，臺北：國立歷史博物館，民國 84 年版。
76 《國泰美術館選集‧第十一輯‧明清民初名家書畫集》頁 64，臺北：國泰美術館，民國 68 年元月版。
77 何定藩編《中國歷代墨寶精華》頁 460，臺北：反共出版社，民國 58 年 10 月版。
78 筆者案：穩，或當作「穩」。
79 莊芳榮主編《清代書畫雅集》頁 68，中華民國文化資產維護學會，民國 93 年 10 月版。
80 《臺灣關係一百翰林書畫集》頁 20，臺中：臺灣省立臺中圖書館，

10.《行書七言楹聯》一副（圖 26，朝夕長吟甫頌仰⋯⋯），
《清代書畫雅集》收錄[81]。

11.《行書五言楹聯》一副（圖 27，深心託毫素⋯⋯），
上海長城拍賣有限公司收藏。[82]

12.《行書七言楹聯》一副（圖 28，漏滴銅壺諸籟靜⋯⋯），
《國立臺灣美術館》收錄[83]。

13.楷書條屏一組（圖 29，海闊天高氣象⋯⋯），《中國
歷代書畫圖目》收錄[84]。

14.《楷書五言楹聯》一副（圖 30，道出古人轍⋯⋯），
《金門民間古字畫珍藏集》收錄[85]。

15.《行書七言楹聯》一副（圖 31，平揖古賢，氣吞時
輩⋯⋯），《金門民間古字畫珍藏集》收錄[86]。

16.《行書七言楹聯》一副（圖 32，五更曉色來書幌⋯⋯），
《近代中國書畫輯粹（二）》收錄。[87]

17.《行書七言楹聯》一副（圖 33，餘子風流追魏
晉⋯⋯），《近代名人墨跡‧馮永軒藏品》收錄[88]。

民國 65 年 3 月版。

81 莊芳榮主編《清代書畫雅集》頁 68，中華民國文化資產維護學會，
民國 93 年 10 月版。

82 上海長城拍賣有限公司 2005 秋季藝術品拍賣會。

83 《國立臺灣美術館》藏。

84 《中國古代書畫圖目》

85 《金門民間古字畫珍藏集》頁 61，金門：金門縣立文化中心，民國
91 年 9 月版。

86 《金門民間古字畫珍藏集》頁 64。

87 蕭添福《近代中國書畫輯粹（二）》頁 32，臺中：晨星出版社，1999
年 8 月版。

88 馮天琪、馮天瑜編《近代名人墨跡‧馮永軒藏品》頁 49，武漢：湖
北教育出版社，2001 年 9 月版。

18. 《行書七言楹聯》一副（圖 34，道心靜似山藏
　　玉……），《國泰美術館選集・第八輯・明清名家楹帖
　　百聯集》收錄[89]。

19. 《行書五言楹聯》一副（圖 35，樓觀滄海日……），
　　《謝鴻軒珍藏書法選集》收錄[90]。

20. 《行書楹聯》一副（圖 36，詩句與竹一樣秀……），
　　《臺灣書法三百年》收錄[91]。

21. 《行書楹聯》一副（圖 37，深院鈔書梧葉雨……），
　　《臺灣書法三百年》收錄[92]。

22. 《行書橫批》一幅（圖 38，子敬便取械書之……），
　　高雄市立美術館典藏[93]。

23. 《行書中堂》一幅（圖 39，擎天柱，生高嶺……），
　　《清代書畫雅集》收錄[94]。

24. 《行書中堂》一幅（圖 40，趙吳興書當其得意時……），
　　《金門民間古字畫珍藏集》收錄[95]。

25. 《行書條幅》一幅（圖 41，顏書千福寺塔頌……），

---

[89] 《國泰美術館選集・第八輯・明清名家楹帖百聯集》頁 69，臺北：
國泰美術館，民國 67 年 5 月版。

[90] 《謝鴻軒珍藏書法選集》頁 28，新竹：新竹市立文化中心，民國 86
年元月版。

[91] 陳偉編《臺灣書法三百年》頁 29，高雄：高雄市立美術館，民國 87
年 6 月版。

[92] 陳偉編《臺灣書法三百年》頁 34。

[93] 《高雄市立美術館》藏品。

[94] 《清代書畫雅集》頁 67，臺北：中華民國文化資產維護學會，民國
93 年 11 月版

[95] 《金門民間古字畫珍藏集》頁 60。

《清代書畫雅集》收錄[96]。

26.《行書條幅》一幅（圖 42，若夫宮商大和……），《臺灣書法三百年》收錄[97]。

27.《行書中堂》一幅（圖 43，影軋雙枝柔櫓齊……），《金門民間古字畫珍藏集》收錄[98]。

28.《行書中堂》一幅（圖 44，月湧江流漫著槎……），《金門民間古字畫珍藏集》收錄[99]。

29.《行書條幅》一幅（圖 45，沉黎西上古犍為……），《定靜堂中國書畫名品選》收錄[100]。

30《行書中堂》一幅（圖 46，香光先生臨顏魯國送劉太沖……），《金石家書法集》收錄[101]。

31.《行書條幅》一幅（圖 47，谷口長松潤底藤……），《中國真跡大觀·清（十一）》收錄[102]。

32.《行書中堂》一幅（圖 48，謝安格在子敬上……），蘇州市文物商店典藏[103]。

33.《行書橫幅》一幅（圖 49，風蒲獵獵弄輕柔……），

96　《清代書畫雅集》頁 67。

97　陳偉編《臺灣書法三百年》頁 28，高雄：高雄市立美術館，民國 87 年 6 月版。

98　《金門民間古字畫珍藏集》頁 63。

99　《金門民間古字畫珍藏集》頁 62。

100　見林宗毅、林柏亭、王耀庭編《定靜堂中國書畫名品選》頁 150，臺北：財團法人林宗毅博士文教基金會，民國 93 年 4 月版。

101　《金石家書法集》，北京：中國書店，2000 年 1 月版。

102　見《中國真跡大觀·清（十一）》頁 26，日本京都：株式會社同朋社，1995 年 10 月版。

103　見《中國古代書畫圖目》第十四冊，頁 138，北京：文物出版社，1997 年 1 月版。

福建省博物館典藏[104]。

34.《行書中堂》一幅（圖 50，昔顏平原鹿脯帖……），
臺北市文獻委員會典藏[105]。

35.《行書屏條》一組（圖 51，昨日有人點第一綱茶……），
國立臺灣美術館典藏[106]。

36.《行書屏條》一組（圖 52，江東煙水多白鷺……），
《近代中國書畫輯萃》收錄[107]。

37.《行書屏條》一組（圖 53，因書舞鶴賦……），《臺
灣書法三百年》收錄[108]。

38.《行書屏條》一組（圖 54，今日尊前忽憶君……），
《中國真跡大觀·清（十一）》收錄[109]

39.《行書中堂》一幅（圖 55，貞觀所購大王書……），
《中國真跡大觀·清（十一）》收錄[110]。

40.《行書中堂》一幅（圖 56，開闢草昧……），《老古
董收藏圖鑑》收錄[111]。

---

104 見《中國古代書畫圖目》第 14 冊，頁 212，北京：文物出版社，1997
年 1 月版。

105 臺北市文獻委員會藏品。也見於國立歷史博物館編輯委員會《丹青
憶舊 ── 臺灣早期先賢書畫展》頁 80，民國 92 年 12 月版。

106 國立臺灣美術館典藏。

107 蕭添福《近代中國書畫輯萃》頁 17，臺中：京華藝術股份有限公司，
1993 年 6 月版。

108 陳偉編《臺灣書法三百年》頁 31，高雄：高雄市立美術館，民國 87
年 6 月版。

109 見《中國真跡大觀·清（十一）》頁 22-23，日本京都：株式會社同
朋社，1995 年 10 月版。

110 見《中國真跡大觀·清（十一）》頁 24。

111 史樹青等編撰《老古董收藏圖鑑》頁 283，北京：外文出版社，2005
年版。

41.《行草中堂》一幅（圖 57，涼意竦高梧⋯⋯），《小
　　莾蒼蒼齋藏清代學者書法選集（續）》收錄[112]。

42.《小字行草書函》一件（圖 58，有正味齋詩校畢⋯⋯），
　　《中國書法全集・清代名家（三）》收錄[113]。

43.《小字行草書函》一件（圖 59，尚先頓首⋯⋯），《清
　　代傳記叢刊・陶湘編・昭代名人尺牘續集小傳》收錄
　　[114]。

44.《小字行草書函》一件（圖 60，臘底敝通家徐別
　　駕⋯⋯），《香書軒祕藏名人書翰》收錄[115]。

45.《郭尚先行草扇面》一件（圖 61，參寥子言老杜詩
　　云⋯⋯），臺灣省立博物館《館藏書畫選集》收錄[116]。

46.《郭尚先行草扇面》一件（圖 62，西山香山妙無
　　比⋯⋯），故宮博物院《故宮博物院藏明清扇面書畫
　　集・第 4 集》收錄[117]。

47.《郭尚先行草扇面》一件（圖 63，文湖州畫竹⋯⋯），
　　《近代名人墨跡・馮永軒藏品》收錄[118]。

---

112 《小莾蒼蒼齋藏清代學者書法選集（續）》第 123 件，北京：文物出
　　版社，1999 年 7 月版。
113 榮寶齋出版社《中國書法全集・清代名家（三）》頁 52，北京：榮
　　寶齋，2001 年 11 月版。
114 陶湘編《昭代名人尺牘續集小傳》卷 7，頁 26-28，臺北：明文書局，
　　民國 74 年 5 月版。
115 趙一生、王翼奇編《香書軒祕藏名人書翰》頁 153-158，杭州：浙江
　　古籍出版社，2005 年 1 月版。
116 臺灣省立博物館《館藏書畫選集》頁 14。
117 《故宮博物院藏明清扇面書畫集・第 4 集》頁 93，北京：人民美術
　　出版社，1991 年 12 月版。
118 馮天琪、馮天瑜《近代名人墨跡・馮永軒藏品》頁 48，武漢：湖北
　　教育出版社，2001 年 9 月版。

48.《郭尚先行草扇面》一件（圖 64，為人性僻耽佳
句⋯⋯），《中國真蹟大觀・清（11）》收錄[119]。

（五）題畫之作

1.《郭尚先蕙蘭圖（題字）》一件（圖 65，壬辰夏至前
二日⋯⋯），《中國古代書畫圖錄・第 14 冊》收錄[120]。

2.《郭尚先墨蘭（題字）》一件（圖 66，樗板橋山人筆
意⋯⋯），《丹青憶舊 ── 臺灣早期先賢書畫展》收錄[121]。

3.《郭尚先蘭石圖（題字）》一件（圖 67，空谷佳人絕
世姿⋯⋯），《臺灣早期書畫展圖錄》收錄收錄[122]。

4.《郭尚先扇面竹石圖（題字）》一件（圖 68，震卿大
兄正⋯⋯），《林宗毅先生林誠道先生父子捐贈書畫圖
錄》收錄[123]。

5.《郭尚先扇面香祖友石圖（題字）》一件（圖 69，虹
舫老前輩大人正⋯⋯），《中國扇面珍賞》收錄[124]。

6.《郭尚先題介文女史山水》一件（圖 70，長白介文女
史（英和之夫人）⋯⋯嘉慶己巳（1809，郭尚先年二

---

119 《中國真蹟大觀・清（11）》頁 20-21，日本京都：株式會社同朋舍，
1995 年 10 月版。
120 見《中國古代書畫圖目》第十四冊，頁 212，北京：文物出版社，
1997 年 1 月版。
121 《丹青憶舊 ── 臺灣早期先賢書畫展》頁 79，臺北：國立歷史博物
館，民國 92 年 12 月版。
122 《臺灣早期書畫展圖錄》頁 79，臺北：國立歷史博物館，民國 84
年版。
123 《林宗毅先生林誠道先生父子捐贈書畫圖錄》頁 116，臺北：國立
故宮博物院，民國 91 年 4 月版。
124 朱念慈編《中國扇面珍賞》頁 182，香港：商務印書館，1999 年 4
月版。

十五）清和既望題於甕春園。蘭石郭尚先），《中國古代書畫圖錄‧第 18 冊》收錄[125]。

　　上列作品，都是有書跡可資觀賞、研究的。至於文物出版社所出版的《中國古代書畫圖目》，收錄郭尚先書跡二十餘件。其中有書跡可供賞翫研究的，只有《中國古代書畫圖目》第六冊、蘇州市文物商店所藏的一件；《中國古代書畫圖目》第十四冊、福建省博物館所藏的五件；《中國古代書畫圖目》第十八冊、湖北省武漢市文物商店所藏的一件（題女畫家介文所繪山水）而已。《中國古代書畫圖目》其餘各冊所載有目錄而無圖版的郭尚先書法作品，有下列十四件：

1. 湖州市博物館藏《楷書》一冊
2. 北京故宮博物院藏《小楷臨黃庭內景經》一件
3. 北京故宮博物院藏《楷書八言》一件
4. 北京故宮博物院藏《楷書毛聖思墓誌》一冊
5. 天津市藝術博物館藏《楷書臨顏帖》一件
6. 河北省石家莊文物管理所藏《小楷樂毅論》一件
7. 上海博物館藏《行書臨帖》一件
8. 上海博物館藏《行書節臨枯樹賦》一件
9. 徐州博物館藏《行書題趙千里畫語》一件
10. 河北省博物館藏《行書七言聯》一副

---

125 見《中國古代書畫圖目》第十八冊，頁 161，《鄂 3-200，介文，山水》，北京：文物出版社，1997 年 1 月版。案：介文為滿州正白旗人侍郎英和的夫人，據郭尚先此段題畫文字，可知介文女士詩宗漁洋山人王士禎，畫法甌香館主人惲壽平。郭尚先題寫此段文字，署曰：「嘉慶己巳清和既望。」應是 1809 年 4 月 16 日，郭尚先時年二十五，剛考上進士，寓居北京所書。其書法已經相當工麗。

11.浙江平湖縣博物館藏《行書詩》一件

12.朵雲軒藏《行書臨祭姪稿》一件

13.朵雲軒藏《楷書七言聯》一副

14.湖北省博物館藏《楷書》一件

　　文物俱存，深期瞻仰有緣。至於郭尚先的隸書，除了高雄市立美術館所出版《臺灣書法三百年》一書所收錄的《朱柏廬治家要言》之外，《湄洲日報・海外版》另有一則相關的記載。郭尚先的故鄉福建莆田鄉，西天尾鎮後埔村曾發現他用隸書寫刻的石碑「惕齊（音『齋』）淨隱」四個大字，其筆法「老成持重，蒼勁有力」，屬於隸書上乘之作。[126]

　　郭尚先平生作書不輟，所作詩文、應酬文字等，往往不錄副本，因此其作品不易蒐羅。他經常以自家書法作品與寮友、門生結緣，其書法作品散落人間者，誠不知凡幾。就郭尚先的全部書法作品來說，上列書跡複製品或影印本雖然只是雲中神龍的一鱗半爪，或不足以見其書法藝術的全貌；然而藉斑窺豹，並且和他的書法理論相印證，也足以重新體認郭尚先的書法造詣、書學見解，及其人品風範了。

第四節　郭尚先書法繫年稿

　　郭尚先的好友魏茂林撰《郭大理遺稿・序》寫道：「蘭石文名溢天下，書名耀海外，匪特朝右知之，聖主（道光皇

---

126 見 http://www.icn.com.cn/Fujian-w/neus/mzrb/020715/1-9.html

帝）亦知之……蓋其生平作文，率不存稿，即有零星片紙，亦拉雜摧燒之。」又寫道：「余每見其法帖背葉，多爲人作諛墓文及應酬壽序稿。其家用帳目，零雜米鹽，亦夾書其間，久亦初不記省也。」[127]郭尚先的門生陶廷杰也有一篇《郭大理遺稿·序》，他說：「師人品高潔，書法精妙，顏筋柳骨，散落人間，識與不識，咸拱璧藏之。」[128]《郭大理遺稿·識語》也說：「蘭石題跋最多，皆隨手散去……其於舊書古帖、名公書畫，類多加墨，遒峭峻拔，得未曾有。使有好事者，徧爲搜訪，綴輯成書，以續董容臺《畫禪室隨筆》，亦快事也。」[129]可以想見，郭尚先的每一篇詩稿、文稿、應酬文字，甚至於所記的米鹽帳目，其書法或遒峭峻拔，或格韻精妙，都是深可寶愛的。然而在兩百年後的今日，我們若發願將郭尚先的書跡「徧爲搜訪，綴輯成書」，以見其書法學的宗廟之美、百官之富，則機緣之或有或無，書跡之能得若干，或亦將有賴於文物有靈了。至於賡續「董容臺（董其昌）《畫禪室隨筆》」云云，則筆者從《芳堅館題跋》一書看到了足以與董其昌《畫禪室隨筆》「書論」部分，同年而語、並世而論的書法學理論。只要參閱本書各章所論，自可瞭然於心。

　　細讀《蘭石公年譜》、《郭大理遺稿》、《增默菴詩遺集》、《芳堅館題跋》等著作，發現郭尚先習書、論書、評書，或與書法相關，而有年代可考的記載，爲數不少。至於筆者經眼的郭尚先書跡影本，其於落款中題寫年代的也有若干。於

127　郭尚先《郭大理遺稿》卷首，上海：上海古籍出版社《續修四庫全書》第 1510 冊，2003 年 5 月版。
128　同注 5，《續修四庫全書》第 1510 冊，頁 439。
129　同注 5，《續修四庫全書》第 1510 冊，頁 447。

是薈萃上述材料，依序臚列，而成〈郭尙先書法繫年稿〉[130]。依據此一書法繫年稿，或者亦可進而窺知郭尙先的習書歷程、書法見解、書風形成、書藝成就等內涵。至於未署年代、干支的書跡，亦往往而有，無法繫年，爲免與本書第一章第三節所述重複，不再臚列。

郭尚先書法繫年稿

乾隆 50 年乙巳（1785）郭尙先 1 歲

* 9 月初 5 日，郭尙先出生。

嘉慶 9 年甲子（1804）20 歲

* 建館北臺灣八里坌（今臺北縣八里鄉），授徒自遣。（待考）

嘉慶 12 年丁卯（1807）23 歲

* 應鄉試中式第一名。

嘉慶 14 年己巳（1809）25 歲

* 會試中式殿試二甲第三十名。

* 清和（陰曆四月）既望，題侍郎英和德配介文女史畫。

嘉慶 17 年壬申（1812）28 歲

* 授編修。除夕前二日，題文徵明《行書九歌長卷》。

嘉慶 21 年丙子（1816）32 歲

* 充雲南鄉試正考官。跋《瘞鶴銘》。

嘉慶 23 年丙子（1818）34 歲

---

130 由於各種主、客觀條件的限制，筆者無法蒐羅郭尙先存於天壤之間的全部書跡，因此只能編撰〈郭尙先書法繫年稿〉，至於完整的〈郭尙先書法繫年〉的編纂，或許只有俟諸異日了。

* 充文淵閣校理。大考翰詹，盧蔭浦因爲郭尙先參與考試，奏辭閱卷。嘉慶皇帝檢出原卷，看了之後，對盧蔭浦說：「汝家西賓寫作俱佳，必在前列，宜汝之先以遠嫌辭免也。」當時閱卷官依試卷的書法，想讓郭尙先名列前茅，結果找了一分書法風格近似的試卷，給了第一名。郭尙先反而落到第二名。

* 這年秋天，題唐《李靖碑》。

　　道光元年辛巳（1821）37 歲

* 題《顧吳羹書孝經》。

　　道光 2 年壬午（1822）38 歲

* 正月九日題自書《米襄陽書評》。

* 花朝[131]題自書《平糴記》。

* 四月，題王雅宜《楷書沖虛經》。

* 四月，題《祭（姪）季明文》。

* 夏，講學鷺門（今福建廈門），從鄭雲麓司勳借《快雪堂帖》自遣。[132]

* 九月，將入都，隸書《朱柏盧治家要言》揭之壁，爲諸弟姪勗。（何創時書法藝術基金會藏）

* 十月，跋《爭坐位帖》。

* 有楷書一冊（湖州市博物館收藏）。

　　道光 3 年癸未（1823）39 歲

* 正月二十八日，題《徐淞橋臨塼塔銘》。

* 小除，跋《王獻之洛神賦十三行》。

---

131 陰曆二月十二日，又稱花朝節、百花生日。

132 見《國朝書人輯略》卷 8，頁 21。

＊ 十二月十二日，題《李仲毅自書詩冊》。

　　道光 4 年甲申（1824）40 歲

＊ 花朝，跋《新羅朗空大師塔銘》。

＊ 清明，跋唐《麻姑仙壇記》。

＊ 重陽，跋唐《玄祕塔碑》。

＊ 有小楷臨《黃庭內景經》（北京故宮博物院收藏）。

＊ 有楷書《黃庭內景經》（北京故宮博物院收藏）。

＊ 有楷書《臨顏帖》（天津市藝術博物館收藏）。

　　道光 5 年乙酉（1825）41 歲

＊ 春分日，跋《邵文莊詩翰真跡》。

＊ 二月十二日花朝，臨《顏真卿爭坐位帖》（臺北：蕙風
　　堂筆墨公司出版其副本）。

＊ 五月，跋唐《孔子廟堂碑城武本》。

＊ 十二月一日，跋《墨池堂帖》。

＊ 有楷書《翁氏平糴記》（福建省博物館收藏）。

　　道光 6 年丙戌（1826）42 歲

＊ 十月二十八日，跋唐《昭仁寺碑》。案：《郭大理遺稿‧
　　書魏子元所藏唐幽州昭仁寺碑後》云：「言是碑為永興
　　書者……昨見唐拓《夫子廟堂碑》，其勝處不可名狀。
　　以此碑較之，相去遠矣。大致唐初人書，格韻皆相類。
　　以余所見陸讓、張琮、于孝顯、文安縣主諸碣，皆有虞、
　　褚風氣。此書在當日固未足稱作者，而由開、天以後觀
　　之，則方之峨嵋半天雪中看矣。此書道升降之故，亦非
　　人力所能為也。道光丙戌十月二十八日，觀於盉孟晉

室，因書。」[133]

* 有小楷《樂毅論》（河北省石家莊文物管理所收藏）。
 道光 8 年戊子（1828）44 歲

* 七月十六日，跋《唐皇甫誕碑》。

* 八月，奉命提督四川學政。九月十一日離京，十一月初，
 抵成都。入蜀所攜碑帖，只有褚遂良、顏真卿兩家。在
 蜀地所拔取的考生，每袖紙求書，郭尚先輒大笑，應其
 所請。

* 有楷書《毛聖思墓誌》一冊（北京故宮博物院收藏）。
 道光 11 年辛卯（1831）47 歲

* 正月十五日，有《致魏笛生書函》（吳門「香書軒」藏）
 [134]

* 二月，有《因書舞鶴賦》屏條一組（何創時書法藝術基
 金會藏）
 道光 12 年壬辰（1832）48 歲

* 夏月，有《蕙蘭圖》並題字（福建省博物館收藏）。

* 十二月二十九日，終於京師官邸，年四十八。

---

133 郭尚先《芳堅館題跋》卷 1，頁 12。

134 《致魏笛生書函》收錄於趙一生、王翼奇編《香書軒祕藏名人書翰》
 上冊，頁 153-158，杭州：浙江古籍出版社，2005 年 1 月版。香書
 軒主人爲蘇州李超凡、李學忠父子。郭尚先此一書函書於道光十一
 年四月十五日，有云：「……現於正月十六日出省按試眉州，次及嘉、
 潊、瀘、重，約計四月杪可畢。……」與《蘭石公年譜》頁 493，〈道
 光十一年辛卯，四十七歲〉所記「正月十六日登程按試眉州、嘉定、
 潊州、瀘州、重慶各屬，四月十八日還成都」云云，若合符節。因
 繫此函於道光十一年。

第二章　郭尙先的生平仕履
與學養人品

第一節　生平仕履

郭尙先，字元開，一字伯抑父，號蘭石，書齋名「芳堅館」、「盍孟晉室」[1]。清福建莆田人，與媽祖同鄉。生於清高宗乾隆五十年（1785），卒於清宣宗道光十二年（1832），年四十八。[2]

郭尙先年幼時就聰穎絕倫[3]，青少年時期已經寫得一手好字，經常「徹夜臨（歐陽詢）《醴泉銘》一過」，如此發憤習書，前後約有半年[4]。除了勤習書法之外，郭尙先還黽勉治學，

1　郭尙先〈書余澹心東山談苑八卷後〉篇末寫道：「道光丙戌十月廿六日觀於京厲之盍孟晉室。」《郭大理遺稿》卷 7，頁 10。據此所述「京厲」云云，則「盍孟晉室」是郭尙先在京師寓所的書齋名。
2　郭嗣蕃《蘭石公年譜》，北京：北京圖書館《北京圖書館藏珍本年譜叢刊》第 138 冊，頁 480，2003 年 5 月版。
3　林則徐《大理寺卿蘭石郭先生墓誌銘》：「先生諱尙先，字開元，號蘭石，……幼穎異。」錄自閔爾昌《碑傳集補》卷 7，頁 6。見周駿富編《清代傳記叢刊》第 120 冊，臺北：明文書局，民國 75 年元月版。
4　梁章鉅謂：「蘭石十餘歲即工書，銳意臨古，自言每徹夜臨《醴泉銘》一過，約半年，始以他事止。」見所著《吉安室書錄》卷 15，頁 175，上海：上海人民美術出版社，2003 年 8 月版。

博讀群書。《民國莆田縣志》記載：郭尙先由於家貧，藏書不多，而同鄉先達黃先生則坐擁百城，富於藏書，郭尙先「每從借讀，更換頻仍」。黃先生誤以爲郭尙先只是浮光掠影、蜻蜓點水地涉獵群書而已，於是「試詢之」，沒想到郭尙先對答如流，「悉對無遺」。黃先生讚歎不已，對郭尙先說：「吾家鄴架，盡在子胸中矣。」[5]由上述記載可知郭尙先不但從青少年時期就博讀群書，而且記性過人，讀書收效甚宏。

　　清仁宗嘉慶五年（1800），郭尙先年十六，應童子試。學使錢福祚以第二十一名將他錄取，於是得以進府學，補弟子員。當時萬虞臣主講興安書院，對郭尙先甚爲器重。[6]他每次「得尙先文，輒就見之」；若是「遇（郭尙先）於道左，相與立談，幾忘日晷之移也」。[7]由此可知萬虞臣是何等賞識這位年輕人了。七年之後，郭尙先舉嘉慶丁卯（1807）科福建省鄉試第一。嘉慶十四年（1809），郭尙先年二十五，成進士。改庶吉士。散館，授編修。

　　郭尙先曾任貴州、雲南、山東鄉試正考官，廣東鄉試副考官。曾任國史館、文穎館《治河方略》、《大清一統志》、《明鑑》纂修官，文淵閣校理，主持四川學政。歷官贊善、洗馬、

5　石有紀、張琴修纂《民國莆田縣志‧列傳‧郭尙先》卷 26 下，頁 47，上海：上海書店出版社《中國地方志集成‧福建府縣志輯‧17》，2000年 10 月版。「鄴架」是用唐代鄴侯李泌的典故。李泌家富藏書。唐德宗貞元三年（787）封爲鄴縣侯。所以世人常以「鄴架」稱美他人藏書之富。韓愈〈送諸葛覺往隨州讀書〉：「鄴侯家多書，插架三萬軸。」就是一個例子。

6　郭嗣蕃《蘭石公年譜》，北京：北京圖書館出版社《北京圖書館藏珍本年譜叢刊》第 138 冊，頁 482，2003 年 5 月版。

7　石有紀、張琴修纂《民國莆田縣志‧列傳‧郭尙先》卷 26 下，頁 47。

侍講學士，擢光祿寺卿，轉大理寺卿。[8]在官場上可說是平步
青雲，仕宦顯達。道光十二年（1832）年底，病逝於北京寓
所。

　　郭尙先學養精湛，著述頗豐。他的學生陶廷杰爲《郭大
理遺稿》撰序，是這樣推崇郭尙先的人品、書法、學養、詩
文的：

> 師（郭尙先）人品高潔，書法精妙。顏筋柳骨，散落
> 人間。識與不識，咸拱璧珍之。平生務為有用之學，
> 尤長於經濟（經邦濟世之學）。杰故為癸酉（清仁宗
> 嘉慶十八年，1813）所取士，通籍後，同官京師，期
> 待甚厚。迨杰轉臺諫，燕接時輒縱談天下時務，及古
> 今成敗治亂之跡，靡不洞達精當。其為文根柢《史》、
> 《漢》，而宗主昌黎，故博而不煩，廉而不劌。詩律
> 由南宋直逼唐賢，多清曠高朗、綿邈溫純之致……其
> 素所蓄積，如古所稱韓（琦）、范（仲淹）者，豈僅
> 以文章傳？[9]

　　郭尙先的人品，以及他的「平生務爲有用之學，尤長於
經濟（經邦濟世之學）」；「縱談天下時務，及古今成敗治亂之
跡，靡不洞達精當」，本章第二節〈（郭尙先的）學養人品〉
論之甚詳，或可參稽。陶廷杰以「顏筋柳骨」評論郭尙先的
書法，猶待斟酌。本書各章所論，當可補陶廷杰「顏筋柳骨」
評語之不足。至於郭尙先的詩文風格與成就，當另撰一書，

8　《清史列傳・文苑傳・郭尙先》卷 73，頁 14。見周駿富編《清代傳記
　　叢刊》第 105 冊，臺北：明文書局，民國 75 年元月版。
9　陶廷杰〈郭大理遺稿序〉，見《郭大理遺稿》卷首。

以詳瞻論述。陶廷杰「其爲文根柢《史》、《漢》，而宗主昌黎」；
「詩律由南宋直逼唐賢，多清曠高朗、綿邈溫純之致」之評，
徵諸《郭大理遺稿》、《增默菴詩遺集》所收錄之詩文，可謂
若合符契。郭尚先的著作有《增默菴詩集》、《郭大理遺稿》、
《芳堅館題跋》、《芳堅館印存》[10]、《使蜀日記》等著作。

一、寓居臺灣，建館授徒

　　郭尚先早年曾寓居北臺灣八里坌（今臺北縣八里鄉），
建館授徒。今人王國璠《臺灣金石木書畫略》記載：郭尚先
「年三十來臺，建館八里坌，授徒自遣」[11]。此一說法，當
有所依據。然而筆者遍觀《蘭石公年譜》、《郭大理遺稿》、《增
默菴詩遺集》、《芳堅館題跋》，以及其他相關文獻，皆未發現
關於郭尚先寓居八里坌年歲的記載。郭尚先二十五歲成進士
（1809），如果是「年三十來臺」，依時間推算，他渡臺的那
一年，正是清仁宗嘉慶十九年（1814）。這是郭尚先考上進士
五年後的事。茲依據《蘭石公年譜》所載，列述郭尚先二十
六歲到三十一歲的行止如後：

　　26 歲（1810）：「留庶常館」，居京師。

　　27 歲（1811）：「散館，授編修」，居京師。

　　28 歲（1812）：「林則徐成進士，改庶吉士，與公（郭
　　　　　　　　　尚先）交莫逆，相與研究輿地、象緯
　　　　　　　　　及經世有用之學」，居京師。

---

10 《芳堅館印存》一書，筆者多方蒐尋，並無所獲。上海古籍出版社《中
　　國叢書綜錄》並未收錄此書。
11 王國璠編纂《臺灣金石木書畫略》頁 395，臺中：臺灣省立臺中圖書
　　館，民國 65 年 3 月版。

　　29 歲（1813）：「充貴州鄉試正考官」，離京師，赴貴
　　　　　　　　　　州。

　　30 歲（1814）：《蘭石公年譜》未記其行止。

　　31 歲（1815）：「充國史館纂修、文穎館總纂，與修《治
　　　　　　　　　　河方略》、《大清一統志》諸書」，居京
　　　　　　　　　　師。

　　由此可知郭尚先二十六歲到三十一歲這六年間，除了二
十九歲那一年主持貴州鄉試，遠赴南方之外，都在北京任官，
似乎並無東渡臺灣的機緣。而《蘭石公年譜》在三十歲那一
年，於郭尚先行止的記載，又付之闕如。或許就在三十歲那
年，郭尚先由於某一機緣，而浮鷁東航，暫時寓居北臺灣八
里坌，建館授徒吧。

　　筆者曾推測「年三十來臺」或許是「年二十來臺」的訛
誤，但是卻又找不到有力的證據。因此郭尚先來臺灣的年歲
或許只能暫付闕如，存疑待考了。[12]

　　再者，今人王耀庭有〈林宗毅先生林誠道先生父子捐贈
書畫概述〉一文，敘及臺灣板橋林本源家族後嗣林宗毅、林
誠道父子捐贈國立故宮博物院書畫中，有郭尚先所繪《竹石
扇面》一幅，且謂：「郭尚先被呂世宜尊為師……據傳曾隨家
人來臺，教學於淡水。他是清道光時期帖學派的代表書家。《竹
石扇面》一幅雖因年久而有磨損，但筆力墨韻，一派純熟，《書
史》稱他書法之外尤善蘭竹，的是確證。」[13]這是郭尚先曾

────────────────

12　崔成宗〈郭尚先的人品與書藝〉，臺北：里仁書局《2004 臺灣書法論
　　集》頁 26-27，2005 年 11 月版。

13　見《故宮文物月刊》19 卷，12 期，頁 61，王耀庭〈林宗毅先生林誠

經東渡臺灣「教學於淡水（淡水廳八里坌）」的另一說法。

二、心繫臺灣，期於治平

　　無論如何，郭尚先確實曾在北臺灣八里坌寓居了一段時間，然後回到大陸。此後，終其一生，或許再也無緣東渡臺灣了。雖然如此，他還是很關懷臺灣這個第二故鄉。[14]郭尚先曾經寫過一首詩，表達了他對臺灣的期盼與關懷：

> 鄉書傳到太紛紛，海外狼煙接火雲。蝸角敢言蠻觸鬥，鯤身已渡鸛鵝軍。但教賣劍消萌兆，那有探丸駭見聞。良將何如良吏擇，盡驅游惰事耕耘。（〈初秋不寐六首其二〉）[15]

　　這首詩第二聯上句的「蝸角」、「蠻觸鬥」意指為了小事情而爭鬥，典出《莊子・則陽》：「有國於蝸之左角者曰觸氏，有國於蝸之右角者曰蠻氏，時相與爭地而戰，伏尸數萬，逐北旬有五日而後反。」郭向注：「誠知所爭者若此之細也，則天下無爭矣。」[16]第二聯下句的「鯤身」借指臺灣。臺南的外海有七座島嶼，稱為七鯤身，因以「鯤身」為臺灣的代稱，「鸛鵝軍」典出《左傳・昭公二十一年》：「丙戌，與華氏戰

　　道先生父子捐贈書畫概述〉一文，臺北：國立故宮博物院，民國 91 年 3 月版。

14 郭尚先一生有相當長的歲月任官於朝廷，因此寓居北京，為時最久。其次是四十四歲到四十七歲，奉命提督四川學政，旅居四川期間，為期約三年。而北臺灣的八里坌，則是他早年旅居之所。

15 郭尚先《增默菴詩遺集・初秋不寐六首其二》卷 2，頁 15，上海：上海古籍出版社《續修四庫全書》第 1510 冊，2003 年 5 月版。

16 郭慶藩輯《莊子集釋・則陽》頁 891-892，臺北：河洛圖書出版社，民國 63 年 3 月版。

於赭丘，鄭翩願爲鸛，其御願爲鵝。」杜預注：「鸛、鵝，皆陣名。」[17]由此可知「鸛鵝軍」指列陣的軍隊。

第三聯上句的「賣劍」，指賣掉武器，從事耕耘稼穡之事。典出《漢書·循吏傳·龔遂》：「（龔）遂見齊俗奢侈，好末技，不田作，乃躬率以儉約，勸民務農桑……民有帶持刀劍者，使賣劍買牛，曰：『何爲帶牛佩犢？春夏不得不趨田畝，秋冬課收斂，益蓄果實菱芡。』勞來循行，郡中皆有畜積，吏民皆富實。獄訟止息。」[18]第三聯下句的「探丸」，指游俠探丸爲彈以殺人報仇。典出《漢書·酷吏傳·尹賞》：「永始、元延間……長安中姦猾寖多，閭里少年群輩殺吏，受賕報仇，相與探丸爲彈，得赤丸者斫武吏，得黑丸者斫文吏，白者主治喪。」[19]

郭尙先這首詩，用典的手法與杜甫的律詩甚爲相似，其風格也與杜詩相類。翫味其含意，不外乎關心臺灣，希望居民以械鬥滋事爲戒，轉而賣劍買牛，力事耕耘，以期物阜年豐，安居樂業。再者，他也期盼地方長官能具有西漢尹賞整治盜賊的手段，具備漢代龔遂撫循百姓的仁德，使臺灣臻於治平之境。由此可知郭尙先秋夜不寐，一心以臺灣治平爲念的胞與之懷。

郭尙先四十八歲那年年底，病危綿惙之際，還是念念不忘臺灣。其後，與郭尙先同年出生的同鄉知己林則徐撰〈大

17　《春秋經傳集解·昭公二十一年》卷 50，頁 7-8，臺北：藝文印書館《十三經注疏》第 6 冊，民國 62 年 5 月版。

18　班固《漢書·循吏列傳·龔遂》卷 89，頁 3640，臺北：樂天出版社，民國 63 年 3 月版。

19　班固《漢書·酷吏列傳·尹賞》卷 90，頁 3673。

理寺卿蘭石郭先生墓誌銘〉記道：

> 臨歿，（郭尚先）猶繫心臺灣滋事，索觀邸報，曾無
> 一語及家事也。[20]

　　郭尚先是在清宣宗道光十二年（1832）十二月撒手人寰
的。林則徐〈大理寺卿蘭石郭先生墓誌銘〉所謂「臺灣滋事」，
應是指這年張丙在嘉義滋事，臺灣南北紛紛響應，旬日之間，
聚眾至三萬多人。張丙等人擊敗清軍，殺害知府，救濟貧弱，
攻佔各地，局勢擾攘，持續了將近一年。[21]因此郭尚先在歲
暮臨終之際，還是對此一少時遊釣之鄉，流露無限關懷之情。
而且「曾無一語及家事」！連家事都來不及有一言半語的囑
咐，心中所念念不忘的，就是臺灣的安定治平，其重視、關
懷臺灣，由此可知。前引〈初秋不寐六首其二〉詩，郭尚先
雖未注明寫作年代，然而觀繹詩旨，或許就是道光十二年
（1832）秋，針對張丙事件有感而發吧。郭尚先去世後，眾
多輓聯中有一副是這樣寫的：

> 昌黎豈諛墓中人？當年或乞碑銘，揮手兼金稱不受；
> 君實不忘天下事，昨夜索觀邸報，平臺一歎更何言。
> [22]

　　這副輓聯中，上聯以韓昌黎借代郭尚先。韓愈經常為人
作墓誌銘，其潤筆收入頗為可觀，這些墓誌銘難免有諛諛墓
主之辭。郭尚先也有不少哀祭文、墓誌銘之類的應酬之作，
但是苟非其人，就是奉上再多的潤筆，他也不為所動，絕不

---

20 閔爾昌《碑傳集補》卷 2，頁 15，收錄於周駿富編《清代傳記叢刊》，
　　臺北：明文書局版。
21 見李家泉《臺灣總覽》頁 733，北京：新華書店，1991 年 1 月版。
22 郭嗣蕃《蘭石公年譜》頁 9。

命筆摛辭。所以「當年或乞碑銘,揮手兼金稱不受」,是推崇郭尚先辭受取與,必不苟且的風節。下聯的「君實」,是司馬光的字,當時朝廷對於郭尚先「將欲大用」,準備讓他為相,所以此處以司馬光借指郭尚先,相當切合實際情形。「昨夜索觀邸報,平臺一歎更何言」兩句,說明了郭尚先對於臺灣社會的關懷。這副輓聯以少總多,扼要而精確地寫出了郭尚先的人品與器量。

三、為官清廉,洞達治體

郭尚先曾先後主持貴州、雲南、廣東、山東等地鄉試,識拔英才,裁成多士,備獲佳評。後來又提督四川學政,除積弊,厲風節,而有大臣典範。

清仁宗嘉慶十八年(1813),郭尚先年二十九,奉命擔任貴州鄉試正考官。「悉心校閱,所得皆知名士」[23]。清仁宗嘉慶二十一年(1816),郭尚先年三十二,奉命擔任雲南鄉試正考官。「所得士皆學使顧蒓所獎許」者[24]。

清仁宗嘉慶二十四年(1819),郭尚先年三十五,出任廣東鄉試副考官,「有以同鄉來謁者,持白金八百為贄,公力辭不受」[25],真是清廉可風,足以成為官吏的榜樣。

清宣宗道光八年(1828),郭尚先年四十四,奉命提督四川學政,一直到道光十一年(1831)底才完成任務,回到京師。道光皇帝在乾清宮西暖閣召見郭尚先,看到他滿頭白

---

23 同注 2,頁 484。
24 同注 2,頁 485-486。
25 同注 2,頁 487。

髮，「訝其老，勞問久之」。這是他在四川主持學政，鞠躬盡
瘁，有以致之。郭嗣蕃《蘭石公年譜》記載：

> 公視學四川，以端士習、螯文體、除積弊、汰陋規、
> 恤寒畯為急務。

《民國莆田縣志》記載當時四川的考試風氣，相當敗
壞。郭尚先則清廉自持，務使弊絕風清：

> 蜀省鎗替、傳遞、換卷諸弊，素稱難除。尚先立條約，
> 稍置一二於法，士習肅然。有占別籍而歧考者，一以
> 祖、父籍貫及現居地為斷。……乃絕燬《五經刪節》
> 與坊間一切希捷餖飣諸書，文人始知實學，書價為之
> 驟昂。所至謝絕供給，並革菜儀門包一切陋規。士子
> 躍然。後入祀四川名宦祠。[26]

《民國莆田縣志》又說他辦理試務，嚴謹細膩，「每試
期盡，封胥吏家丁於別室。自坐堂皇收卷，隨以國書（滿文）
志其後，幕友皆小心校閱，毫不敢欺，諸弊一清」。[27]總督鄂
山稱讚郭尚先「洞達治體，有大臣才識」[28]；又密呈奏疏，
向皇帝報告：「學臣（郭尚先）操守廉潔，關防肅慎，積弊既
除，人才奮出，本科中式者，多出學士上考。遇有庸恭教官，
隨時甄汰，不稍姑容，輿論翕然。地方有當興除事件，悉與
臣等商榷，總期有裨吏治民生。洵屬品端學優，盡心稱職。」
[29]道光皇帝也褒讚他「操守廉潔，辦事精細」[30]。

---

26 石有紀、張琴修纂《民國莆田縣志·列傳·郭尚先》卷 26 下，頁 48。
27 石有紀、張琴修纂《民國莆田縣志·列傳·郭尚先》卷 26 下，頁 48。
28 同注 2，頁 493。
29 石有紀、張琴修纂《民國莆田縣志·列傳·郭尚先》卷 26 下，頁 48-49。
30 郭嗣蕃《蘭石公年譜》頁 8。

　　道光十一年（1831），郭尙先主持四川學政期間，朝廷對他優獎有加。這年二月，授司經局洗馬；五月，授翰林院侍讀；八月，授右春坊右庶子；十一月，授翰林院侍講學士；十二月，授光祿寺卿[31]。同一年中，淊歷各種重要官職，由此可見道光皇帝對郭尙先的嘉許識拔之殷，可謂聖眷甚隆。道光十二年（1832）二月，授大理寺卿。到了夏季，皇帝召見他，問以河工之事。他對以「未諳。」皇帝說：「汝不必推辭。」「蓋將大用也」[32]。同年秋天，充山東鄉試正考官，受暑濕，得病甚重，力疾閱卷，揭榜之日，其病始漸痊癒。到了十月，充武英殿試讀卷官，這時天氣嚴寒，郭尙先雖然病勢再度發作，還是勉強奉公。直到十二月十八日，「猶進內奏事」，然而「疾大作，醫言元氣虛，投以參尤，而病不可治矣」。十二月二十九日子時，終於京師官邸，年四十八。[33]道光皇帝聽說郭尙先病逝的消息，軫悼久之，對尙書白鎔說：「郭尙先學問好，人品更好。」[34]郭尙先過逝之後，「每學政陛辭（向皇帝辭行），上（道光皇帝）諭以尙先爲法。」[35]道光皇帝顯然以郭尙先主持四川學政的卓著績效作爲所有出任州郡學政官員的典範。如果天假以年，郭尙先必然得到皇帝的重用，

31　同注 7。

32　同注 2，頁 494。筆者案：如果天假以年，讓郭尙先順利在道光十三年爲相，那麼，鴉片戰爭時，郭尙先贊襄朝政，與知己林則徐內外呼應，謹慎應對，鴉片戰爭的歷史或將改寫。可惜郭尙先在道光十二年年底就已撒手人寰。

33　郭尙先病中曾對他的家人說：「吾以一編修，年餘七遷，至九（卿之）列，不知若何，始可報稱！」見《民國莆田縣志·列傳·郭尙先》卷 26 下，頁 49。

34　郭嗣蕃《蘭石公年譜》頁 9。

35　《民國莆田縣志·列傳·郭尙先》卷 26 下，頁 49。

那必將是國家之幸、蒼生之幸。

　　林則徐〈大理寺卿蘭石郭先生墓誌銘〉記載:「京官以春秋分俸。先生每俸入,恆置案頭,相對多日,歎曰:『吾將何所設施,以無負朝糈?』其不苟祿之志,官詞林時已然。」[36]郭尙先早在翰林院任編修時,就已經對於天下國家之事,念茲在茲,想要有所作為,有所貢獻,而以尸位素餐、苟且受祿為戒了。由此可見後來郭尙先無論是在朝參贊政務,或是奉命遠赴貴州、廣東、四川、山東等地辦理學政,識拔人才,都是一本「彼君子兮,不素餐兮」[37]的心態,而清廉自持,勱力奉公。四川總督鄂山「洞達治體,有大臣才識」的評語;以及道光皇帝「操守廉潔,辦事精細」,「學問好,人品更好」等褒讚之語真是實至名歸,洵非阿其所好的溢美之辭。

第二節　學養人品

一、通儒之學,有裨實用

　　郭尙先年少之時就喜歡研讀與經世濟民有關的典籍。他生平為學,枕經葄史,博覽諸子,淹貫四部之學。至於典章學術之原委、輿地象緯之本末,也都兼融綜會而有以深造自得。林則徐是這樣評論郭尙先的學術的:

　　　慕先生(郭尙先)者,大抵首推書法,謂當頡頏元、

---

36 閔爾昌《碑傳集補》卷 7,頁 6。
37 《毛詩正義·魏風·伐檀》卷 5 之 3,頁 10:「彼君子兮,不素餐兮。」
　　臺北:藝文印書館《十三經注疏》第 2 冊,民國 62 年 5 月版。

明兩文敏間。而生平志誼學行，幾爲所掩。是僅以書
得名，而先生之眞不出也……先生學有體用，垂髫即
喜讀經世書。時萬虞臣先生主講興安書院，數年從之
游，見聞益洽。自經史外，博涉諸子百家及輿地象緯
之學。尤喜鄭漁仲《通志》，謂其兼綜條貫，有裨實
用。[38]

　　林則徐這段話除了說明當時仰慕郭尙先的人，往往最爲
崇尙他的書法，認爲「當頡頏元、明兩文敏間」，換言之，就
是以元代的趙文敏——趙孟頫，以及明代的董文敏——董其
昌的書法，來和郭尙先的書法造詣相提並論。然而郭尙先赫
赫的書法名氣，卻往往掩蓋了他在學術上的成就與聲名。實
則郭尙先對於歷代典章文物、治亂之跡、民風土俗、經世濟
民等學術，是下過很深的功夫的。他對於莆田先賢鄭樵（漁
仲）所撰《通志》，特別留心鑽研，因爲此書「兼綜條貫，有
裨實用」。《四庫全書總目》評論鄭樵《通志》有言：

　　（鄭樵）負其淹博，乃網羅舊籍，參以新意，撰爲是
編……其（鄭樵）平生之精力、全帙之精華，惟在二
十略而已：一曰氏族，二曰六書，三曰七音，四曰天
文，五曰地理，六曰都邑，七曰禮，八曰謚，九曰器
服，十曰樂，十一曰職官，十二曰選舉，十三曰刑法，
十四曰食貨，十五曰藝文，十六曰校讎，十七曰圖譜，
十八曰金石，十九曰災祥，二十曰草木昆蟲……其采

38　林則徐〈大理寺卿蘭石郭先生墓誌銘〉，錄自閔爾昌《碑傳集補》卷
　　7，頁6。見周駿富編《清代傳記叢刊》第120冊，臺北：明文書局，
　　民國75年元月版。

　　　　撝既已浩博，議論亦多警闢，雖純駁互見，而瑕不掩
　　　　瑜，究非游談無根者可及……。[39]

　　由此可知，《通志》對於朝章國典的原委、文化學術的
發展，闡論周詳，誠然是「有裨實用」。郭尙先喜讀其書，以
他的資質之高，爲學之勤，對於這一部「兼綜條貫」學術體
用的經典著作，自能取精用宏，得其精萃。明末清初大儒顧
炎武的弟子潘耒爲《日知錄》作序有言：「有通儒之學，有俗
儒之學。學者，將以明體適用也。綜貫百家，上下千載，詳
考其得失之故，而斷之於心，筆之於書。朝章國典、民風土
俗，元元本本，無不洞悉。其術足以匡俗，其言足以救世，
是謂通儒之學。……自宋迄元，人尙實學，若鄭漁仲、王伯
厚、魏鶴山、馬貴與之流，著述俱在，皆博極古今，通達治
體，曷嘗有空疏無本之學哉？」[40]結合郭尙先爲學的宗旨與
潘耒對於「通儒之學」的闡論，可知郭尙先對於「博極古今，
通達治體」的通儒之學是夙所究心，深造有得的。

　　汪中是乾隆年間胸羅四庫的通儒，他的哲嗣汪喜孫和郭
尙先交誼甚篤，經常切磋學問。汪喜孫有一封寫給郭尙先的
書信，可見其爲學宗旨：

　　　　蒙示《李二曲先生集》，躬行實踐，巍然大儒，
　　　　不勝景仰。惟頓悟之學，稍涉禪理，不知國初諸儒，
　　　　何以尙沿南宋、前明一派？不獨二曲先生，吾蘇彭尺
　　　　木，其尤甚者也。諸儒品誼，非近人所能及，以爲直

39　紀昀等《四庫全書總目・史部・別史類・通志》卷 50，頁 14-16，臺
　　北：藝文印書館，民國 63 年 10 月版。
40　潘耒《遂初堂文集・日知錄序》卷 6，頁 3，上海：上海古籍出版社
　　《續修四庫全書》第 1417 冊，2003 年 5 月版。

接孔、孟，則非所敢知。

　　孔、孟首闢異端，諸儒不能不涉及二氏。惟顧亭
林論學，以「博學」、「有恥」為先，以出處進退、辭
受取予為重。以為「自一身以至於天下國家，皆學之
事。自子臣弟友，以至出入往來、辭受取予之間，皆
有恥之事也。士而不先言恥，則為無本之人；非好古
多聞，則為空虛之學。以無本之人，講空虛之學，吾
見日從事於聖人，而去之彌遠也。」此數語，孔、孟
復起，不易斯言。

　　直諒多聞，在世罕有，幸勿僅以書法傳世。王右
軍卓然可傳，其事跡為書名所掩，近文衡山亦如此。
可以皇然興、廢然返矣。願閣下接李文貞、雷翠庭，
處為名儒，出為名臣，幸甚。

　　廿年公車，自分文學侍從，此生無緣。詞賦一門，
久已庋之高閣……近頗留心賈、董之業，又思為杜京
召、馬貴與一種學問。杜、馬則顧亭林優為之，賈、
董不世出，本朝在上位者，殆未之有。誰謂經學難出
人頭地耶？閣下誓之。[41]

　　仔細尋繹這封信，可以得知：第一、郭尚先重尚李顒「經
邦濟世，開物成務，康濟群生」之學。李顒，字中孚，陝西
盩厔人。依據《說文解字》段玉裁注：「山曲曰盩，水曲曰厔」
之義[42]，別署「二曲」，學者尊稱為「二曲先生」。李顒倡導

---

41 汪喜孫撰，楊晉龍點校《汪喜孫著作集‧與郭蘭石書（二）》卷 5，
　　頁 161，臺北：中央研究院中國文哲研究所，民國 92 年 6 月版。
42 許慎著、段玉裁注《說文解字注》第十篇下，頁 13，臺北：南嶽出

經邦濟世的實學，主張「開物成務，康濟群生」[43]。全祖望對於李二曲推崇備至：「當是時，北方則孫先生夏峰，南方則黃先生梨洲，西方則先生，時論以為三大儒。……先生起自孤根，上接關學六百年之統，寒餓清苦之中，守道愈嚴，而耿光四出，無所憑藉。拔地倚天，尤為莫及。」[44]郭尚先以《李二曲先生集》與好友汪喜孫分享，其欽慕李二曲的人品學問而思步趨前賢之情，自然可知。

　　第二、汪喜孫以顧炎武講學的兩大宗旨「博學於文」、「行己有恥」與郭尚先相砥礪，而證之於郭尚先的為人與行事，驗之於道光皇帝對郭尚先「學問好，人品更好」的評語，其於「博學」、「有恥」之教，可謂躬行實踐，無負於先聖前賢了。

　　第三、汪喜孫以王羲之、文徵明兩位書法家為例，說明王羲之、文徵明的人品學行也很高明博雅，卻為其書法名氣所掩蓋。以此二例忠告郭尚先應以「處為名儒，出為名臣」自期。驗之於郭尚先的平生，除了精通詩文書畫之外，研治通儒之學，講究經濟之術，為官清廉，為政精謹，當無慚於「處為名儒，出為名臣」了。郭尚先、汪喜孫「游藝」、「輔仁」、「忠告善道」這種「以文會友，以友輔仁」的友朋風範，實在足以使百世之下的高級知識分子，聞其高風清塵而知所

版社，民國 73 年 3 月版。

43　參考程發軔《國學概論》下冊，頁 73-75，臺北：正中書局，民國 61 年 4 月版。李顒《二曲集》，陳俊民〈前言〉，北京：中華書局，1996 年 3 月版。

44　全祖望《鮚埼亭集・二曲先生窆石文》卷 12，頁 151，臺北：華世出版社，民國 65 年 3 月版。

興起。

茲復說明郭尙先與好友魏笛生的論學宗旨，見之於他所
撰寫的〈魏笛生同年六十壽序〉：

> 笛生少時才望震耀……，余時已仰之。既同雋鄉、會
> 試，蹤跡日益密……其後同居兩載，每縱談至宵分，
> 如浮洞庭，入武夷，奧衍深遠，預乎無際；又如山東
> 老父指陳桑麻利害，無語不實，乃大騃服。……。[45]

郭尙先在京師和魏笛生同住的兩年中，經常論學，至於
深宵夜分，其所談內容，都屬實學，他對於魏笛生言論的「奧
衍深遠，預乎無際」；「如山東老父指陳桑麻利害，無語不實」，
真是大爲騃（騃，同「駭」）服。然而郭尙先治學也是「自經
史外，博涉諸子百家及輿地象緯之學，尤喜鄭漁仲《通志》」。
這兩位良友的博學多聞，實在體現了《周易・兌卦・象辭》
「麗澤兌，君子以朋友講習」[46]的義理。

郭尙先的學識極其淵博，除了上述經邦濟世之學以外，
他對於禪學、小學、詩文之學，也有很高的造詣。從他的題
跋、他的駢、散文，以及古、近體詩等作品，都可窺知其消
息。例如他的〈書王肯堂筆麈四卷後〉寫道：

> 其（王肯堂《筆麈》）說經則揚陽明之餘波，談禪則
> 稗販紫湘，皆無所得。於音學時有所合者，然未若陳
> 第也……。[47]

又〈書吳修齡圍鑪詩話六卷後〉寫道：

---

45 《郭大理遺稿・魏笛生同年六十壽序》卷 3，頁 10。
46 孔穎達《周易正義》卷 6，頁 9，臺北：藝術印書館《十三經注疏》
　　第 1 冊。
47 《郭大理遺稿・書王肯堂筆麈四卷後》卷 7，頁 9。

閱《詩話總龜》、《漁隱詩話》，如講僧稗販語錄，都
不識祖師西來意。此編極力掀翻，一掃纏縛，可謂「舌
吐萬里唾一世，眼高四海空無人」矣。其論古韻殊昧
昧，蓋未見顧亭林《音學五書》；又菲薄明人過甚，
於陳第、楊慎之推尋古音，亦概置之……。[48]

　　雖然郭尙先認為阮閱的《詩話總龜》、胡仔的《苕溪漁
隱叢話》「都不識祖師西來意」，不能契合於古典詩學的本體。
這樣的看法，或許還有商榷的餘地。但是，由上述這兩段題
跋可以覘知郭尙先治學的領域相當寬廣、論學的見解相當精
闢。舉凡群經諸子之義、佛禪法悟之說、文字聲韻之學、詩
文書畫之論，莫不兼賅精研，而有獨到之解會。

二、喜繪蘭竹，善抒畫論

　　郭尙先一生喜愛蘭竹，也喜愛摹繪蘭竹。對於蘭花，更
是鍾情不已。從他自號「蘭石」，又以蘭之「芳」、石之「堅」
名其書齋，就可窺知個中消息。他的詩文題跋，以及相關的
文獻，都有不少材料，可藉以覘知他對於蘭竹的欣賞之情、
摹繪之殷。

　　1.郭尚先……善畫蘭……。(《清畫家詩史》)[49]

　　2.郭尚先……工書畫……白簡侯少司馬藏有墨蘭屏四
　　幀，為其祖小山尚書（白鎔）款。……(《甌缽羅室書畫

48　《郭大理遺稿・書書吳修齡圍鑪詩話六卷後》卷7，頁10。
49　李濬之《清畫家詩史》己下，頁21。錄自周駿富編《清代傳記叢刊》
　　第76冊，臺北：明文書局，民國75年元月版。

過目考》）[50]

3. 郭尙先……善寫蘭竹。(《清代畫史補錄》)[51]

4. 郭尙先……善書，摹仿華亭，工夫老到，兼工蘭竹……。(《國朝書畫家筆錄》)[52]

5. 郭蘭石大理尙先……偶寫蘭竹，灑然出塵。為予仿文衡山意，作幽蘭一叢，秀潤可愛。予嘗謂蘭石曰：「伊墨卿有句云：『月華洞庭水，蘭氣瀟湘煙。』君之畫品足以當之矣。」(《墨緣小錄》)[53]

　　以上所引錄的文獻，說明了郭尙先善畫蘭竹，享譽士林的事實。此其一。第二則所述及的「墨蘭四幀，爲其祖小山尙書（白鎔）款」，是說郭尙先曾爲他的老師白鎔畫了四幅墨蘭，其落款題寫了白鎔的字號。清仁宗嘉慶十二年（1807），郭尙先年二十三，應鄉試中式第一名。這一次鄉試的副主考官就是當時任翰林院編修的白鎔。[54]此其二。《墨緣小錄》一書的作者潘曾瑩認爲書法家伊秉綬（1754-1815）的詩句「月華洞庭水，蘭氣瀟湘煙」所呈現的氣象風韻，足以評論郭尙先的畫品，當然，也可移以稱美郭尙先所畫的蘭花。此其三。

　　梁章鉅是郭尙先的好友，年長於郭尙先十歲，曾有兩首

---

50 李玉棻《甌缽羅室書畫過目考》卷 4，頁 10。錄自周駿富編《清代傳記叢刊》第 74 冊。

51 江銘忠《清代畫史補錄》卷 4，頁 12。錄自周駿富編《清代傳記叢刊》第 79 冊。

52 寶鋆《國朝書畫家筆錄》卷 3，頁 7。錄自周駿富編《清代傳記叢刊》第 82 冊。

53 潘曾瑩《墨緣小錄》頁 10。錄自周駿富編《清代傳記叢刊》第 79 冊。

54 郭嗣蕃編《蘭石公年譜》，北京：北京圖書館出版社《北京圖書館藏珍本年譜叢刊》第 138 冊，頁 482。

詩題寫在郭尙先的畫扇扇面：

1. 雲煙過眼尚清新，風竹林泉執卜鄰。留與高人印心地，
　不知世有軟紅塵。(〈題郭蘭石編修畫扇〉)

2. 詩材畫本印空濛，佳處都憐踏雪鴻。何似木蘭陂上路，
　共君清籟采莆風。(〈題郭蘭石編修畫善〉)[55]

　　從前一首詩中「風竹林泉」的意象著眼，可知郭尙先在
扇面所摹繪的內涵，離不開叢竹幽泉。這又是他善畫蘭竹的
一項證據。至於「留與高人印心地，不知世有軟紅塵」二句，
則清雅蘊藉，洋溢著推重讚賞之情。

　　郭尙先另一好友程春海也有一首詩題寫其蘭竹畫卷：

　　蘭竹書魂魄，中藏草隸精。妙香無定相，斜雨有奇聲。
　　作者郭忠恕，珍之吳季英。石交胡可得，掩卷不勝情。
　　[56]

　　發端二句「蘭竹書魂魄，中藏草隸精」，認爲郭尙先的
所畫的蘭竹，體現了作者典雅貞芳的情操，而蘭竹的線條可
與草書、隸書的筆法相通。道、技兼美，蘭、竹並榮，可謂
稱賞備至。

　　筆者所蒐羅的郭尙先書跡中，有幾件是題畫之作。而所
題畫作，就不乏摹寫蘭竹的。例如(圖65)的蕙蘭，(圖66)
的蘭(局部)，都可看出郭尙先雅嗜以蘭、竹入畫。

　　郭尙先經常畫蘭贈送同僚或親友，《芳堅館題跋》卷四，
有不少他自畫蘭的題跋，如〈自畫蘭寄許萊山光祿〉、〈自畫

---

55 梁章鉅《退庵詩存‧題郭蘭石編修尙先畫扇》卷9，頁3，上海：上
　海古籍出版社《續修四庫全書》第1499冊，2003年5月版。
56 程春海《程侍郎遺集‧題郭大理畫蘭竹卷應吳大京兆屬》卷4，頁18。
　上海：上海古籍出版社《續修四庫全書》第1511冊，2003年5月版。

蘭贈劉實齋〉、〈以劉雲衢書箑贈黃維添內兄并為畫蘭〉、〈自
畫蘭與三弟蘭懷〉、〈自畫蘭寄李潤堂都督〉等共十餘則。茲
錄其數則，以見一斑：

1. 劉雲衢比部工漢隸，贈余此箑。輒仿鷗波（趙孟頫）
   畫蘭，奉維添內兄。畫不足觀，仍當寶左方分書（劉
   雲衢所寫隸書）耳。

2. 英德舟次大熱，寫此（蘭）遣悶。吳瀹齋殿撰見之以
   為佳。余戲言：「汝為我寫小楷《千字》，此箑便奉贈。」

3. 顧吳羹前輩語余：「寫蘭與梅，正是我輩事。外間畫史
   沾沾形似，那有似處！」余謂此語正玉局（蘇軾）論
   吳（道子）、王（維）畫旨也。

4. 或問道人（郭尚先自號「蘭道人」）：「古人畫蘭，有以
   花勝者，以葉勝者。子以何勝？」道人對言：「以根勝。」
   其人大笑，如陸士龍落水時。嗟乎！蘭槐之根是為芷，
   其漸之滫，君子弗御，小人弗服。蘭根顧不重哉？不
   知蘭之根重，烏足與知蘭？又烏足與知道人畫乎？

5. 陸平叔寫蘭，風神怡懌，不作風露掩抑之態，望之有
   清氣、靜氣，以韻論，似尚有子畏（唐寅）所不逮者。

6. 潤堂二兄大人詩書畫皆入能品，畫蘭尤生動有態，乃
   於五千里外馳書索拙畫。余畫何足觀？況敢為潤堂畫
   乎？然慮潤堂不諒余之愧而謂余之恡也，輒以小幀求
   正。作《春草帖》、《韭花帖》觀，何如？[57]

凡此題跋，或者摹擬前賢畫蘭，而謙言不足觀覽；或者

---

57 郭尚先《芳堅館題跋》卷4，頁11-14。

畫蘭以遣暑熱，而戲語以對同僚；或者於畫蘭之餘，抒其畫
蘭之理論、畫蘭之情懷。其深雋之思、閑適之懷、清靜之致、
悠遠之意、謙光之德、瀟灑之韻，莫不蘊藏藝術精神，而寄
託於此書畫文辭之間，而成一件件書法、文辭、畫蘭三位一
體的藝術精品。郭尚先精擅詩文書畫，善於體現藝術精神，
自可由此證知。

　　至於郭尚先的畫論，則往往見之於他所自作而題寫於畫
幅的題畫詩。見之於其書法作品的，也不乏其例。請臚陳若
干則，以爲管窺之資：

1. 唐人畫佛，吳道子外，自以尉遲乙僧爲最。其運筆精
　　暢生動，□非盧楞伽所及。[58]

2. 韓幹畫馬，傳世者止見一本，意境深遠，摹勢亦圓勁，
　　李龍眠學之，備得其妙。[59]

3. 文湖州畫竹，黃魯直不畫竹，然觀其書法，罔非竹也。
　　瘦而腴，秀而拔，攲側而有準繩，折轉而多□（疑作
　　「斷」）續。吾師乎！其吾竹之清癯雅脫乎！書法有行
　　款，竹更要行款；書有濃澹，竹更有濃澹。不唯是，
　　梅道人之山水、趙承旨之蘭，皆書法也。（郭尚先《題扇》）
　　[60]

　　他評論唐代畫家尉遲乙僧畫佛的「運筆精暢生動」，韓
幹畫馬的「意境深遠」、「摹勢圓勁」，都屬中肯之論。至於書

58　《翰墨珠林・臺灣書法傳承展作品集》頁 41，淡江大學文錙藝術中
　　心，2004 年 4 月版。
59　《明清時代臺灣書畫作品》頁 82-83，行政院文化建設委員會，民國
　　73 年 5 月版。
60　馮天琪、馮天瑜編《近代名人墨跡・馮永軒藏品》頁 48，武漢：湖
　　北教育出版社，2001 年 9 月版。

畫相通之理，他也提出精闢雋永的見解。他以文與可畫竹之通於書法、黃山谷之書法通於畫竹作比較與分析，而得出畫竹與書法的格韻境界都貴乎「清癯雅脫」，這就是畫竹與書法所以相通的道理。此一道理，可以類推。元代畫家吳鎮（號梅道人）的山水畫、趙孟頫所畫的蘭花，皆各有清逸之格韻，也可以和書法相通。這是以書法之神和繪畫之神相與觀照，而有所見、有所悟。不唯此也，郭尚先此一題扇之作，其書法的格韻，也自然可以通之於文湖州的畫竹、黃山谷的書法、梅道人的山水、趙承旨的畫蘭。

　　再者，郭尚先的詩文集中，也有不少作品，傳達出他的繪畫見解，撮錄數則，用嘗鼎臠：

1. 玉佩錦幃張曉露，雲階月地駐春寒。憑君淡處留真相，國色何須正午看。（〈白牡丹圖為徐竹洲孝廉題其一〉）

2. 沒骨傳神自昔難，臙脂多買莫同觀。梨花柳絮天然韻，可似王家至寶丹。（〈白牡丹圖為徐竹洲孝廉題其二〉）[61]

3. 寫生生動說甌香，落墨無多別擅場。好襯衍波箋半幅，與臨玉本《十三行》。（〈惲平叔水仙冊〉）[62]

4. 未須雨意潑淋浪，亦不風枝互短長。分布疏疏神韻足，知君近寫《十三行》。（〈題鄧過庭畫竹〉）[63]

5. ……學士作畫如譜琴，蕭蕭萬籟涵虛深。尚書論畫如論人，要見鐵石平生心。此花閱人不知紀，許寫此花人有幾？讀畫憶花心迴然，門外秋光冷於水。（〈顧吳羹

61　《增默菴詩遺集‧白牡丹圖為徐竹洲孝廉題》卷1，頁2。
62　《增默菴詩遺集‧惲平叔水仙冊》卷1，頁18。
63　《增默菴詩遺集‧題鄧過庭畫竹》卷1，頁20。

先生畫唐梅爲望坡尙書作〉〉[64]

6. 有人還比虎頭癡，鶴亦關情竹亦思。領取倪迂畫中意，蒹葭佛閣倚闌時。(〈顧賓洲文學竹趣圖其四〉)[65]

7. 年來薄酒亦難賒，選勝聊驅下澤車。領略倪迂畫中意，興誠寺閣望蒹葭。(〈李蘭屛比部竹林待酒圖其四〉)[66]

8. 未聞君學畫，畫竟肖倪迂。樹少秋容豁，庭寒鶴影朧。從知韞韜略，不待學孫吳。心手相師處，天然詎可摹。
(〈李潤堂都督畫冊其一〉)[67]

9. 男兒不作風中柳，生紙長毫獨寫蘭。我欲焚香爲下拜，此花只當故人看。(〈鄧過庭惠畫蘭索詩走筆次韻其一〉)[68]

10. 銀杯縞帶妙難方，讀畫還教色相忘。領會悠然見山意，聞他何處木樨香。(〈題畫其四〉)[69]

　　從上述作品可以略窺郭尙先的繪畫觀。他再三提到「淡處留真相」，「分布疏疏神韻足」；他相當強調畫作中「天然」渾成的韻致，所以題畫詩中常用「梨花柳絮天然韻，可似王家至寶丹」；「心手相師處，天然詎可摹」等詩句推許友人的作品。他讀畫觀畫的方法是「讀畫還教色相忘」，要超越筆墨形象，而領略畫中意境。「領會悠然見山意」，典出陶淵明〈飲酒二十首其五〉：「採菊東籬下，悠然見南山。山氣日夕佳，飛鳥相與還。此中有真意，欲辨已忘言。」[70]「聞他何處木

64　《增默菴詩遺集‧顧吳羹先生畫唐梅爲望坡尙書作》卷2，頁6。
65　《增默菴詩遺集‧顧賓洲文學竹趣圖》卷2，頁9。
66　《增默菴詩遺集‧李蘭屛比部竹林待酒圖》卷2，頁13。
67　《增默菴詩遺集‧題畫》卷2，頁17。
68　《增默菴詩遺集‧題畫》卷2，頁18。
69　《增默菴詩遺集‧題畫》卷2，頁16。
70　王叔岷《陶淵明詩箋證稿》頁290-293，臺北：藝文印書館，民國64

欂香」典出《鶴林玉露》:「黃龍寺晦堂老子嘗問山谷以『吾無隱乎爾』之義,山谷詮釋再三,晦堂終不然其說。時暑退涼生,秋香滿院,晦堂因問曰:『聞木欂香乎?』山谷曰:『聞。』晦堂曰:『吾無隱乎爾。』山谷乃服。」[71]他對於元代畫家倪瓚,更是欽仰不已,從「領取倪迂畫中意」的詩句,一再出現於作品中,就可以看出。他題詩李潤堂的畫作有云:「未聞君學畫,畫竟肖倪迂。」對於李潤堂畫風與倪瓚相似,感到意外的驚喜。倪瓚(1301-1374),字元鎮,號雲林,風月主人,元毗陵(今江蘇無錫)人。論畫主張「師法造化,強調逸筆草草,不求形似」;「下筆能形蕭散趣,要須胸次有」[72]。至於望坡尚書的「論畫如論人」,「要見鐵石平生心」,則典出唐玄宗時宰相宋璟的「貞姿勁質,剛態毅狀」;「鐵腸石心,不解吐婉媚辭」(皮日休〈桃花賦序〉),體現了芳(唐梅)、堅(鐵石)之義,芬芳之物堅毅長久,此一精神,是郭尚先所念茲在茲的。他的書房也是以「芳堅」命名。

三、篤於友道,不事諂諛

　　清仁宗嘉慶十六年(1811),郭尚先年二十七。散館以後,授官編修。這年秋天,他的同年陳池養奉命前往武清(今北京市南)覆審「高六毒韓貴興案」。當時驗明,並未下毒。後來案子到了刑部,鍛鍊成「有毒」。原審武清知縣孫成、陳池

年 1 月版。

71 羅大經《鶴林玉露》卷 3 頁 3,臺北:臺灣開明書店,民國 57 年 11 月版。

72 參考周林生主編《中國名畫賞析・宋元繪畫》頁 228,石家莊:河北教育出版社,2004 年 1 月版。

養遭誣陷受賄，解職徹查。郭尙先和他的老師白鎔極力營救，結果是孫成謫戍，陳池養只遭革職。[73]朋友遭誣罹禍，郭尙先不避艱難，挺身相救，盡力而爲，其篤於友誼之情，可以想見。

郭尙先爲人信實耿直，與朋友交往，則實踐孔子忠告而善道之的朋友道義。

他爲朋友的尊長所撰寫的壽序、家傳、墓志銘等應酬文字，往往自稱「不習爲諛」。如〈翁平山先生六十壽序〉說：「（尙）先素不習爲諛，又以先生（翁平山）篤實士，不欲聞華言也，故舉實以爲敍，先生聞之，必不以爲諛也。質之建州、南平、連城、龍溪之士，亦必不以（尙）先爲阿好也」[74]；〈李省園先生七十壽序〉說：「先生（李省園）篤實君子，不欲聞諛詞，故余以其實書之」[75]；〈蔚庭鄭先生六十壽序〉說：「（鄭蔚庭）猶子（姪子）雲麓、小天屬其友尙先爲辭以壽。夫將紀蹊桃之信[76]，而或摭海棗之言[77]，非先生所樂聞也，非雲麓所爲相命也。」[78]〈靜軒宗君家傳〉說：「然區區不敢藻飾失實以誣君，而負績辰（郭靜軒之子）見託之意，則君可

---

73 同注 2，頁 3。
74 《郭大理遺稿‧翁平山先生六十壽序》卷 3，頁 13。
75 《郭大理遺稿‧李省園先生七十壽序》卷 3，頁 8。
76 司馬遷《史記‧李將軍列傳》卷 109，頁 2878：「桃李不言，下自成蹊。」臺北：洪氏出版社，民國 64 年 9 月版。
77 「摭海棗之言」蓋指僊人安期生食大棗之事。司馬遷《史記‧封禪書》頁 1385：「（李）少君言上曰：『……臣嘗游海上，見安期生，安期生食巨棗，大如瓜。安期生僊者，合則見人，不合則隱。』」臺北：洪氏出版社。
78 《郭大理遺稿‧蔚庭鄭先生六十壽序》卷 5，頁 22。

以鑒於九京也夫」[79]；〈龔梅巖刺史墓誌銘〉說：「不能爲諛」[80]；〈硯雲李君墓誌銘〉說：「觥觥先生，學奧文遒……我銘匪阿（諛媚），爲吏之則。」[81]上述例證，都可說明郭尚先爲人篤實，不習諂媚，而無口柔面柔，便僻便佞之劣行。還有一個例子，可以說明郭尚先的「不習爲諛」。他在〈劉實齋先生五十雙壽序〉中寫道：

> 歲在元默敦牂（壬午），三月初吉，劉晴樓茂才徵余文以祝其尊人實齋先生暨德配林太孺人五十壽，且曰：「吾父素恂愊，所爲事類依於道，然聞人面道其善，則跔踖甚，又訥於口，唯稱主臣而已，或稍過獎飾，輒欲走避。謂余能，是其諛我乎！其詈我乎！所爲必欲得君言者，謂君言可信，且君之必不爲諛，吾父顧之，當歡然舉一卮也。」余曰：「文則余何敢信！且不諛則若爲能知余。」[82]

元默敦牂，是壬午年，也就是清宣宗道光二年（1822），郭尚先年三十八。他應劉晴樓之請，爲劉晴樓的父母撰寫五十雙壽序。劉晴樓何以要請郭尚先爲父母撰寫壽序呢？因爲他的父親劉實齋不喜歡別人「獎飾」，而郭尚先作壽序一向是「必不爲諛」，正合劉晴樓父親之意。上述諸例，足以說明郭尚先不事諂諛的骨鯁個性，而且他這種鯁直不諛的美德，在朋友、同事之間是眾所周知的。

再者，林則徐有一封致郭尚先的書信，若仔細翫味其內

79　《郭大理遺稿‧靜軒宗君家傳》卷4，頁5。
80　《郭大理遺稿‧龔梅巖刺史墓誌銘》卷4，頁9。
81　《郭大理遺稿‧硯雲李君墓誌銘》卷4，頁19。
82　《郭大理遺稿‧劉實齋先生五十雙壽序》卷3，頁13。

容，也可見郭尚先對於友人的「忠告而善道」：

> 重三夜，小舟泊竹崎停棹，書此，顛簸不復成字。再，
> 昨來函見教殷殷，自非關愛深切，曷肯為此言？佩服
> 感銘，莫可殫述。侍本輇陋，安敢凌人？或晉接語言
> 有未檢束處，惟當慎之又慎，以副忠告之情。此後見
> 惠德音，尤望時加針砭為感。附此致謝。又泐。[83]

郭尚先對林則徐殷殷忠告，關愛深切，林則徐不但欣然接納，還說：「或晉接語言有未檢束處，惟當慎之又慎，以副忠告之情。此後見惠德音，尤望時加針砭為感。」其虛心受教之情，可謂溢於言表。郭尚先對朋友的不事諂諛，忠告善道，誠然可以為「君子愛人以德」做見證。[84]

四、品學高卓，為人敬重

清宣宗道光四年（1824），郭尚先年四十。這年四月，他為同年戚人鏡的母親撰寫〈戚母蔣太恭人七十壽序〉，有言：

> 道光四年四月，同年生戚蓉臺過尚先言曰：「吾母七
> 十矣，宜上壽。子宜為文以侑。習於人鏡者，莫如子
> 也。」（尚）先惟蔣太恭人之賢，蓉臺之孝，都中士

83　《林則徐全集‧致郭尚先書》頁 3303，福州：海峽文藝出版社，2002年 10 月版。

84　當然，郭尚先對於林則徐的推崇，也非溢美之辭，請看他為林則徐父親所寫的壽序是如何稱道林則徐的：「少穆（林則徐，字少穆）雅識宏才，眾流仰鏡……少穆以天上之石豐，為文中之鴻鳳，文途儲九駁，韶樂待一夔。白氏樂天，雞林知貴其作；歐家信本，高麗遺購其書。煜文章於翼、軫之躔，贛水之珊瑚盡網；耀執法於董、賈之宅，帝廷之鮭鮓將升。」見《郭大理遺稿‧林暘谷太翁七十壽序》卷 5，頁 19-21。

大夫家以為法，不待先言。先得言太恭人之安於善
者。……奉甘旨必敬，饋祀必謹……蓉臺弱冠，舉鄉
試，成進士，選庶吉士，請告歸，賀客麕至，太恭人
抑然。蓉臺迎奉來都，既授職檢討，而贊善，而中允，
而侍講；典山東、山西試，分校順天試，督貴州學政，
以賢稱於都下。太恭人拊之教之，不異於昔。而抑然
之容，亦不異於昔。蓉臺自黔召歸，勸講尙書房，引
對時，上垂詢母教甚悉，又時為諸大臣言之。夫以閨
內之行，而達於廷陛之上，則信乎善之可為，而賢之
必彰也。……母之教子以善……。[85]

由這篇壽序可知戚人鏡的母親蔣太恭人是一位「安於為
善」、「為女則淑」、「為婦則順」、「事姑則孝」、「祭祀敬謹」、
「教子以善」的賢母。戚人鏡考上進士，賀客盈門，蔣太恭
人則謙抑自持，低調以對。戚人鏡「授職檢討，而贊善，而
中允，而侍講；典山東、山西試，分校順天試，督貴州學政，
以賢稱於都下（北京）」，官大名顯，聲勢烜赫，而蔣太恭人
仍然是「拊之教之，不異於昔。而抑然之容，亦不異於昔」。
皇帝召見戚人鏡，特別仔細垂詢他的母教，還向朝中大臣揄
揚，以為模範。如此一位賢德的長者是怎樣看待郭尙先呢？
《蘭石公年譜》記道：

（戚母蔣）太恭人教子甚嚴，每遇招飲，輒問曰：「是
往郭蘭石家否？」……或設席，亦必問曰：「是請郭

85 郭尙先《郭大理遺稿‧戚母蔣太恭人七十壽序》卷 3，頁 17-19，上
海：上海古籍出版社《續修四庫全書》第 1510 冊，2003 年 5 月版。

蘭石乎？」公為人所重如此。[86]

能夠讓一位教子甚嚴、連皇帝都敬重推崇的賢哲之母青眼相加，郭尚先的人品之高，自可不言而喻了。一般來說，壽序的內容，都是頌揚稱美壽星，有時難免言過其實，譽之太甚。然而郭尚先所撰寫的壽序，往往侔揣精當，嚴謹篤實。請看這篇〈戚母蔣太恭人七十壽序〉的結尾，就可以明了：

> 先（郭尚先）願蓉臺（戚人鏡）學問之成，事業表現
> 於世，以光賢母之教，而不使聞先言者，疑先之妄。
> 先謹泚筆以待，為太夫人八十至期頤壽言也。[87]

祝壽頌德之餘，還對同年好友忠告善道，期盼他「學問之成，事業表現於世，以光賢母之教」，絕無諛諂口柔之態。由此也可印證郭尚先的人品之高。

至於郭尚先的學生當中，書法造詣高視清代書壇，足以與郭尚先齊名的，就是年長他一歲的福建同鄉呂世宜。呂世宜，字可合，號西邨，晚號不翁，福建同安廈門人。生於清高宗乾隆四十九年（1784），約卒於清穆宗同治五年（1866）[88]，年約八十三。清宣宗道光二年（1822）舉人，「性好古，通許氏《說文（解字）》，及金石之學。最工篆、隸，嘗摹擬漢（代）（隸）書四十九石，廈（門）人林墨香刻之」[89]。道光二年（1822），呂世宜年三十九，中式舉人，「居廈門玉泉

---

86 同注 2，頁 489。
87 同注 85。
88 關於呂世宜之生卒年，是依據吳守禮、林宗毅編撰《呂世宜年譜稿》頁 1、頁 29 所述。見定靜堂《定靜堂叢書‧呂世宜西邨先生研究資料附呂世宜年譜》，昭和 51 年 4 月日本出版，民國 65 年臺灣印刷。
89 《金門志》卷 10，頁 7。轉引自《定靜堂叢書‧呂世宜西邨先生研究資料附呂世宜年譜》。

書院，聲名膾炙庠序間」[90]。道光十年（1830），周凱任福建
興泉永道，「見（呂世宜）而奇之，館於玉屏書院（呂世宜時
年四十七）。與莊中正、林焜煌、葉幾等，同修《廈門志》」[91]。
呂世宜「家藏碑版甚富，見有真跡，輒傾資求之。時淡水（廳）
林氏（即世所稱「板橋林家」）以豪富聞里閈，而（林）國華
與弟國芳皆壯年，銳意文事，見世宜書，慕而聘之。世宜遂
主林氏，日益搜拾三代鼎彝、漢唐碑刻，手摹神會，悠然不
倦。林氏建枋橋（今臺北板橋）亭園，楹聯楣額多其書也。」
[92]著有《古今文字通釋》、《愛吾廬文鈔》、《愛吾廬題跋》、《愛
吾廬筆記》等。

　　郭尙先和呂世宜結師徒之緣，應是在道光二年（1822）
倪琇觀察延聘郭尙先主講廈門玉泉書院期間[93]。呂世宜雖然
較郭尙先年長一歲，但是對郭尙先執弟子之禮，甚爲恭敬，「於
書藝則拜年相若者郭蘭石尙先爲西席」[94]。呂世宜在所撰《愛
吾廬題跋》中寫道：

　　　是碑（《楊孟文頌》）為蘭石夫子所贈，學之數十百過，
　　　不能得其一二，以是知「墨（成）池，筆（成）冢」，

---

90 吳守禮〈有關西村二三事薈說〉，見《呂世宜年譜稿》頁 39。

91 《同安縣志》卷 31。轉引自《定靜堂叢書‧呂世宜西邨先生研究資
　　料附呂世宜年譜》。

92 《同安縣志》卷 31。轉引自《定靜堂叢書‧呂世宜西邨先生研究資
　　料附呂世宜年譜》。

93 郭嗣蕃《蘭石公年譜》頁 488。倪琇，字尙瑩，號竹泉，昆明人。嘉
　　慶六年（1801）進士，官廈門道。書法學《蘭亭集敘》，晚年書風似
　　董其昌。說見《皇清書史》卷 7，頁 3，臺北：明文書局《清代傳記
　　叢刊》第 83 冊。

94 吳守禮〈有關西村二三事薈說〉，見《呂世宜年譜稿》頁 34。

　　古人斷不余欺。[95]

　　《楊孟文頌》也就是《石門頌》，其全名爲《司隸校尉楗爲楊君頌》，東漢桓帝建和二年（148）刻碑，原刻在陝西褒城褒斜谷石門崖壁。《石門頌》的書法具有「雄厚奔放之氣」[96]，「王述庵謂是碑『勁挺有姿致，推爲東漢人傑作』……其行筆直如野鶴閒鷗，飄飄欲仙，六朝疏秀一派皆從此出」[97]。由此可知，《司隸校尉楗爲楊君頌》是臨習隸書的典範。郭尚先將此拓本送給精擅篆、隸的呂世宜，可以說是寶劍贈英雄，相得益彰了。翫味呂世宜「是碑爲蘭石夫子所贈」的辭氣，可知呂世宜對於郭尚先是相當敬重的。

　　呂世宜的另一位老師周凱有一篇文章，篇題是〈四十九石山房記〉。歷敘呂世宜的友人林研香、林墨香讀書處「四十九石山房」命名的由來、宅舍的格局等內容：

　　　　呂子西村好古而辟，凡金石磚甓之文，摩撫審玩，嗜若性命。善屬文，工篆隸。有四十九石山房石刻行於時。四十九石山房者，其友林生研香、墨香讀書處也。研香好寫竹，多蓄古研。墨香工刻石，硯背側皆有文。西村所摹，墨香所手刻也，凡四十九石，因以名室。西村雖主講他所，歸則假館其中，若家焉。乙未之秋，余偶過訪。門有竹數十挺，負牆而立，榜曰：「西林

95　呂世宜《愛吾廬題跋·愛吾廬論書》頁 42，臺灣：林宗毅發行，民國 63 年 11 月。

96　清祖翼《石門頌·跋》，錄自《石門頌集聯》卷首，北京：人民美術出版社，2005 年 11 月版。

97　楊守敬《激素飛清閣評碑記》，見《楊守敬全集》第 8 冊，頁 542，武漢：湖北人民出版社，1995 年 4 月版。

別墅」，陳司馬士竹所書也。入曰：「肯齋」，曰「此
君庵」。「肯齋」，郭大理蘭石書也；「此君庵」，余書
也。……二林生請為山房之記。記者，記事、記言。
余謂今日呂子之言足記也，遂書以遺之。[98]

　　周凱這篇文章是「乙未」年，也就是清宣宗道光十五年
（1835）所撰寫的，當時郭尚先已經去世二年餘。周凱提及
林研香、林墨香的四十九石山房有「肯齋」榜書，是出自郭
大理蘭石的手筆。而「此君庵」是周凱的題字。由此可知郭
尚先、周凱受呂世宜、林研香、林墨香幾位友生尊敬的程度
了。

五、痌瘝在抱，關懷蒼生

　　清宣宗道光元年（1821），郭尚先年三十七。他的家鄉
莆田大饑。這時郭尚先因為前一年正月丁父憂，離京師，返
故里居喪。他建議地方長官，勸導富人提供粟米，由公家設
廠，減價平糶。至於提供米糧的富人，也沒吃虧，仍舊將本
錢歸還他們。於是富人爭相提供粟米，貧民因而得以度過難
關。鄉人感激之餘，都歌功頌德道：「郭太史活我。」後來郭
尚先撰〈興化平糶題名記〉一文論述其事原委[99]。這件事說
明了郭尚先民胞物與、痌瘝在抱的襟懷，助人淑世、霖雨生
民的事業，足以作為讀書人的模範，令人欽仰。

　　此外，郭尚先的詩作也不乏流露民胞物與情懷者。請看

---

98 周凱《內自誦齋文集・四十九石山房記》卷 8，頁 5-6。轉引自《定
　　靜堂叢書・呂世宜西邨先生研究資料附呂世宜年譜》。
99 同注 2，頁 487。

下列詩篇：

1. 豐隆闐闐椎大鼓，雨勢西馳群木舞。雨聲樹聲不可分，
   中有萬家哭聲苦。舊歲再旱田生煙，十村九村聞鳥揵。
   今春積雨又傷麥，兔葵馬帝何蒼然。早稻得雨天所貺，
   一雨一晴生機暢。門前指似催租吏，稻花開後好傾釀。
   稻花開時雨如織，雨師奪我口中食。妻子忍飢沒奈何，
   私債官租定逼迫。民生民死惟恃天，稻荒民餓天應憐。
   太上仙令惡作劇，論謫猶教幸執戟。安得行雨驂雙虬，
   點滴先與農民謀。天仁不值割龍耳，只化人間一枚李。
   (〈苦雨謠〉)[100]

2. 大水西來浪捲沙，臨淮無復舊繁華。岡頭綿蕝人如雁，
   橋下團瓢竈有蛙。頹岸幾時堅竹落，新波轉眼下桃花。
   諸公即上河成頌，好為黔黎計室家。(〈臨懷書壁　時河決
   入淮，驛舍民居俱沒〉)[101]

3. 鄉書傳到太紛紛，海外狼煙接火雲。蝸角敢言蠻觸鬥，
   鯤身已渡鸛鵝軍。但教賣劍消萌兆，那有探丸駭見聞。
   良將何如良吏擇，盡驅游惰事耕耘。(〈初秋不寐其二〉)[102]

先看上引第一首詩。遇到「舊歲再旱田生煙」的饑荒年
頭，大部分農村的耕牛都無法耕田，閒得不得了，民生的困
頓辛苦，可想而知。可是萬萬沒想到，今年春天卻又霪雨不
斷。郭尚先設想：春雨如果適時而降，那麼，「早稻得雨天所
貺，一雨一晴生機暢。門前指似催租吏，稻花開後好傾釀。」

100　郭尚先《增默菴詩遺集·苦雨謠》卷 1，頁 2。
101　郭尚先《增默菴詩遺集·臨懷書壁　時河決入淮，驛舍民居俱沒》
　　　卷 1，頁 27。
102　郭尚先《增默菴詩遺集·初秋不寐其二》卷 2，頁 15。

農民必將期盼「稻花開後」的豐收。然而今年春天的霖雨卻是「稻花開時雨如織，雨師奪我口中食」。所造成的悲慘景象是：「妻子忍飢沒奈何，私債官租定逼迫」。人民生計的窘迫，是可以想見的。郭尙先於是祝禱上天行雨之際，千萬要「點滴先與農民謀」，霖雨降得其時，才能有裨生民。細翫〈苦雨謠〉的旨趣，而郭尙先的「不忍人之心」，自是昭然可見。

再看上引第二首詩，黃河潰堤，河水泛濫成災，於是臨淮之地，不復昔日的繁華景象。放眼望去，到處是「岡頭綿蕝人如雁」，岡頭的災民或引繩（綿），或束茅（蕝，一作「蕢」），努力於災後重建的工作，困苦無依，有如孤雁。「橋下團瓢竈有蛙」，橋下濁流中，只見團瓢等器物載沉載浮，民宅的竈爲河水所浸漫，竟然有蛙類浮游其中。災情之慘重，可以想見。有鑑於此，郭尙先期盼治河官員，加緊趕工，「好爲黔黎計室家」，一切措施都要爲百姓的福祉設想。這樣反映民生疾苦的詩作，繼承了王粲的〈七哀〉詩，杜甫的〈新安吏〉、〈潼關吏〉、〈石壕吏〉、〈新婚別〉、〈垂老別〉、〈無家別〉、〈兵車行〉，白居易的新樂府等詩作的社會寫實精神，也映現了郭尙先民胞物與、疴瘝在抱的襟懷。

郭尙先這種疴瘝在抱，念切蒼生的襟懷，不僅落實於賑濟災民的慈善事業，若有同其襟抱、同其作爲的人、事，他也會歡喜讚歎，深致推美之辭。例如〈劉實齋先生五十雙壽序〉推崇劉實齋的義行：

> ……翁（劉實齋）周覽黌序，見縣學明倫堂之將圮也，曰：「募於眾，難爲力，且緩不及事。」則獨出二千金葺之。歲庚辰，大祲，翁田故少，且奪於旱，乃糶

米五千觔，減值於鳳山寺。又糴數萬觔，均於族里之
不舉火者，所活甚眾。此則犖犖大者矣。夫陰德如耳
鳴然，己知之，人不知也。必汲汲欲人之知，則將市
於人，而其為德也僅矣。翁之向善，不啻飢渴之於飲
食。計前後所耗，當以鉅萬數，坦然不以動念。[103]

郭尙先對於劉實齋這種大裘蓋洛、飢溺爲懷的人格特
質，推崇有加。而其所以自期者，也是同樣的胞與之懷。他
在〈果軒府君家傳〉敘寫他的高祖父郭雲鵬（號果軒）的義
行有云：

莆俗除夕酌醴祀先，率家人為團圓飲，府君酒酣耳
熱，歷敘生平，聲琅琅震屋瓦。忽瞪目直視久之，則
疾走入內，持一巨篋至曰：「此某某欠券也，且數千
金。顧其人萬無還理，吾不欲促索其命，猶恐汝曹為
之。」則拉雜摧燒，徑就床睡，不復問。然而府君亦
稍稍困矣。

雍正壬子（1732）就業仙遊。年大祲，府君莫（暮）
自外歸，對案欷歔不食。方太孺人固問之，不應，輒
曰：「瓮有米幾何矣？」曰：「僅石餘耳。」問曷須，
即又不應。徐曰：「吾莫（暮）自外歸，足礙不前，
燭之，赫然死人也。孤兒老母呼號顛踣，或坐或起，
或行或止，殆數十百計。更闌漏盡，此皆鬼籙矣。吾
能下咽乎？」太孺人則投箸起，著犢鼻，汲水劈柴，
咄嗟具粥數斛，府君拱手稱謝，則雜傭保擔去。眾謹

曰：「活我！活我！」不知郭氏之屋，次日闃無炊煙
也。

嗟呼！解推之誼，昔人所難。府君損己拯物於艱難窘
縮之際，且能化及婦孺，何其誠之摯而通也。倘其膺
專城之任，寬恕以容眾，果決以臨事，慈仁以發志，
功可量乎？[104]

　　至於〈初秋不寐其二〉詩，本章第一節、第二目〈心繫
臺灣，期於治平〉已經詳爲論述，不宜重複。但是寄望臺灣
人民「盡驅游惰事耕耘」這種成人之美（《論語・顏淵》「君
子成人之美，不成人之惡。小人反是。」）、與人爲善（《孟子・
公孫丑上》：「君子莫大乎與人爲善。」）的胸懷，都是孔孟學
說的體現，政治家的器識與風範的自然流露。郭尙先書跡有
「海闊天高氣象，光風霽月襟懷，霞明星爛辭華，雲行雨施
事業」（圖 29）大字行楷屏條，筆者以爲足以體現郭尙先人
品、書品合一的境界。其中「雲行雨施事業」典出《周易・
乾卦・文言》，是傳統文化的菁華，也是學優而仕者之所當爲。
可見民胞物與之懷和書法通神之境誠然是可以相結合的。

第三章　郭尚先之書法造詣

第一節　愛好書法，勤習精研

　　郭尚先一生不但愛好書法，而且自少至老，始終不輟。其於書道、書藝、書法學，勤研博觀，妙悟其道，與時俱進，老而彌篤，尤其令人欽仰。他在《芳堅館題跋》中自述：「余自幼時即好書，洎戊辰（清仁宗嘉慶 13 年，1808）在都過夏，凡見佳帖，則百計圖之。及通籍後，好益篤，所得（碑帖）益眾，雖日在窮乏中，香爐伏枕，猶手一冊不釋。」[1]可見他從少年時期開始，就喜愛臨習書法了。二十五歲那年，郭尚先到京師考進士，更是如魚得水，千方百計地蒐購佳帖名碑，以資觀賞臨摹。梁章鉅《吉安室書錄》就有相關的記載：

> 案：蘭石十餘歲即工書，銳意臨古。自言每徹夜臨《醴泉銘》一過，約半年，始以他事止。通籍入京師後，又無帖不臨，愈變愈上。每晨起，必蓄墨一升，至晚輒盡。[2]

可見郭尚先在青少年時期就將歐陽詢的《九成宮醴泉

1　《芳堅館題跋》卷 3，頁 17，臺北：新文豐圖書公司《叢書集成續編》第 95 冊，民國 78 年 7 月版。
2　梁章鉅《吉安室書錄》頁 175，上海：上海人民美術出版社，2003 年 8 月版。

銘》定爲日課，心摹手追，銳意臨寫。二十五歲考上進士以
後，更是勤蒐佳帖，黽勉臨摹。每天早起，往往蓄墨一升，
以供揮毫。他幾乎無帖不臨，而且進步神速，有時還爲碑帖
撰寫題跋，以抒其卓見。例如《芳堅館題跋》記道：「歲丙子
（清仁宗嘉慶 21 年，1816），余得《墨池堂帖》一部，晨夕
展觀，盡以泥金書其餘紙，旁行斜上，滿而後止。」[3]《墨池
堂帖》凡五卷，明代蘇州人章藻刊刻，集刻晉、唐、宋、元
書家名跡，如鍾繇的《宣示表》，王羲之的《黃庭經》、《東方
朔畫贊》、《樂毅論》、《曹娥碑》、《快雪時晴帖》、《奉橘帖》、
《平安帖》，王獻之的《洛神賦十三行》、《送梨帖》，虞世南
的《汝南公主墓誌》，歐陽詢的《化度寺邕禪師塔銘》，褚遂
良臨《蘭亭序》，顏真卿的《鹿脯帖》，蔡襄的《暑熱帖》，蘇
軾的《煙江疊嶂圖歌》，黃庭堅的《石耳長句》，米芾的《蕪
湖縣學記》，趙孟頫的《洛神賦》等，都刻入《墨池堂帖》[4]。
郭尙先當時年三十二，對於上述書法史中的名跡，「晨夕展
觀，盡以泥金書其餘紙」，其用力之深，造詣之高，可以想見。
　　再如《芳堅館題跋》記載：「道光（二年）壬午（1822），
承竹泉觀察招，來鷺門講學，笈中都未攜得金石文字，乃從
雲麓司勳借《快雪堂帖》，以遣長夏。世重此帖，爭賞其《樂
毅論》，所謂看牛皮也須穿也。[5]此帖精華，曰《快雪》、《力

3　郭尙先《芳堅館題跋》卷 3，頁 19。
4　李光德編譯《中華書學大辭典》頁 761、頁 1039，北京：團結出版社，
　　2000 年 1 月版。
5　梁同書《頻羅庵論書》：「今人誤認透紙，便如藥山所云『看穿牛皮，
　　終無是處』……。」轉引自陳振濂《書法美學》頁 171，山東：山東
　　人民出版社，2006 年 3 月版。

命》、《丙舍》、《玉潤》,世將二《表》,敬和二帖,大令《昨
遂不奉》,柳跋《十三行》,顏魯國《蔡明遠》、《過埭》、《寒
食》三帖而已。此以古今書旨言之,非爲習干祿者言之也。」
[6]鷺門,即今之福建廈門。三十八歲那年,郭尙先講學於廈門,
向友人鄭雲麓借觀《快雪堂帖》,「以遣長夏」。《快雪堂帖》
凡五卷,明代涿州人馮銓刊刻,「所收各帖,《快雪時晴帖》
爲《淳化(閣帖)》所無,自甚可寶。又如右軍《官奴帖》,
大令《蘭草帖》,及褚摹《蘭亭》第十九本,柳誠懸《出守帖》,
宋人各帖,又趙吳興《蘭亭十三跋》,皆絕佳」[7]。郭尙先觀
覽王廙(字世將)的「二表」—— 應是《祥除帖》、《昨表帖》,
王洽(字敬和)的「二帖」——《仁愛帖》等[8],王羲之的《快
雪時晴帖》、《官奴帖》,鍾繇的《力命帖》等書法名作,那一
整個長夏,想必是朝夕精研,書法日有進境了。因此才寫出
這段鑑賞書法的得間之言。

　　郭尙先在遠行的旅途中,還是不能忘情於書法。請看《芳
堅館題跋》:「余自己卯(清仁宗嘉慶 24 年,1819)使粵,即
日臨《爭坐位(帖)》一過,始頗有會,百餘過後,便如銅牆
鐵壁,再透不過。今歲在鷺門(廈門),亦臨摹月餘,都無理
會。十月入都,至洪山橋,舟次兀坐,悶甚,聊以此帖消閒,
所見似又差進也。壬午(清宣宗道光 2 年,1822)十月十九

6 郭尙先《芳堅館題跋》卷 3,頁 33。
7 林志鈞《帖考》頁 182,臺北:華正書局,民國 74 年 7 月版。
8 案:《淳化閣帖》收錄王洽(字敬和)的《辱告帖》、《仁愛帖》、《兄子
　帖》、《感塞帖》,此所謂「二帖」不詳爲那二帖。《辱告帖》等四帖見
　《淳化閣帖》頁 90-92,浙江:浙江古籍出版社,1999 年 5 月版。

日。」[9]這也是郭尙先三十八歲那年的經驗。他對顏真卿的書法可謂心摹手追，推崇備至。尤其是《爭坐位帖》、《祭姪季明文稿》、《鹿脯帖》、《劉中使帖》等行草劇跡，更是一再諦觀臨寫，參之悟之。他曾說：「學書不過顏魯國一關，終身門外漢。過魯國一關卻大不易，非專意勁厚便可爲魯國法嗣也。」[10]他對於《爭坐位帖》，又是臨寫上百過，又是諦觀參悟，其間經過好多年，到了壬午年（1822）十月，「舟次兀坐，悶甚，聊以此帖消閒，所見似又差進也」。這種體驗眞是有如《管子》一書所說的「思之思之，又重思之。思之而不通，鬼神將通之。匪鬼神通之，精氣之極也」[11]的奇特解會。

　　以上所臚列的幾個例證，都說明了郭尙先平生只要有了閒暇，幾乎隨時隨地鑽研書法之學，或臨摹前賢的名作，或享受臨池的樂趣，不但是怡然自得，而且經常心領神會，別有所悟。他愛好書法，研精不輟的專注精神，也就可以思過半矣。

第二節　小篆師法《孔宙碑》等漢碑碑額

　　郭尙先《芳堅館題跋》的第一則，跋〈漢少室神道石闕〉，

9　郭尙先《芳堅館題跋》卷 3，頁 5。
10　郭尙先《郭大理遺稿・秋碧堂石刻顏平原書識語四則其二》卷 7，頁 7，上海：上海古籍出版社《續修四庫全書》第 1510 冊，2003 年 5 月版。
11　尹知章、戴望校正《管子・內業》頁 271，臺北：世界書局《諸子集成》第 5 冊，民國 63 年 7 月版。

曾論及篆法。他說：

> 篆法至唐中葉始有以匀圓描摹為能者，古意自此盡
> 失。秦、漢人作篆，參差長短，隨筆為之，正與作真、
> 行書等耳。觀《孔宙》、《張遷》、《尹宙》、《韓仁》諸
> 碑額，可悟漢篆。傳者《（祀）三公山碑》、《開母廟
> 石闕銘》，並此（《漢少室神道石闕》）而三，唯此最
> 佳，猶有《秦二十九字碑》餘勢，後來吳《封（禪）
> 國山碑》，即從此得法者……。[12]

　　從這則題跋可知郭尙先對於秦、漢人作篆之法，其要領
在於「參差長短，隨筆為之，正與作真、行書等」，實在是了
然於胸。再者，他對於《禮器碑》推崇備至，認為是漢朝人
隸書之冠[13]。既然《禮器碑》是「漢人書」之「第一」，那麼，
以郭尙先之篤好書法，對於《禮器碑》及其碑額臨摹精勤，
應是情理之所必有的。至於《孔宙碑》，則郭尙先自稱「臨《孔
季將碑（孔宙，字季將）》，筆下覺有秦篆氣。」[14]可見郭尙
先對於《孔宙碑》及其碑額可謂心領神會，臨習精熟。若將
今日可見、相當珍貴的郭尙先篆書作品《溫公墓誌銘碑額》
二十三字小篆，與《孔宙碑》碑額「有漢泰山孔君都尉之碑」
十字小篆[15]相比較，可以看出其風格相當近似。然則郭尙先
的小篆也受《孔宙碑》碑額的影響，應是可以斷言的。

　　再者，郭尙先對於《漢少室神道石闕（銘）》、《祀三公

12　郭尙先《芳堅館題跋‧漢少室神道石闕》卷 1，頁 1。
13　郭尙先《芳堅館題跋‧漢韓勑造孔廟禮器碑》卷 1，頁 2。
14　郭尙先《芳堅館題跋‧漢韓勑造孔廟禮器碑》卷 1，頁 3。
15　蘇士澍編《中國書法藝術‧秦漢》頁 134-135，北京：文物出版社，
　　2000 年 2 月版。

山碑》、《開母廟石闕銘》也甚爲推崇。《祀三公山碑》刻於東漢安帝元初四年（117），爲帶有隸書筆意的「繆篆」，有「純古道厚」之氣（楊守敬語）。《漢少室神道石闕（銘）》，東漢安帝延光二年（123）所立，爲漢代著名篆書石刻。《開母廟石闕銘》也是延光二年（123）立，其篆書圓轉遒勁，「神氣自在」（馮雲鵬語）。郭尚先對於這三件漢篆名跡獨具隻眼，並且指出三國時代孫吳的《封（禪）國碑》（篆書，寬博而有隸書意味），就是從此得其筆法。此一評論，相當精到。

　　龔顯曾〈芳堅館題跋序〉敘及郭尚先書寫金石文字時，必謹慎將事，查考精確，乃下筆：「在京師時，索書者趾接於戶。先生每呼酒，飲至醉，方濡染落紙。故平生應酬書，時有不經意處。惟署跋金石，恆矜莊研究，不肯率意下筆，獨得晉唐無諍三昧。」[16]所謂「金石文字」，當然是以篆、隸之作爲主。從龔顯曾這段話，也可了解郭尚先在篆、隸方面所下的矜慎功夫。

第三節　隸書師法《禮器碑》、《孔宙碑》等

　　郭尚先研習隸書的範本，主要是《史晨碑》、《孔宙碑》、《禮器碑》、《曹全碑》等。他對《禮器碑》、《孔宙碑》尤其有心得：

　　1.漢人書以韓勑造《禮器碑》為第一，超邁雍容，若卿

---

16 龔顯曾〈芳堅館題跋序〉。

雲在空，萬象仰曜，意境尚當在《史晨》、《乙瑛》、《孔
宙》、《曹全》諸石上，無論他石也。其碑至今完好，
蓋有神特護持之……。(《芳堅館題跋・漢韓勅造孔廟禮器
碑》) [17]

2. (《禮器碑》) 飛動沉實，興會所至，不復可以跡稽。
明郭允伯推為漢碑第一，雖未然，要之，當為神品也。
(《芳堅館題跋》) [18]

3. 《孔宙碑》拓本，曾見一全文，宋時潢治者，神觀飛
動，乃知徐會稽於此碑得力最深也。(《芳堅館題跋》) [19]

4. 近人每以《豫州從事碑》(即《尹宙碑》) 與此 (《孔
宙碑》) 並稱「二宙」，實則尹碑不及遠甚。其結體運
筆，已開《受禪》、《大饗》二石意矣。(《芳堅館題跋》)
[20]

5. (《孔宙碑》) 結體寬博而縣密，是貞觀諸大家所祖。
褚中令勒筆皆長，亦濫觴於是。(《芳堅館題跋》) [21]

6. 臨《孔季將碑》，筆下覺有秦篆氣，《尹從事碑》(即
《尹宙碑》) 亦然。其神逸固不及《史晨》、《韓勅》諸
石，而圓到整麗，要非魏人所能彷彿。(《芳堅館題跋》)
[22]

綜合上述五則題跋，可以推知郭尙先臨習隸書所宗尙的

---

17 《芳堅館題跋・漢韓勅造孔廟禮器碑》卷 1，頁 2。
18 《芳堅館題跋・漢韓勅造孔廟禮器碑》卷 1，頁 2。
19 《芳堅館題跋・漢孔宙碑》卷 1，頁 2-3。
20 《芳堅館題跋・漢孔宙碑》卷 1，頁 3。
21 《芳堅館題跋・漢孔宙碑》卷 1，頁 3。
22 《芳堅館題跋・漢孔宙碑》卷 1，頁 3。

範本，不外乎《史晨碑》、《孔宙碑》、《禮器碑》、《尹宙碑》、《曹全碑》。第一、他認爲「漢人書以韓勑造《禮器碑》爲第一，超邁雍容，若卿雲在空，萬象仰曜，意境尙當在《史晨》、《乙瑛》、《孔宙》、《曹全》諸石上」；又認爲《禮器碑》「飛動沉實，興會所至，不復可以跡稽」；「當爲神品」。以郭尙先的嗜學書法，重視碑學，精擅篆隸，對於《禮器碑》這樣的漢隸「神品」，自當加意臨摹，而得其精髓。

　　第二、至於《孔宙碑》，則郭尙先明明白白地說出臨習的心得是：「臨《孔季將碑》，筆下覺有秦篆氣」，而且推崇《孔宙碑》「圓到整麗」的書風。細觀郭尙先所書隸書《朱柏廬治家要言》，也有「圓到整麗」之象，其隸書深受《孔宙碑》影響，當可思過半矣。

第四節　師法王羲之、王獻之

　　郭尙先對於王羲之《蘭亭集敘》、《十七帖》、《黃庭內景經》、《樂毅論》、《曹娥碑》，王獻之《洛神賦十三行》，以及《淳化閣帖》等叢帖所收錄的二王書跡，臨摹參究，所會甚深。雖然王羲之、王獻之親筆書跡早已不存於世，唐、宋以來所見二王書跡，都是經過一再傳摹的本子，然而郭尙先還是心摹手追，遙想王羲之、王獻之落筆時的景況。他說：「右軍行草，數經傳摹，已無從追其落筆意象，然頻伽之音，滿

十方界，畢竟有佛語在。」[23]佛教稱常住極樂淨土的妙音鳥
爲頻伽鳥[24]，郭尙先用來譬喻「數經傳摹」的「右軍行草」，
雖非王羲之手跡，但是虎賁同坐，典型猶存[25]，也足以想見
王羲之的書境了。王羲之的書跡固是如此，至於王獻之的書
跡，又何嘗不可作如是觀呢？請徵其言，試論述之。

一、師法王羲之《蘭亭集敍》

王羲之於東晉穆帝永和九年（353）三月三日，與王、
謝子弟會於會稽之蘭亭，同爲修禊之事，曲水流觴，各賦詩
篇。酒足興酣之際，以蠶繭紙、鼠鬚筆，即席揮毫，爲《蘭
亭詩集》作敍，是爲《蘭亭集敍》。據說王羲之酒醒之後，對
於最初寫就的《蘭亭集敍》並不滿意，於是再寫若干，相較
之下，皆不如原作，於是將初寫《蘭亭集敍》視爲傳家之寶，
傳之子孫。其後輾轉爲唐太宗所寶愛典藏，唐太宗臨終之際，
遺命陪葬，於是《蘭亭集敍》真跡，遂埋幽壤。唐末五代，
據說《蘭亭集敍》真跡一度隨盜墓者重現人間，旋不知其蹤
影何在。

先是，唐太宗訪得《蘭亭集敍》真跡，寶愛賞翫之餘，
命書法名家、朝廷重臣歐陽詢、虞世南、褚遂良、馮承素等，
摹寫副本，分贈侯王、大臣。到了北宋，於河北定武軍所發

---

23 郭尙先《芳堅館題跋‧鵝群蘭亭》卷 3，頁 31。
24 丁福保編《佛學大辭典》頁 1359：「頻伽，鳥名，於義爲妙音。此鳥
　常住極樂淨土。……《舊唐書》曰：『元和十八年，訶陵國獻五色鸚
　鵡頻伽鳥。』」北京：文物出版社，1984 年 1 月版。
25 《後漢書‧孔融傳》：「（孔融）與蔡邕素善，邕卒，後有虎賁士貌類
　於邕，融每酒酣，引與同坐，曰：『雖無老成人，猶有典型。』」「虎
　賁同坐，典型猶存」，其典故即出於此。

現的《蘭亭集敘》出自歐陽詢所摹，是爲定武本《蘭亭集敘》，褚遂良所摹寫的《蘭亭集敘》是爲神龍本《蘭亭集敘》，後世輾轉摹寫翻刻的《蘭亭集敘》爲數雖多，大底而言，不出這兩個系統。

郭尚先對於神龍本、定武本、米海岳本、勃海藏真本等《蘭亭集敘》，都曾臨寫探研，徵之於《芳堅館題跋》及其相關詩篇，即可思過半矣。

　　1.褚臨《蘭亭》，以神龍爲正嫡。鵝群館本又勝墨池堂本。須觀其飛動處，仍是沉著。「入木七分」、「離紙一寸」，原不是兩語。[26]

　　2.重三襖事盛花汀，又爲噤寒誤踏青。睡起自添棉半臂，禿豪生紙寫《蘭亭》。(〈三月四日病起書事〉) [27]

　　3.神龍《蘭亭》，在唐摹中爲差可信者。項氏鵝群館本，腴暢飛動，最爲殊觀。諸跋摹勒，卻失筆意。[28]

　　4.香光以此卷（米海岳《蘭亭》）質於海昌陳氏，挈去六行，示必贖也。後竟不贖。故陳氏《勃海藏真》所刻，遂缺六行，覽者病之。此拓爲延津之合，詎非快事！[29]

　　5.馮氏重摹《定武帖》（定武本《蘭亭集敘》），固未精絕，然卻足與陳氏本相證。[30]

　　6.《清娛墓志》，可與神龍《蘭亭》參觀。[31]，

---

26 郭尚先《芳堅館題跋・鵝群蘭亭》卷 3，頁 1。案：一說以爲馮承素臨本《蘭亭集敘》爲神龍本。
27 郭尚先《增默菴詩遺集・三月四日病起書事其五》卷 1，頁 8。
28 郭尚先《芳堅館題跋・鵝群蘭亭》卷 3，頁 1。
29 郭尚先《芳堅館題跋・米海岳蘭亭》卷 3，頁 1。
30 郭尚先《芳堅館題跋・鬱岡齋帖》卷 2，頁 16。
31 郭尚先《芳堅館題跋・鬱岡齋帖》卷 3，頁 29。

從以上所錄的題跋、詩作，可以看出郭尚先對於王羲之《蘭亭集敘》研討臨摹工夫的精深。第一、他強調神龍本褚遂良臨《蘭亭集敘》「爲正嫡」，應該作爲臨寫《蘭亭集敘》的典範。

第二、掌握神龍本《蘭亭集敘》的要領，在於「觀其飛動處，仍是沉著」。就其運筆與筆力來說，「入木七分」，是筆力遒勁的表現；「離紙一寸」，則是筆力飛動，圓轉自如的境界。所以說「入木七分」與「離紙一寸」，「原不是兩語」。掌握其要領，心領神會，然後提筆追之、臨摹之，才能離形得似。

第三、郭尚先時時臨寫《蘭亭集敘》，甚至於不擇紙筆。上引第二則，「重三褉事盛花汀，又爲噤寒誤踏青。睡起自添棉半臂，禿豪生紙寫《蘭亭》」這首詩，是郭尚先病起所作。時節正逢重三 —— 陰曆三月三日，本應仿擬王羲之故事，參與修褉盛會，卻因剛剛病癒，「噤寒」未往，於是，「睡起自添棉半臂，禿豪生紙寫《蘭亭》」，筆用禿毫，鋪展生紙，不擇紙筆，隨興拈毫，臨寫《蘭亭集敘》，別有韻趣，可以想見。病後元氣未復，尚且「禿豪生紙寫《蘭亭》」，何況在體健神清之時，對於《蘭亭集敘》所下的臨寫之功，當不在少。

第四、比較評論諸本《蘭亭集敘》。郭尚先一方面認爲「神龍《蘭亭》，在唐摹中爲差可信者」；一方面也肯定項氏鵝群館本《蘭亭集敘》的「腴暢飛動，最爲殊觀」。

第五、至於褚遂良所書《清娛墓誌》，則可與神龍本《蘭亭集敘》「參觀」，因爲兩者都是出自褚遂良的手筆。其書法風格相當接近。郭尚先嫻熟王羲之、褚遂良書法，經過仔細

比較，而得出此一結論。在中國書法批評史中，應屬創見。

二、師法王羲之《十七帖》

　　《十七帖》包括王羲之的尺牘書跡二十九種[32]，撮取其卷首「十七」二字，以爲此一書法文獻之名，故稱《十七帖》。《十七帖》和懷仁集字的《王羲之聖教序》，以及各種版本的《蘭亭集敍》，都是歷來研習王羲之書法的重要文獻。《芳堅館題跋》收錄了郭尚先針對《唐摹十七帖》的跋語十七則。細讀這些跋語，自可了解他對於王羲之《十七帖》所下的功夫和心得。

> 1.草書《十七帖》，如方圓之有規矩，唐摹本相好具足，尤爲希有。無意中獲此，亦何幸也。[33]
>
> 2.得此卷（《唐摹十七帖》），臨十餘日，始識草書。[34]
>
> 3.諦觀此卷百過，可以學《蘭亭》，可以學《書譜》，可以學《絕交書》，並可通之《爭坐》、《祭姪》諸帖。[35]
>
> 4.數日內，焦墨泉舍人亦得一本（《十七帖》），頗佳，其渾雅猶當駕此本而上，而俊邁不及也。余姑享敝帚以千金，有索余贈者，愛不忍割也。[36]
>
> 5.近吳中謝氏契蘭堂刻《十七帖》，甚用意，曾乞得一卷，以衡此帖，隔幾由旬。[37]

---

32 一說《十七帖》所刻王羲之尺牘凡三十八種。見李光德《中華書學大辭典》頁 11。
33 郭尚先《芳堅館題跋‧唐摹十七帖》卷 2，頁 14。
34 郭尚先《芳堅館題跋‧唐摹十七帖》卷 2，頁 14。
35 郭尚先《芳堅館題跋‧唐摹十七帖》卷 2，頁 15。
36 郭尚先《芳堅館題跋‧唐摹十七帖》卷 2，頁 14。
37 郭尚先《芳堅館題跋‧唐摹十七帖》卷 2，頁 14。

6.藏真小字千文，便有與內史印合處……官帖內所收《十
　七帖》諸則，非直失其神韻也……宋摹《十七帖》，判
　若河漢也。[38]

7.未到廬山，已難一偈舉似。到者闖崛，定當何如！[39]

8.天花飛空，翔舞盡致，觀者目不能瞋，遇之此卷（《十
　七帖》）。[40]

9.顏平原《鹿脯帖》意象與此（《十七帖》）一同，由此
　學顏，便無□□之失。[41]

　　第一、郭尙先由於偶然的機緣，得到《唐摹十七帖》，
內心爲之驚喜慶幸不已。於是他一則「諦觀此卷百過」，一則
「臨十餘日」。諦觀熟參《唐摹十七帖》的心得是：掌握了學
王羲之《蘭亭集敘》、孫過庭《書譜》、李懷琳《絕交書》、顏
真卿《爭坐位帖》、《祭姪文稿》，與《鹿脯帖》的要訣。至於
花了十餘日臨寫《唐摹十七帖》的心得則是：「始識草書」。
這樣的領悟，不只是郭尙先得以享受其躊躇滿志的自得之樂
而已，還爲後之學書法者指點門徑，與人規矩。

　　第二、臨習諦觀之餘，郭尙先還將此一《唐摹十七帖》
與他所知道的其他版本的《十七帖》做比較。於是同中求異，
異中求同，他又有了新的心得：「草書《十七帖》，如方圓之
有規矩，唐摹本相好具足，尤爲希有」，此其心得一也。「焦
墨泉舍人亦得一本（《十七帖》），頗佳，其渾雅猶當駕此本而
上，而俊邁不及也」，此其心得二也。「吳中謝氏契蘭堂刻《十

38　郭尙先《芳堅館題跋・唐摹十七帖》卷2，頁14-15。
39　郭尙先《芳堅館題跋・唐摹十七帖》卷2，頁15。
40　郭尙先《芳堅館題跋・唐摹十七帖》卷2，頁15。
41　郭尙先《芳堅館題跋・唐摹十七帖》卷2，頁15。

七帖》」與《唐摹十七帖》相較,「幾隔由旬」── 相差甚遠[42],此其心得三也。官帖所收《十七帖》、宋摹《十七帖》,較之《唐摹十七帖》,都少神韻,而難以望其項背,此其心得四也。

第三、郭尚先更進而從懷素、顏真卿的書跡中探尋其與《十七帖》的異同。他指出藏真(懷素)的《小字千(字)文》,有可以與《十七帖》印合之處。顏真卿的《鹿脯帖》,其「意象」與《十七帖》一同。若非對於王羲之、顏真卿、懷素的劇跡臨習精熟,何以能有如此精闢的解會!

第四、至於「天花飛空,翔舞盡致」,表達了郭尚先諦觀《唐摹十七帖》的真實感受,誠然是逸興遄飛,浮想聯翩。「未到盧山,已難一偈舉似。到耆闍崛,定當何如!」他更用層層深入的手法,旁敲側擊,贊歎《唐摹十七帖》。耆闍崛,又名靈鷲山,在中印度摩揭陀國王舍城之東北,釋迦牟尼曾說法於此山。[43]「未到盧山,已難一偈舉似」典出蘇軾的「盧山煙雨浙江潮,未到千般恨不消。及至到來無一事,盧山煙雨浙江潮。」[44]獲觀《唐摹十七帖》所悟得的書法境界,猶如「到耆闍崛」,登靈鷲山,躬聆佛陀說法,真是法喜充滿,難以形之於言語,難以用一首偈詩來表達。

三、師法王獻之《洛神賦十三行》

---

42 案:由旬,古印度計里程的量詞。「一由旬」相當於多長的距離呢?有四十里、六十里、八十里等不同的說法。郭尚先說「幾隔由旬」,是指相隔甚遠之意。

43 參考丁福保編《佛學大辭典》頁 859,北京:文物出版社,2002 年 9月版。

44 蘇軾〈觀潮〉。

　　《洛神賦十三行》，相傳爲王獻之所書。王獻之當年書寫《洛神賦》前後寫了好幾遍，到了後世大多亡佚。宋高宗千方百計蒐羅《洛神賦》相關的書跡，只尋得九行，共一百七十六字。其後賈似道又訪得四行，共七十四字。宋高宗所得到的九行，加上賈似道訪得的四行，合爲十三行。賈似道將此十三行《洛神賦》刻之於玉石，是爲玉版《十三行》。《洛神賦十三行》的版本眾多，《戲鴻堂帖》、《快雪堂帖》、《玉煙堂帖》等，都曾收錄刊刻。[45]郭尚先青年時期就因爲家學淵源的因素，而臨習王獻之《洛神賦十三行》了。《芳堅館題跋》記載：

　　　　余丁卯計偕入都，先大夫授以此秩（《十三行》），且命之曰：「歐、虞並稱，而君子藏器，以虞爲優。今伯施原石拓本不可得見，《十三行》不激不屬，而風規自遠，日摹之可也。豈惟書哉，立身行己，處事接物，皆當若是矣。」言猶在耳，而頹惰無所就，循覽惕然。癸未（道光3年，1823）小除識。[46]

　　清仁宗嘉慶十二年（1807），郭尚先年二十三，中式舉人。這年多天，他「計偕入都」[47]。臨行時，他的父親將王獻之《十三行》交給他，並且指點他研習書法，待人處事的

45　關於《洛神賦十三行》的說明，參考李光德《中華書學大辭典》頁426。

46　郭尚先《芳堅館題跋·十三行》卷2，頁16。

47　《史記·儒林列傳》頁3119-3120：「郡國縣道邑有好文學，敬長上，肅政教，順鄉里，出入不悖所聞者，令相長丞上屬所二千石，二千石謹察可者，當與計偕，詣太常，得受業如弟子。」司馬貞《史記索隱》：「計，計吏也。偕，俱也。謂令與計吏俱詣太常也。」臺北：洪氏出版社。後世因而稱舉人赴京會試爲「計偕」。

道理：「《十三行》不激不厲，而風規自遠，日摹之可也。豈惟書哉，立身行己，處事接物，皆當若是矣。」從此他就將父親所授予的《十三行》時時相隨，臨習賞翫，並且追念庭訓，而以「立身行己，處事接物」，「不激不厲，而風規自遠」自我惕厲。真可以說是「無改於父之道」[48]了。請徵相關文獻，一論述之。

1. 臨《十三行》五十過，忽有會於《皇甫誕碑》，又知「舞鶴游天，群鴻戲海」八字，唐人所不能髣髴。米老小字《千（字）文》，亦仍著色相。[49]

2. 庚寅（道光 10 年，1830）上巳（三月初三），余在龍州試院，雨雪，連山皆白，呵凍臨《十三行》，似有微契。遙望圖山，招寶子明，亦如黃鶴樓上，親聞純陽仙翁吹笛也。[50]

3. 《十三行》章法之妙，斜正映帶，妙出自然。若使全賦俱存，更不知若何奇妙，何當默存一至清都境也。張文敏詩：「家中禿管已盈千，畫被裁蕉廿七年。到此依然書不進，始知王質少仙緣。」文敏天分甚高，猶專勤若此，況余庸駑乎！[51]

4. 摩挲《十三行》，想像其落筆時意象，亦復遇之即離間也。[52]

48　《論語・學而》：「父在，觀其志；父沒，觀其行。三年無改於父之道，可謂孝矣。」見何晏集解，邢昺疏《論語注疏・學而》卷 1，頁 7，臺北：藝文印書館《十三經注疏》第 8 冊，民國 78 年 1 月版。
49　郭尙先《芳堅館題跋・十三行》卷 2，頁 17-18。
50　郭尙先《芳堅館題跋・十三行》卷 2，頁 22。
51　郭尙先《芳堅館題跋・十三行》卷 2，頁 18。
52　郭尙先《芳堅館題跋・十三行》卷 2，頁 20。

5.近日石庵相國臨《蘭亭》，臨《洛神》，本不求似，亦
　遂無一筆似。魯直云：「那識洛陽楊風子，下筆便到烏
　絲闌。」簡齋云：「意到不求顏色似，前身相馬九方皐。」
　所謂無駕人前，莫說打你頭破百裂者。[53]

　　郭尙先一生臨寫《十三行》的遍數相當多，絕對不止於
「五十過」，更不止是偶爾臨習而已。從上引第一、第二則，
就足以隅反。他記錄了「臨《十三行》五十過」之後的美感
經驗，是對於歐陽詢《皇甫誕碑》忽然有所會悟。其所會悟
者，應是《十三行》與《皇甫誕碑》之間的相近風格，如瘦
硬而遒逸、疏爽而散朗等特質。董逌《廣川書跋》評《十三
行》：「子敬《洛神賦》字法端勁，是書家所難。偏旁自見，
不相映帶，分有主客，趣鄉嚴整，非善書者不能。」[54]「字
法端勁」、「趣鄉（趨嚮）嚴整」等評語，若移以評歐陽詢《皇
甫誕碑》，應無鑿枘。

　　他還悟出了「舞鶴游天，群鴻戲海」八字評語所傳達的
書法境界，是唐人所無法企及的。梁武帝評鍾繇的書法，使
用了「雲鵠游天，群鴻戲海」八字，袁昂《古今書評》作「舞
鶴游天，飛鴻戲海」。郭尙先所說的「舞鶴游天，群鴻戲海」
與袁昂的評語相較，雖有一字之異，然而其所依據，應出於
此。趙孟頫認為「（王）獻之所書《洛神賦十三行》二百五十
字，字畫神逸，神采飛動」[55]。陶明君認為「舞鶴游天，飛

53 郭尙先《芳堅館題跋・十三行》卷 2，頁 22-23。
54 董逌《廣川書跋》語，轉引自馬宗霍《書林藻鑑》卷 6，頁 59，臺北：
　臺灣商務印書館，民國 71 年 5 月版。
55 轉引自馬宗霍《書林藻鑑》卷 6，頁 59。

鴻戲海」，是「形容書法筆意氣勢茂密豔麗」[56]。郭尙先則更
爲具體地推崇《洛神賦十三行》：「『其形也，翩若驚鴻，婉若
遊龍，榮曜秋菊，華茂春松……遠而望之，皎若太陽升朝霞；
迫而察之，灼若芙蕖出涤波。』(〈洛神賦〉原文，依胡克家
所刻《文選》校勘[57]) 以評此書，當然矣。然不如竟目之曰：
『凌波微步，羅襪生塵』。」[58]無論是「字畫神逸，神采飛動」
也好，「筆意氣勢茂密豔麗」也好，這樣的評論，都嫌抽象，
不易把握。郭尙先用「舞鶴游天，群鴻戲海」；「翩若驚鴻，
宛若遊龍，榮曜秋菊，華茂春松」來陳述他對於《十三行》
的觀賞心得，甚至於用《文選·曹植·洛神賦》「凌波微步，
羅襪生塵」的意象來抒發他對王獻之所書《洛神賦十三行》
的領悟，應是相當傳神的。郭尙先經由臨寫《十三行》五十
過的「精體實踐」(魏了翁語)，親嘗其味，親證書境，而對
《十三行》有所妙悟，其於《十三行》的深造有得，可以知
矣。[59]

---

56 陶明君《中國書論辭典》頁 420，湖南：湖南美術出版社，2001 年
　　10 月版。
57 蕭統編、李善注《文選》卷 19，頁 12，臺北：正中書局，民國 60 年
　　10 月版。
58 郭尙先《芳堅館題跋·十三行》卷 2，頁 19。
59 筆者曾撰〈論詩歌之創作、鑑賞貴親身體驗〉一文，歸納宋人論詩「躬
　　歷、親證其境」之旨謂：「釋惠洪『親證其事』之說，葛立方『親嘗
　　其味』之論，固皆爲作詩賞詩之關鍵矣，雖然，苟持斯理，以衡文論
　　藝，何嘗不符契相合耶？……魏了翁〈答友人書〉云：『向來多看先
　　儒解說，近思之，不如一一自聖(人)經(典)看來，蓋不到地頭親
　　自涉歷一番，終是見得不真，又非一一精體實踐，則徒爲談辨文采之
　　資耳。』……吐納文藝者，於『親嘗其味』、『親證其事』之『鐵門限』，
　　豈可忽乎！」臺中：《逢甲中文學報》第 3 期，民國 84 年 5 月版，頁
　　101。郭尙先臨寫《十三行》五十過，而有所會，正可與宋人『親嘗
　　其味』、『親證其事』之理論相印證。

　　至於上引第二則所述情境，則是清宣宗道光十年（1830）上巳（三月初三），郭尚先在龍州（今四川平武）試院主持鄉試時的經驗。當時天降大雪，連山皆白，山河大地，一片瑩潔。郭尚先「呵凍臨《十三行》」，結果是「似有微契」，於是招邀勝友寶子明同賞佳境。當時郭尚先的美感體驗則是「如黃鶴樓上，親聞純陽仙翁呂洞賓吹笛也」。對雪呵凍臨《十三行》，有所契合於王獻之，其領悟不可謂不深，環顧當下氛圍，髣髴置身仙境。這是非常奇特的一次臨書經驗，或許也只可爲知者道吧。由以上論述，已足以知郭尚先臨習《十三行》的功夫之深，造詣之精了。

　　上引第三則「《十三行》章法之妙，斜正映帶，妙出自然」云云，說明《十三行》的書法，其章法之妙，境界之高，不易企及。「文敏天分甚高，猶專勤若此，況余庸駑乎！」則是以張文敏（張照，諡文敏，1691-1745）與自己相較，謙言自家天分不足，無法對於《十三行》的臨習鑽研，達到登堂入室的境界。

　　第五則，郭尚先以臨習《十三行》爲例，指陳臨摹書法名跡之道，在於「想像其（古人）落筆時意象」，然後「遇之於即離間」。想像古人落筆時意象，是在落筆時，將自己的心靈狀態提昇到與古人相髣髴的境界。然後與古人的精神、書法的神韻相湊泊，若即若離，而又不即不離，不刻意求其形似，而復離形得似，以得其天機，得其自然之機神。換言之，也就是袁枚所說的「意到不求顏色似，前身相馬九方皋」。九方皋之相馬，重點在於馬之精神，而不在馬之毛色牝牡。這個典故出自《列子‧說符》：

秦穆公謂伯樂曰:「子之年長矣,子姓(伯樂之種姓)
有可使求馬者乎?」伯樂對曰:「良馬可形容筋骨相
也。天下之馬者,若滅若沒,若亡若失,若此者,絕
塵弭徹。臣之子皆下才也,可告以良馬,不可告以天
下之馬也。臣有所與共擔纆薪菜者,有九方皋,此其
於馬非臣之下也,請見之。」穆公見之,使行求馬,
三月而反報曰:「已得之矣,在沙丘。」穆公曰:「何
馬也?」對曰:「牝而黃。」穆公不說,召伯樂而謂
之曰:「敗矣,子所使求馬者。色物、牝牡,尚不能
知,又何馬之能知也?」伯樂喟然太息曰:「一至於
此乎!是乃其所以千萬臣而無數者也(注:「言其相
馬之妙乃如此也,是以勝臣千萬而不可量。」)。若皋
之所觀,天機也,得其精而忘其麤,在其內而忘其外,
不見其所不見(注:「所不見,毛色牝牡也。」),視
其所視,而遺其所不視。若皋之相者,乃有貴乎馬者
也。」馬至,果天下馬也。[60]

換言之,郭尚先認為諦觀臨習《十三行》之道,也是在
於觀其天機,「得其精而忘其麤,在其內而忘其外」,這是九
方皋相馬之道,也是臨習《十三行》,甚至於其他書法名跡的
「離形得似」之道,其要領在於「觀其天機」。

此外,郭尚先還以劉墉「臨《蘭亭》,臨《洛神》,本不求
似,亦遂無一筆似」為例,發揮他的習書理論。他就是用這樣
的理論與方法臨習《十三行》的,而其造詣之高,亦可知矣。

60　《列子集釋‧說符》頁 255-258,北京:中華書局,1979 年 10 月版。

四、師法《淳化閣帖》

對於《淳化閣帖》，郭尙先也是心領神會，頗有所見，腕底毫際，深受薰陶。他所典藏的《淳化閣帖》是「先太史從宦江左時，購於雲間」[61]。「先太史」，即郭尙先的祖父郭占選，號可園，乾隆二十五年（1760）舉人，「特授江蘇溧陽知縣，調授無錫縣知縣等」，歷官至鎮江府海防同知[62]。當時「左仲父方伯在先無錫幕，歎為希有」，郭占選雖然「於書習魯國、魏國」，但是對於這部《淳化閣帖》，則是「日必循覽也」[63]。由此可知郭尙先的祖父郭占選是多麼重視、愛好《淳化閣帖》。郭尙先之用功於《淳化閣帖》，也是肯堂肯構，繼承家學。

《芳堅館題跋》中，關於《淳化閣帖》的題跋有十二則，錄其若干，試論述之，庶幾管窺郭尙先書法、書論之濡染於《淳化閣帖》者。

1. 此卷（《淳化閣帖》）內張有道、王世將、皇休明三帖，皆無上神品。於此有理會，乃可以衡古今書。（《芳堅館題跋》）[64]

2. 潘氏祖本。國初藏梁蕉林家，後歸陳伯恭先生。歲甲申，陳氏出以求售，曾留小齋旬日，以直（值）昂不能得。迄今追念，意尚惘惘。官帖收子敬書最精，吳

---

61 郭尙先《芳堅館題跋・閣帖》卷 2，頁 13。
62 郭嗣蕃《蘭石公年譜》，北京：北京圖書館出版社《北京圖書館藏珍本年譜叢刊》第 138 冊，頁 479。
63 郭尙先《芳堅館題跋・閣帖》卷 2，頁 13。
64 郭尙先《芳堅館題跋・閣帖・其二》卷 2，頁 12。

應旂摹此冊亦最用意。細觀筆法、墨法，髣髴遇之。持
此以衡北海、魯國書，皆探源而下矣。(《芳堅館題跋》)[65]

宋太宗淳化三年（992），翰林侍書王著奉命稽考選編秘
閣所藏歷代法書，勒於貞珉，而成《淳化閣帖》。《淳化閣帖》
收錄〈歷代帝王法帖〉：漢章帝、晉武帝、晉宣武帝、晉元帝、
晉明帝、晉康帝、晉哀帝、晉簡文帝、晉文孝王、晉孝武帝、
南朝宋明帝、齊高帝、梁武帝、梁高帝、梁簡文帝、唐太宗、
唐高宗、南朝陳長沙王、永陽王之法帖。〈歷代名臣法帖〉：
漢朝的張芝、崔子玉，魏國的鍾繇，吳國的皇象，晉朝的張
華、桓溫、王導、王敦、王洽、王珉、王珣、王廙、郗鑒、
郗愔、郗超、衛瓘、衛恆、謝安、謝萬、庾元亮、庾翼、沈
嘉長、杜預、王循、劉超、謝璠伯、王徽之、謝莊、司馬攸、
劉環、王坦之、王渙之、王操之、王凝之、索靖、劉穆之、
王劭、紀瞻、王廞、張翼、陸雲、王邃、王恬、山濤、卞壼、
謝發、王曇，南朝宋羊欣、孔琳、王僧虔，南朝梁王筠、沈
約、阮研、蕭確、蕭思話、蕭子雲，南朝陳陳逵，唐歐陽詢、
虞世南、褚遂良、柳公權、李邕、褚庭誨、薛稷、徐嶠之、
陸柬之、薄紹之。〈諸家古法帖〉：上古蒼頡，夏禹，春秋孔
子、史籀，秦李斯、程邈，宋儋，晉衛夫人，隋慧則法師、
智果、何氏、蔡琰，唐懷素、張旭。〈法帖〉：晉王羲之、王
獻之等書跡。《淳化閣帖》是叢帖的濫觴，世人視爲法帖之祖。

請觀上引第一則。張芝，字伯英，東漢敦煌酒泉（今甘
肅酒泉）人，漢靈帝時，以有道徵之，未就，世稱張有道，

擅長隸書、草書、行書，號爲「草聖」。《淳化閣帖》收錄張
芝法書有《冠軍帖》（草書）、《終年帖》（草書）、《今欲歸帖》
（草書）、《二月八日帖》（草書）、《秋涼帖》（章草）。王廙，
晉臨沂人，字世將，王導從弟，王羲之叔父，書法深受鍾繇
影響，精擅章草、隸書、楷書。《淳化閣帖》收錄王廙法書有
《廿四日帖》（草書）、《祥除帖》（楷書）、《昨表帖》（楷書）、
《七月十三日帖》（章草）、《更何如帖》（章草）。皇象，三國
時吳國江都（今江蘇揚州）人，字休明，精擅章草。《淳化閣
帖》收錄皇象《文武帖》（章草）、《頑闇帖》（章草）。

　　郭尙先「三帖」之說，應是指「三位書法家的法帖」，
他以「無上神品」評此諸帖，而且指點研習古今書法的門徑
在於：「於此（收錄於《淳化閣帖》中，張芝、王廙、皇象的
法帖）有理會，乃可以衡古今書」。這是探本源的見解。茲請
先論張芝。張懷瓘《書斷》推崇張芝在草書發展史的關鍵地
位有云：

> 伯英學崔（瑗）、杜（度）之法，溫故知新，因而變
> 之，以成今草，轉精其妙。字之體勢，一筆而成，偶
> 有不連，而血脈不斷。及其連者，氣候通其隔行。[66]
> （張芝）章草師於杜度、崔瑗，龍驤豹變，青出於藍。
> 又創爲今草，天縱尤異，率意超曠，若清潤長源，流
> 而無限，縈迴岸谷，任於造化。至於蛟龍駭獸，奔騰
> 挐攫之勢，心手隨變，窈冥不知其所以然也。精熟神

---

66 張懷瓘《書斷》卷上，頁 18，臺北：臺灣商務印書館景印文淵閣《四
　　庫全書》第 812 冊，民國 75 年 3 月版。

妙，冠絕古今。[67]

這是說明張芝在章草的學習方面「學崔（瑗）、杜（度）之法，因而變之」，一則出藍勝藍；二則開創今草，「率意超曠」，「任於造化」，「蛟龍駭獸，奔騰怒攫之勢，心手隨變」，「不知其所以然」；三則發展一筆書，其血脈連貫，其章法綿密。如此冠絕古今的書法造詣，自然可從《淳化閣帖》所收張芝法書略窺其端倪。

其次論王廙。羊欣曾說：「（王）廙能章、楷，謹傳鍾法。」[68]王僧虔說：「王平南（廙）是右軍叔，自過江東，右軍之前，唯廙爲最，書爲右軍法。」[69]張懷瓘《書斷》、張大千的老師李瑞清都推崇王廙的書法：

> （王）廙工於草、隸、飛白，祖述張（芝）、衛（恆）遺法，……其飛白志氣極古，垂雕鶚之翅羽，類旌旗之卷舒。時人云：「王廙飛白，右軍之亞。」（《書斷》）[70]

> （王）廙學鍾繇而能變化，大有似敧反正之妙，實勝謝安。（李瑞清語）[71]

可見王廙的書法繼承了張芝、衛恆、鍾繇，卻絕非亦步亦趨，而是有所變化，有所創新，其飛白書體「志氣極古」，而有「垂雕鶚之翅羽，類旌旗之卷舒」的風格；其楷書則呈現了「似敧反正之妙」，而爲王羲之的老師。收錄於《淳化閣

---

67 張懷瓘《書斷》卷中，頁 9。

68 羊欣之評，轉引自馬宗霍《書林藻鑑》卷 6，頁 51。

69 羊欣之評，轉引自馬宗霍《書林藻鑑》卷 6，頁 51。

70 張懷瓘《書斷》卷中，頁 22。

71 李瑞清語，轉引自馬宗霍《書林藻鑑》卷 6，頁 51。

帖》中王廙的法書，應可算是「神品」，而王廙在中國書法史
上也是佔有相當重要的地位。

　　茲復論述皇象。竇臮《述書賦》是這樣評論皇象的：「廣
陵（皇）休明，朴質古情，難以窮真，非可學成，似龍蠖蟄
啓，伸盤復行。」[72]《宣和書譜》謂：「（皇象）工八分、篆、
草，……論者以象比龍蠖蟄啓，伸槃腹行，蓋言其蟠屈騰踔，
有縱橫自然之妙。或謂如歌聲遶梁，琴人舍徽，則又見其遺
音餘韻，得之於筆墨外也。」[73]可見皇象所書章草的風格是
「朴質古情」，「似龍蠖蟄啓，伸盤復行」，而有「縱橫自然之
妙」。張懷瓘《書斷》論及皇象書法的境界，有可與王羲之相
較者：

> 　　（皇）象章草入神，八分入妙，小篆入能。章草師於
> 杜度。右軍隸書，以一形而眾相，萬字皆別。休明章
> 草，雖相眾而形一，萬字皆同，各造其極。[74]

　　皇象的章草既然已臻「入神」之境，那麼收錄於《淳化
閣帖》中皇象的兩件章草書跡，應該也是屬於「神品」之作。

　　經過以上書論文獻的省視和論述，而郭尚先對於《淳化
閣帖》所收錄張芝、皇象、王廙的書跡，以「無上神品」加
以推崇，並且強調「於此有理會，乃可以衡古今書」的眼光
之精到，見解之高明，應可得到印證。再者，以郭尚先對於
書法之熱愛，臨摹之精勤，書論之精闢，《淳化閣帖》又屬郭
氏的家學淵源，斷無閒置而不臨摹之理，也斷無心摹手追之

---

72 竇臮《述書賦》。
73 《宣和書譜》頁 252，長沙：湖南美術出版社 1999 年 12 版。
74 張懷瓘《書斷》。

餘、而不化古賢之筆墨爲自家之筆墨之理，然則郭尚先的書
法藝術深受《淳化閣帖》之薰陶，應是可以斷言的。證之以
郭尚先用小字行草所寫給友人的尺牘書函，如《小字行草書
涵（有正味齋詩校畢……）》（圖 58）、《小字行草書涵（尚先
頓首……）》（圖 59）、《小字行草書涵（臘底敝通家徐別
駕……）》（圖 60-1）等書跡，即可思過半矣。

　　至於上引第二則，「持此（《淳化閣帖》中的王獻之書跡）
以衡北海（李邕）、魯國（顏真卿）書，皆探源而下矣」云云，
可知郭尚先對於《淳化閣帖》中的王獻之書跡諦觀精熟，對
於李邕、顏真卿，尤其是顏真卿書法的源頭，都深思熟慮，
而且用心臨寫。下過真功夫，才能道得出「持此以衡北海、
魯國書，皆探源而下矣」的中肯結論。而郭尚先書法詮釋功
力之深厚，也可由此想見。

第五節　師法歐陽詢、虞世南、　　褚遂良、敬客

　　根據郭尚先《芳堅館題跋》與本書第一章、第三節所列
〈郭尚先書法繫年稿〉，略可窺知郭尚先探研書法的原委。在
楷書方面，郭尚先對於唐代書法家歐陽詢、虞世南、褚遂良、
敬客的書法心摹手追，用功甚深。我們可以從他撰寫的《芳
堅館題跋》和一些相關的文獻中找到證據，支持此一論述。

一、師法歐陽詢

　　郭尚先對於歐陽詢傳世的大多數書法作品真是亹勉勤習，精研臨摹，而深有所詣，深有所悟。請看下列文獻：

1.初學《皇甫誕碑》、《醴泉銘》，粗知構法，苦乏生動之韻，展視正似宋槧之歐體者。後臨中令《聖教序記》，稍知運筆法。[75]

2.曩歲得宋拓此碑（《皇甫誕碑》），臨摹數月，真書頓進……平生所見宋拓此碑，惟成邸所藏與此相伯仲耳。嗟乎！成邸本余親見其購於吳氏，又親見其入市儈手，以歸琦靜庵節候，物之聚散，難必如此。余於此帙，猶欲題識而長守之也，傎乎！（《芳堅館題跋》）[76]

3.率更書出奇不窮，《化度》之淵穆，《醴泉》之華貴，《虞公》之峻潔，此碑（《皇甫誕碑》）之森秀，各擅勝概，實亦無所軒輊……。（《芳堅館題跋》）[77]

4.唐初人書，皆沿隋舊，專為清勁方整……率更、中令，獨能以新意開闢門徑，所以為大家……率更《化度寺碑》，卻兼有虞法。（《芳堅館題跋》）[78]

5.廿載京師，得宋拓《醴泉銘》三，以此為冠。高華渾樸，法方筆圓，此漢之分隸，魏、晉之真楷，合並醞釀而成者。（《芳堅館題跋》）[79]

---

75 郭尚先《芳堅館題跋·唐房元（玄）齡碑碑》卷1，頁18。
76 郭尚先《芳堅館題跋·唐立隋皇甫誕碑》卷1，頁10。
77 郭尚先《芳堅館題跋·唐立隋皇甫誕碑》卷1，頁10。
78 郭尚先《芳堅館題跋·唐立隋皇甫誕碑》卷1，頁11。
79 郭尚先《芳堅館題跋·唐九成宮醴泉銘》卷1，頁12。

6.是碑（《溫彥博碑》）率更八十一歲書，最為老筆。故
　通師專學之，後來裴公美亦自此得法。(《芳堅館題跋》)
　[80]

7.率更書，須觀其矜脈處。(《芳堅館題跋》) [81]

8.蘭石入翰林院後，書名最著。每以徹夜之功，臨《醴
　泉銘》一過。(《師友集》) [82]

9.嘉、道之間，吳興較弱，兼重信本，故道光季世，郭
　蘭石、張翰風二家，大盛於時，名流書體相似。(《廣藝
　舟雙楫》) [83]

　　由上述文獻可知郭尙先曾經研習歐陽詢的《皇甫誕
碑》、《九成宮醴泉銘》、《化度寺邕禪師塔銘》、《虞恭公碑》，
此其一。

　　郭尙先曾經用好幾個月的時力，臨摹《皇甫誕碑》。他
在翰林院任職時，「每以徹夜之功，臨《醴泉銘》一過」，當
年郭尙先應是持續以好幾個月的時力，用功於《九成宮醴泉
銘》吧。此其二。

　　對於歐陽詢的書法臨摹功深，其體會自然也就更為精
到。譬如「率更書出奇不窮，《化度》之淵穆，《醴泉》之華
貴，《虞公》之峻潔，此碑（《皇甫誕碑》）之森秀，各擅勝概，
實亦無所軒輊」；「《醴泉銘》……高華渾樸，法方筆圓，此漢
之分隸，魏、晉之真楷，合並醞釀而成者」；「《溫彥博碑》，

80　郭尙先《芳堅館題跋・唐溫彥博碑》卷 1，頁 13。
81　郭尙先《芳堅館題跋・秋碧堂帖》卷 3，頁 31。
82　轉引自李放《皇清書史》卷 31，頁 8。
83　祝嘉疏證、康有為撰《廣藝舟雙楫・干祿》卷 6，頁 239，臺北：華
　　正書局，民國 71 年 10 月版。

率更八十一歲書，最爲老筆。故通師（歐陽詢之子歐陽通）專學之，後來裴公美（裴休，字公美，書有《圭峰禪師碑》）亦自此得法」，評論歐陽詢的每件作品及其形成、影響，都甚爲精要。此其三。

惟其勤於臨寫熟參，所以對於學習歐陽詢書法的門徑，也能加以指點：「率更書，須觀其矜脥處」；「初學《皇甫誕碑》、《醴泉銘》，粗知構法，苦乏生動之韻，展視正似宋槧之歐體者。後臨中令《聖教序記》，稍知運筆」，臨習歐陽詢書法，若能參之以褚遂良《聖教序記》筆法，方知運筆之妙，而無「宋槧歐體」（宋版書的歐體字，較爲方板平直）板滯之失。此其四。

至於認爲郭尙先學歐陽詢書法，是爲了要一匡嘉慶、道光年間一般文士專習趙孟頫的書法，而失之於柔弱太甚的流風，則是康有爲《廣藝舟雙楫》的一家之言，或許也不無見地。此其五。

綜合上述見解，可知郭尙先真是學歐功深，論歐境高了。

二、師法虞世南

郭尙先曾經針對虞世南的《孔子廟堂碑城武本》撰寫了不少題跋。時有精闢之論、得間之言，擇其六則，錄之於後，以探討郭尙先研習虞世南楷書的心路歷程：

1.少時習《廟堂碑》，聞尊宿言，皆以王彥超碑為可據，然頗疑其神癡者。欲學曹州本，又疑其荼然如新瘥病人。然私心無日不嚮往於伯施，因即《昭仁寺碑》、《孔穎達碑》求之，究皆不契。昨李春湖中丞至都，得見

其唐石本，為之駭絕，始知曹州本猶有髮髻，而西安本雖宋拓，亦土木形骸也。向亡友陳玉方侍郎嘗言：「春湖先生本即君此本耳。」其語誠過，然亦可見此本（城武本）之去唐石本不遠。余今乃知重之。嗟乎！晚矣。乙酉仲夏書。

2. 唐拓《廟堂碑》，余於李春湖少司空處見之，觀其重摹，亦甚精審。因用高麗紙臨寫兩過，意若有會。旋取《十三行》觀之，眼界豁然。[84]

3. 《廟堂碑》唐拓本那可復遇？以此本（《孔子廟堂碑》城武本）之疏挺，參陝本之腴暢，伯施意境，猶可會之即離間。（案：此蓋揭示書法研究方法）

4. 少時頗謂西安本勝城武本，今日取兩本對觀，還是城武本勝。蓋氣韻靜遠，無復用力之跡。由此而化焉，則右軍矣。

5. 觀城武《廟堂碑》，靜穆之韻，猶可追想智永以上傳流之緒。西安本極腴暢，然位置每患欹側。王彥超武人，想所擇摹勒之工，未必能如薛嗣昌之於《千（字）文》。余姑摩挲此刻，以意會永興宗旨。（余允文「神遇而心會」法）

6. 陝本極腴潤，而摹手位置草率，遂無字不欹側，令學者無從下手。臨摹此刻，正米老所疑為瘦蕑（蕑，當作「茶」）者。然其清挺處、平淡處，猶是羲、獻遺軌也。[85]

---

84 郭尚先《芳堅館題跋・十三行》卷2，頁20。
85 以上六則引文，除第二則之外，並見郭尚先《芳堅館題跋・唐孔子廟

唐高祖武德九年（626）十二月下詔重修孔子廟，唐太宗貞觀七年（633）刻石立碑，虞世南奉敕撰寫碑文並以正楷勒石。「其時椎拓者多，故未久而石泐」[86]，武則天時重新刻碑。《孔子廟堂碑》到了宋朝以後，大抵有兩種版本：其一是宋太祖建隆年間（960-963），王彥超摹刻於長安者，是爲「陝本」，翁方綱以爲「陝本稍得其圓腴，而失其平正」。郭尙先所說的「王彥超碑」，就是指「陝本」。其二是元順帝至正年間（1341-1368），刻於山東城武的版本，翁方綱以爲「城武本稍平正，而又失其圓腴」[87]，今人蔡崇名謂城武本「有枯瘠之病」[88]。郭尙先所說的「曹州本」就是指「城武本」。[89]

郭尙先自稱年少時就臨習虞世南《孔子廟堂碑》，常依違於「陝本」和「城武本」之間。他對於「陝本」，「頗疑其神癡」，因爲筆畫較肥。至於「城武本」，「又疑其苶然（疲困的樣子）如新瘥病人」。在這樣比較、懷疑、批判，而有條件接受的學習過程中，他還是對於虞世南的書法一心嚮往，勤下工夫。於是想另闢蹊徑，從《孔穎達碑》和《昭仁寺碑》獲得啓發。然而這兩件作品只是各在某些方面近似虞世南的

堂碑城武本》卷 1，頁 8-9。

86 翁方綱《孔子廟堂碑・識語》，見《虞世南孔子廟堂碑》卷首，上海：上海書畫出版社，2000 年 12 月版。

87 翁方綱《孔子廟堂碑・識語》，見《虞世南孔子廟堂碑》卷首，上海：上海書畫出版社，2000 年 12 月版。

88 蔡崇名《書法及其教學之研究》頁 176，臺北：華正書局，民國 71 年 6 月版。

89 關於《孔子廟堂碑》版本原委的說明，參考翁方綱《孔子廟堂碑・識語》。虞曉永《中國書法家全集・虞世南》頁 64，頁 120，河北：河北教育出版社，2004 年 3 月版。朱關田《中國書法史・隋唐五代卷》頁 32，1999 年 10 月版。

書風，畢竟不是虞世南的書跡。[90]因此郭尙先說：「究皆不契」。然而他嚮慕臨習虞世南書法而熱切追尋的精神，也可由此努力的歷程見之。

　　上引第一則所謂「春湖先生本」、「唐石本」，是指比郭尙先年長十六歲的臨川人李宗瀚（字春湖，1769-1831）所典藏的「元康里夔夔舊藏墨本《孔子廟堂碑》」，「世稱唐拓，爲存世《孔子廟堂碑》拓本之最」[91]。經過一番比對、研究，又和友人觀摩討論，郭尙先最後還是肯定了手邊所藏城武本《孔子廟堂碑》。這是乙酉年（1825），也就是郭尙先四十一歲那年五月，針對城武本《孔子廟堂碑》所撰寫的跋語。不但如此，依上引第二則所述，他在見到李宗瀚所藏唐拓本《孔子廟堂碑》之後，還「用高麗紙臨寫兩過」，意若有會，似乎

---

90 《孔穎達碑》又稱《孔祭酒碑》，于志寧撰文，書寫者已佚其名。其書法風格，今人一瓢以爲「通幅觀之，點畫清腴圓渾，用筆沉著遒勁，結字平而不板，正而不拘，顯得神采奕奕，氣習清婉。」（《唐孔祭酒碑・簡介》，上海：上海書畫出版社，2000 年 12 月版）極似虞世南《孔子廟堂碑》。至於《昭仁寺碑》，鄭師因百《清畫堂詩集・論書絕句百首其五十六》寫道：「書丹勒石竟何人？知敬、蘭臺總不真。玉樹瓊枝非老筆，永興應未寫《昭仁》。」自注：「此碑原無書者姓名，前人有虞世南、歐陽通、王知敬三說，皆出臆測。今按：碑立於貞觀四年（630），小歐陽年僅數歲，固無論矣，王知敬亦不過弱冠，當然無資格書寫勒撰豐碑，二說均不能成立。王澍《虛舟題跋》卷六，楊守敬《平碑記》卷三，論此碑非虞書，最爲精確。」又寫道：「虞（世南）生於陳武帝永定二年（558），立碑《昭仁寺碑》時已七十三歲。此碑看似瘦勁，實則倩秀輕妍，即古詩所謂玉樹瓊枝，絕不似七十餘老人筆跡。應從王、楊之說，定爲無名氏（佚名）書。」其持論甚辨，當可參稽。施蟄存則以爲：「唐初碑之有撰文人名而無書丹人名者，皆撰文者一手所書。《昭仁寺碑》，朱子奢撰而書之也。」（施蟄存《唐碑百選》頁 11，上海：上海教育出版社，2001 年 5 月版）綜合以上論述，可知《昭仁寺碑》並非虞世南的手筆，已可論定。
91 張偉生《虞世南孔子廟堂碑・簡介》，上海：上海書畫出版社，2000年 12 月版。

又有了新的領悟。於是立即取王獻之《洛神賦十三行》參照
而觀之，於是眼界豁然開朗，所悟當然更爲深刻。由此可知
他從年少時期直到年逾不惑，都經常關注於虞世南的書法，
其書法深受虞世南「虛和」書風的影響，較爾可知。

　　至於上引第三則，郭尙先主張以城武本《孔子廟堂碑》
的「疏挺」，參之於陝本的「腴暢」，就可以對於「伯施（虞
世南，字伯施）意境」，「會之即離間」，其所會悟，雖不中，
亦不遠。上引第四則，郭尙先透過城武本和陝本的對勘，而
得到「還是城武本勝」的結論。理由是城武本《孔子廟堂碑》
「氣韻靜遠」，雖然用了力，卻無用力的痕跡，由此還可以上
溯王羲之書法。上引第五則，郭尙先認爲從城武本《孔子廟
堂碑》著眼，還可想見王羲之的七世孫、虞世南的老師智永
以前，從東晉到唐初，二王系統書法的「流傳之緒」。當然，
郭尙先也不否定陝本的優點與價值，他說：「其清挺處、平淡
處，猶是羲、獻遺軌也。」仔細翫味上述題跋，足知郭尙先
習書論書手眼之高明、用心之深細，而其書法深受虞世南的
影響，亦無庸置疑。

三、師法褚遂良

　　郭尙先對於褚遂良的書法一向是薰沐瓣香，景仰推崇
的。他曾自稱「余學登善（書）」[92]，又曾以「登善（褚遂良
字登善）書旨」期勉後進：「莟溪年兄從余鷺門讀書，慧而篤

92　郭尙先《芳堅館題跋‧吳香國禮部書屛贈翁竹坡孝廉》卷 4，頁 8：「吳
　　香國禮部始學率更書，後喜余書。余學登善，香國亦學焉，余萬不能
　　逮也⋯⋯。」

學。適有惠佳紙者，書以貽之，中有登善書旨在，莫等閒觀。
壬午四月九日。」[93]壬午年，是清宣宗道光二年（1822），倪
琇聘請郭尙先主講廈門玉屏書院，吳菩溪當時應是在玉屏書
院念書，郭尙先以佳紙題寫「登善書旨」，送給吳菩溪，並提
醒吳菩溪要善體褚遂良的書法學旨趣。由此可知郭尙先不但
精研褚遂良的書法學，還以此爲講學之資。郭尙先這件書寫
「登善書旨」的書跡，筆者多方蒐考，未見其蹤影，希望尙
存於天壤之間，而有機緣見之。

　　《芳堅館題跋》所錄與褚遂良碑帖有關的題跋，論《唐
伊闕佛龕碑》者有三則[94]，論《唐房元（玄）齡碑》者有十
八則[95]，論《唐慈恩聖教序記》者有一則[96]，論《褚書（文皇）
哀冊》者有一則[97]，論《徐淞橋臨塼塔銘》者有一則[98]。仔細
研讀這二十餘則論及褚遂良書法的題跋，自可了然於郭尙先
師法褚遂良書法，功夫之精湛了。再甄賞郭尙先傳世書跡中
與褚遂良書法相近的作品，那麼郭尙先師法褚書，已臻登堂
入室的境界，也就可以了然昭然。請細觀其題跋：

　1.自隸變爲楷，江左習羲、獻之法，專趨圓暢。北朝猶
　　守隸體，不取流麗，然所餘碑碣，訛文誤筆，往往而
　　是，殆無足觀。隋碑如《趙芬》、《賀若誼》諸碣，非
　　不方正敦重，然正猶叉手並腳漢耳。登善劑以虛和，

93 郭尙先《芳堅館題跋・自書贈吳菩溪》卷 4，頁 10。
94 郭尙先《芳堅館題跋・唐伊闕佛龕碑》卷 1，頁 13-14，臺北：新文
　　豐圖書公司《叢書集成續編》第 95 冊，民國 78 年 7 月版。
95 同注 17，卷 1，頁 16-18。
96 同注 17，卷 1，頁 18。
97 同注 17，卷 3，頁 14，〈書種帖〉題跋第八則。
98 同注 17，卷 4，頁 8。

便自度越前賢，有善知識行住坐臥，具四威儀，而其
神通，不可思議。[99]

2. 中令晚歲以幽深超俊勝，此（《伊闕佛龕碑》）其早歲
書，專取古澹，與《孟靜素碑》（即《孟法師碑》）用
意正同，蘇子瞻所謂「間雜分隸」者。登善他書皆似
漢隸之《韓勑》、《曹全》，此碑則與《孔宙》、《魯峻》
為類。書家每作一碑，意之所至，各自為體，未有守
定法者，覘唐人諸碑可悟。[100]

3. 中令書，早歲尚沿周、隋餘習，專取方整，兼有分隸
法。若《伊闕佛龕記》、《孟靜素碑》是也。晚歲始自
立家，《慈恩聖教序記》及此（《房玄齡碑》）最其用意
書。飛動沉著，看似離紙一寸，實乃入木七分。而此
碑（《房玄齡碑》）構法尤精熟，此方能離法，無智人
前莫說也。[101]

4. 觀其（《房玄齡碑》）運筆，有太阿剸截之意，所以與
秦篆、漢隸同一遒古。第曰：「美女嬋娟，不勝羅綺」，
不足知中令書也。[102]

5. 細觀韓叔節造《禮器碑》，知褚公書發源處。中令書須
以沉著會其靈敏也。[103]

6. 敬客書《塼塔銘》，書中傾城；此（《房玄齡碑》）則藐
姑射仙人，不食人間煙火矣。褚中令書，其秀得之晉

99 同注 17，卷 1，頁 13-14。
100《芳堅館題跋》卷 1，頁 14
101《芳堅館題跋》卷 1，頁 17。
102《芳堅館題跋》卷 1，頁 16。
103《芳堅館題跋》卷 1，頁 16。

賢，其清勁絕俗，則由其人品高。忠臣義士書，骨氣
自是不凡……。[104]

7.中令書此（《房玄齡碑》）最明麗，而骨法卻遒峻。蘭
有國香，人服媚之……。[105]

8.舞鶴游天，群鴻戲海，元常、逸（少）、（子）敬以後，
唐人惟登善能之。……[106]

9.離紙一寸，入木七分，須知不是兩語。天真爛漫，瘦
硬通神，亦是一鼻孔出氣。（評《房玄齡碑》）[107]

10.在都時，學中令書以百過計，無甚理會。今夕展覽，
頗似眼明，想數日來學魯國書故耳。[108]

11.初學《皇甫誕碑》、《醴泉銘》，粗知構法，苦乏生動之
韻。展視正似宋槧之歐體者。後臨中令《聖教序記》，
稍知運筆法。至得力之深，則此碑（《房玄齡碑》）為
最。[109]

12.昔人言顏自褚出，學顏須知中令法，學褚須知魯國法。
余始學兩家書時，茫然不省此語何謂。今歲周歷蜀境，
行篋只攜兩家帖自隨，船窗展讀，若有所會……。[110]

13.運筆如空中散花，無復滯相。（評《唐慈恩聖教序記》）[111]

14.淞橋深於中令書，其靈峻處實出天賦，余曾捉筆效之，

104《芳堅館題跋》卷1，頁17。
105《芳堅館題跋》卷1，頁17。
106《芳堅館題跋》卷1，頁18。
107《芳堅館題跋》卷1，頁18。
108《芳堅館題跋》卷1，頁16。
109《芳堅館題跋》卷1，頁18。
110《芳堅館題跋·唐房元（玄）齡碑》卷1，頁18。
111《芳堅館題跋·唐慈恩聖教序記》卷1，頁18。

乃為東施之顰，不須對鏡，始悟己醜也。顏黃門云：「書

不能工，良由無分。」覽此三歎。癸未正月二十八日，

過笛生，齋頭秉燭書。[112]

　　由此可知，郭尚先對於褚遂良的書法，真是深造有得。他評論褚遂良的書法，可謂精闢深雋，能探其奧窔。撮其要義，可得四端：

　　第一、褚遂良書法針對隋碑的「方正敦重」，「劑以虛和」，融會「猶守隸體」的北朝書風，與「專趨圓暢」的王羲之、王獻之書風，而自成風貌。譬如「善知識行住坐臥，具四威儀」。案：《釋氏要覽》認為「其他動止，皆（行、住、坐、臥）四（威儀）所攝」。[113]郭尚先以「具四威儀」推重褚遂良書法，並以「而其神通，不可思議」作結論，或許是認為褚書融攝了南北書法的精髓，而有集大成的氣象、卓犖不群的造詣吧。

　　第二、褚遂良也是「書法到老方成」。他早年的作品《伊闕佛龕碑》（書於唐高宗貞觀 15 年，641）[114]、《孟法師碑》（書於唐高宗貞觀 16 年，642）[115]，還是「間雜分隸」，專取古澹。到了晚年，褚遂良的書法如《房玄齡碑》（書於唐高宗永徽 3 年，652）[116]、《慈恩寺聖教序記》（書於唐高宗永徽 4 年，653）[117]，才「以幽深超俊勝」，而臻於「清勁絕俗」，「骨

112《芳堅館題跋·徐淞橋臨塼塔銘》卷 4，頁 8。
113 丁福保《佛學大辭典》頁 779，文物出版社，1984 年 1 月版。
114 朱關田《中國書法史·隋唐五代卷》頁 327，江蘇教育出版社，1999 年 10 月版。
115 朱關田《中國書法史·隋唐五代卷》頁 328。
116 朱關田《中國書法史·隋唐五代卷》頁 330。
117 朱關田《中國書法史·隋唐五代卷》頁 331。

法遒峻」之境，自具風格，自成一家。

　　第三、袁昂評鍾繇書法，有「舞鶴游天，飛鴻戲海」的意象之評；梁武帝蕭衍評鍾繇書法，有「雲鵠游天，群鴻戲海」[118]之觀。郭尙先「舞鶴游天，群鴻戲海」之說，或許出自袁昂、蕭衍，或許別有所本。然而他認爲褚遂良晚歲書風也達到這樣高明的境界，足以和鍾繇、王羲之、王獻之相提並論。這在唐代書法家中也幾乎是絕無僅有的。

　　第四、褚遂良書法之所以「清勁絕俗」，主要是由於他的「人品高」。「忠臣義士」的風骨使得褚遂良的書法「骨氣自是不凡」。

　　由於對褚遂良人品、書法的推崇備至，讚譽有加，郭尙先自然是心摹手追，奉褚書爲學習書法的典範。於是郭尙先黽勉臨摹褚書，用功至勤至深。一則曰：「在都時，學中令書以百過計」。再則曰：「臨中令《聖教序記》，稍知運筆法」。三則曰：「昔人言顏自褚出，學顏須知中令法，學褚須知魯國法。余始學兩家書時，茫然不省此語何謂。今歲周歷蜀境，行篋只攜兩家帖自隨，船窗展讀，若有所會……」。至於效法好友徐淞橋（徐元禮，號淞橋，嘉慶 6 年，1801 年拔貢）[119]臨摹褚書，而自歎「東施之顰，不須對鏡，始悟己醜」，雖是謙謙君子的表現，也可見郭尙先對於褚遂良書法欽遲之深，臨摹之勤了。

---

118 馬宗霍《書林藻鑑》卷 5，頁 36，臺北：臺灣商務印書館，民國 54 年 12 月版。
119 《皇清書史》卷 3，頁 8。

四、師法敬客

　　郭尙先對於敬客的《王居士塼塔銘》也是欽仰慕習，心
摹手追而深有所悟。敬客的生平事跡，已不可詳考。朱關田
《中國書法史・隋唐五代卷》第二章〈唐太宗與書法復興〉
論褚遂良、薛曜，與昭陵碑誌書人，僅於章末論及敬客師：

> 右威衛倉曹敬客師《王大禮志》……出之於因工書而
> 受人相託者……堪稱初唐典型。[120]

　　若將敬客《王居士塼塔銘》與敬客師《王大理志》相對
比，其書法風格真是若合符節，都是出於「字裡生金，行間
玉潤」的褚遂良書法，而且是《房玄齡碑》、《唐慈恩聖教序
記》等晚期書風系統的。故知此「敬客」與「敬客師」應是
同一人。敬客可以說是歷史上淡淡的影子，他的生平事跡，
已經無法詳考。今日可以看到的敬客書跡，也就只有《王居
士塼塔銘》和《王大禮志》而已。梁巘（1711-1785）評敬客
書法有言：

> 敬客書《塼塔銘》學褚，專尚瘦硬飄逸。
>
> 《塼塔銘》乃學褚河南字之到家者。（《承晉齋積聞錄》）
> [121]

　　這是極中肯的評論。敬客的楷書對於褚遂良《房玄齡
碑》、《慈恩寺聖教序記》亦步亦趨的程度，方之於薛稷的《信
行禪師碑》，真是猶有過之。請看郭尙先臨習敬客書法的心

120　朱關田《中國書法史・隋唐五代卷》頁 82，江蘇教育出版社，1999
　　年 10 月版。
121　梁巘《承晉齋積聞錄》，轉引自盧輔聖、崔爾平、江宏編《中國書畫
　　全書》第 10 冊，頁 518，上海：上海書畫出版社，1996 年 10 月版。

得：

1. 學此書（《王居士塼塔銘》）須得其超俊處，方是錢唐家法。若專取穎秀，易入輕綺，與中令終隔一塵。[122]

2. 藐姑射仙人，肌膚若冰雪，綽約若處子。秋菊春蘭，都應卻步。[123]

3. 觀其無筆不提，無筆不轉，白雲在空，舒卷自如，唐賢書備存八法，而能鼓以天倪者也。[124]

4. 敬客書《塼塔銘》，書中傾城。[125]

5. 學中令書者，以顧升《瘞琴銘》及此銘（《王居士塼塔銘》）為嫡傳。此猶後半，全文可寶也。[126]

6. 舊歲與顧吳羹先生論《塼塔銘》，頗謂其出筆穎秀，無登善古澹，如銅箭書意。比來澄慮展觀，乃悟其開合舒卷，一歸自然，天資超絕，如趙千里畫，生氣遠出。不可徒賞其穎秀也。[127]

　　由上引第一則可知，郭尚先指出臨摹敬客《王居士塼塔銘》的要領在於「得其超俊處」，換言之，就是要掌握其「超俊的風格」，才能登敬客之堂而入其室，才能恪守「錢唐（塘）家法」——褚遂良書法之家法。褚遂良的祖先原本世居河南陽翟，他的第十二代祖先安東將軍揚州都督褚砐，追隨東晉元帝渡長江，才遷居丹陽。後來有一枝族人移居浙江錢塘，

---

122 《芳堅館題跋》卷1，頁21。
123 《芳堅館題跋》卷1，頁21。
124 《芳堅館題跋》卷1，頁21。
125 《芳堅館題跋》卷1，頁17。
126 《芳堅館題跋》卷1，頁21。
127 《芳堅館題跋》卷1，頁21。

而成東南著姓，因此世人以「錢唐（塘）」稱褚遂良。[128]

　　上引第二則至第五則，是郭尙先對於敬客所書《王居士塼塔銘》的評論。細翫「藐姑射仙人，肌膚若冰雪，綽約若處子」；「無筆不提，無筆不轉，白雲在空，舒卷自如，唐賢書備存八法，而能鼓以天倪者也」；「書中傾城」；「學中令書者，以……此銘（《王居士塼塔銘》）爲嫡傳」等讚美之辭，無論是書寫筆法、書法風格、書法境界，莫不傾倒再三，推賞備至。天倪，典出《莊子・齊物論》「和之以天倪。」郭象注：「天倪，自然之分也。」[129]「和之以天倪」，原意爲以自然的分際調和萬物的是非[130]。郭尙先用此典故，推崇《王居士塼塔銘》，應是認爲《王居士塼塔銘》的書法兼具唐初各家楷書的優點，已達爐火純青、自然超妙的境界，也就是第六則所謂「開合舒卷，一歸自然」的境界。

　　至於上引第六則，則是郭尙先自陳其參悟《王居士塼塔銘》的心路歷程。先是「舊歲與（前輩）顧吳羹」討論研究，其後多歷年所，然後「比來（近來）澄慮展觀」，讓自己的心靈處於虛靜的狀態，再去直觀參悟，終於悟得敬客《王居士塼塔銘》「天資超曠」、「生氣遠出」、「一歸自然」的境界。

　　郭尙先對於《王居士塼塔銘》不但深有所悟，而且一再諦觀臨摹。龔顯曾說：「先生以工八法名嘉、道間……書法娟

128　朱關田《中國書法史・隋唐五代卷》頁 58，江蘇：江蘇教育出版社，1999 年 10 月版。

129　郭慶藩《莊子集釋・齊物論》頁 108-109，臺北：河洛圖書出版社，民國 63 年 3 月版。

130　說見方勇、陸永品《莊子詮評》頁 82，四川：巴蜀書社，1998 年 9 月版。

秀逸宕，直入敬客《塼塔銘》之室。」[131]證之以福建博物館
所藏郭尚先楷書臨《王居士塼塔銘》（圖 13），可知龔顯曾「直
入敬客《塼塔銘》之室」的評語，真是名實相符，絕非溢美
之辭。細觀郭尚先這件臨本，可以發現他臨摹名家書跡，並
非亦步亦趨，如印印泥，求其形似而已。而是重在韻趣與氣
象，「神遇而心會」[132]。

　　臺北世界書局民國四十七年七月出版、溥心畬題簽的
《原石拓唐王居士磚塔銘》，應是依據當年郭尚先所典藏的版
本影印行世的。從其中「蘭石鑑賞」、「郭尚先印」兩方藏書
印，即可窺知個中消息。《原石拓唐王居士磚塔銘》包括郭尚
先所典藏的兩個版本，都非足本。前一本字數較多，也較為
清晰，其後有跋語：「重摹之患，在於貌合神離，此本佳在神
理不隔。」後一本前六行之後，也有跋語：「余始得說罄本時，
失其前卅二字。乙酉（道光五年，1825）六月，黃琴山農部
以是貽余，遂為延津之合。」翫其書法，翫味其語氣，應是
郭尚先所跋。另有一段跋語，未署名，其內容如下：

> 嗚呼！此吾同史館郭學使之貽我也。時一披展，如髯
> 翁對坐，把瓉譚藝也。吁！今世豈復有此儔人，予得
> 而有之哉？蒙莊有言：「副墨之子，雒誦之孫。」是
> 在吾日永輩矣。

131　郭尚先《芳堅館題跋》，龔顯曾〈識語〉。《叢書集成‧續編》第 95
　　　冊，頁 585，臺北：新文豐圖書公司，民國 78 年 7 月版。
132　「神遇而心會」，原是南宋余允文《尊孟辨》所提出的詮釋孟子義理
　　　的方法，其說甚為精要，移以論書法臨摹之道，洵可相通。見余允
　　　文《尊孟辨‧別錄》頁 5，臺北：臺灣商務印書館景印《文淵閣四
　　　庫全書》第 169 冊，民國 75 年 3 月版。

　　由此可知郭尙先自己對於敬客《王居士塼塔銘》心摹手追，登堂入室之餘，還將所藏書法珍品贈送同寮，分享前修絕藝，以廣流傳。其風流儒雅，與人爲善，有如此者。

　　清宣宗道光三年（1823），郭尙先年三十九，正月二十八日，他曾題《徐淞橋臨塼塔銘》：

> 淞橋深於中令書，其靈俊處實出天賦。余曾捉筆效
> 之，乃爲東施之顰，不須對鏡，始悟己醜也。顏黃門
> 云：「書不能工，良由無分。」覽此三歎。癸未正月
> 二十八日，過笛生，齋頭秉燭書。[133]

　　徐元禮，號淞橋，浙江桐廬人。清宣宗嘉慶六年（1801）拔貢，書法直追唐宋名家，與郭尙先齊名。[134]郭尙先對徐元禮精擅褚遂良書法，實爲欽仰；對於徐元禮所臨寫的《王居士塼塔銘》，具褚書風韻，而能得其「靈俊」，也相當欽羨。又說他曾「捉筆效之」，可知郭尙先對於敬客《王居士塼塔銘》，也曾深下功夫。雖然他很謙遜地自歎天分不如徐元禮，「捉筆效之」的結果有如「不須對鏡，始悟己醜」。但是細繹此則跋語，也可覘知郭尙先對於敬客書法的心摹手追之情了。

第六節　師法顏眞卿

　　郭尙先的大字行草，深得力於顏眞卿的《爭坐位帖》、《祭姪文稿》、《劉太冲敘》、《劉中使帖》、《鹿脯帖》等。請徵其

133　郭尙先《芳堅館題跋・徐淞橋臨塼塔銘》卷 4，頁 8。
134　《皇清書史》卷 3，頁 8。

言，一論述之：

1. 先太史於書習魯國、魏國。[135]

2. 顏魯郡《論坐》、《祭姪》二帖，先太史得於吳門。余益以《劉太沖敘》、《劉中使帖》。[136]

3. 學顏魯國書，乃知古人一筆不敢苟下。伊川言作字甚敬，即此是學。司馬溫公《通鑑》書稿兩屋，無一筆作草，皆是說也。[137]

4. 臨此記（《唐麻姑仙壇記》）二十過，似有會，只是不透徹耳。[138]

5. 曩歲得唐拓《麻姑仙壇記》，臨摹月餘，始知晉法惟顏魯國得之最多。[139]

6. 學顏魯國書，知徐會稽是正法眼藏，不能如魯國之大耳。[140]

7. 學顏魯郡行書將千過，都無入處。顏黃門所謂「良由無分也」。大致縛律不成書，卻又不能不從攀蘿附葛入手。極知從門入者非家珍，但參父母未生一語，不徹何如。[141]

8. 余自己卯使粵，即日臨《爭坐位》一過，始頗有會，百餘過後，便如銅牆鐵壁，再透不過。今歲在鷺門，亦臨摹月餘，都無理會。十月入都，至洪山橋，舟次

---

135 郭尙先《芳堅館題跋・徐淞橋臨塼塔銘》卷 24，頁 13。
136 郭尙先《芳堅館題跋・論坐帖》卷 3，頁 3。
137 郭尙先《芳堅館題跋・唐麻姑仙壇記》卷 2，頁 5。
138 郭尙先《芳堅館題跋・唐麻姑仙壇記》卷 2，頁 5。
139 郭尙先《芳堅館題跋・十三行》卷 2，頁 22。
140 郭尙先《芳堅館題跋・論坐帖》卷 3，頁 4。
141 郭尙先《芳堅館題跋・論坐帖》卷 3，頁 4-5。

兀坐，悶甚，聊以此帖消閒，所見似又差進也。壬午
十月十九日。[142]

9.顏行書高處在天真爛漫，不受逸（少）、（子）敬束縛，
而自能闇合孫、吳。學顏書者，亦須於象外領取。[143]

10.學顏書須先細觀月餘，偶有所會，縱筆追之，方能離
形得似。若筆筆安頓，如宋伯姬之侍姆，便無理會
處……總之，學書不過魯國一關，終身門外漢。過魯
國一關卻大不易，非專意勁厚，便可為魯國法嗣也。[144]

　　第一、二則所謂「先太史」，即郭尙先的父親郭捷南，
號仲伊，著有《易要詁》、《禮記要詁》、《四書要詁》、《律呂
考》、《叢書守雅集》、《近光樓詩文集》。[145]

　　郭尙先追敍他父親的書法時，說：「於書習魯國、魏國
（趙孟頫卒贈魏國公）。」又說：它所典藏的《論坐位帖》、《祭
姪文稿》是他父親當年「得於吳門（蘇州）」的傳家之寶。可
見郭尙先畢生臨習顏真卿的書法，寢饋於斯，也是受家學的
影響，有以致之。

　　只要從上述第四則的「《唐麻姑仙壇記》二十過」；第五
則的「曩歲得唐拓《麻姑仙壇記》，臨摹月餘」；第七則的「學
顏魯郡行書將千過」；第八則的「余自己卯使粵，即日臨《爭
坐位》一過，始頗有會，百餘過後，便如銅牆鐵壁，再透不
過」等郭尙先的夫子自道、親身體驗，就可知道他在顏真卿
的楷、行、草等書體及相關碑帖用功之深，用力之勤了。他

142　郭尙先《芳堅館題跋・論坐帖》卷 3，頁 5。
143　郭尙先《芳堅館題跋・快雪堂帖》卷 3，頁 31。
144　郭尙先《芳堅館題跋・秋碧堂帖》卷 3，頁 33。
145　郭嗣蕃《蘭石公年譜》頁 480。

臨習顏書的遍數，也是動輒數十過、百過、千過，再不然就
是日日臨摹，參之悟之。

　　至於臨摹顏真卿書法之道，郭尚先也深有所悟。他主張
「一筆不敢苟下」；主張把握住顏書「天真爛漫，不受逸（少）、
（子）敬束縛，而自能闇合孫、吳」的高明之處，而「於象
外領取」其妙；主張「學顏書須先細觀月餘，偶有所會，縱
筆追之，方能離形得似」，為臨摹顏真卿書法的高明方法。至
於當年禪宗高僧溈山靈祐提出「生死根本、父母未生時」的
境界為何此一問題，激問其弟子香嚴智閑，終於使香嚴智閑
後來在機緣成熟時，開悟上上之機。禪宗如此妙悟之道，更
是參透顏魯國這一關的法門[146]。這是書法學理與禪學智慧相
通之處，郭尚先由於對顏真卿書法的參悟，悟出了此一研習
書法的玄旨妙機。而第八則所謂「己卯使粵，即日臨《爭坐

146　「生死根本，父母未生時」典出釋普濟《五燈會元‧香嚴智閑》卷
　　9，頁536-537，北京：中華書局，1984年10月版：「鄧州香嚴智閑
　　禪師……在百丈時性識聰敏，參禪不得。洎丈遷化，遂參溈山。山
　　問：『我聞汝在百丈先師處，問一答十，問十答百，此是汝聰明靈利，
　　意解識想。生死根本，父母未生時，試道一句看？』師被一問，直
　　得茫然。歸寮將平日看過的文字，從頭要尋一句酬對，竟不能得。
　　乃自歎曰：『畫餅不可充飢。』履乞溈山說破，山曰：『我若說似汝，
　　汝以後罵我去。我說底是我底，終不干汝事。』師遂將平昔所看文
　　字燒卻，曰：『此生不學佛法也。且作個長行粥飯僧，免役心神。』
　　乃泣辭溈山，直過南陽，覩忠國師遺跡，遂憩止焉。一日，芟除草
　　木，偶拋瓦礫，擊竹作聲，忽然省悟。遽歸，沐浴焚香，遙禮溈山，
　　讚曰：『和尚大慈，恩逾父母。當時若為我說破，何有今日（自己開
　　悟）之事！』……。」杜師松柏詮釋此一公案說：「在這一開悟案例
　　上……香嚴由未悟前的茫然，到悟後的鋪天蓋地般的透露，學術科
　　技等亦然……一旦豁然貫通焉……貫通之後才會知之真切，言之明
　　確，一一皆從肺腑中流出，而且有體有用。」（見杜師松柏《智慧的
　　禪公案》頁120，臺北：臺灣學生書局，2005年12月版。）

位》一過，始頗有會，百餘過後，便如銅牆且壁，再透不過」；
其後講學鷺門，在旅途舟中，以《爭坐位帖》自遣，「所見似
又差進也」云云，更是郭尙先透過親身的體驗，說明妙悟顏
真卿書法的心路歷程。因此他才會指點世人學習顏真卿書法
的門徑：「學顏書須先細觀月餘，偶有所會，縱筆追之，方能
離形得似。」這真是學習顏真卿書法的方法論。

　　再者，郭尙先在旅途中用以相伴左右，排寂遣悶的，正
是顏真卿的書跡，請觀下列記載：

1. 江山縣小船如葉，人居其內如簁，悶甚，唯與魯國展
　　對，差不寂寞耳。壬午年十一月八日，江山船上書。[147]

2. 十一月十一日，舟至章溪口，距三衢僅廿五里許，來
　　往舟將數百，密布江面不容罅，長年攤錢、酣睡。僕
　　非與顏魯國作緣，將悶損矣。[148]

3. 數日來，皆顏魯郡為我破悶，兩日筆如鐵，硯上甫滴
　　水即成元（玄）冰，僕只好與紅友作緣矣。歎！歎！
　　壬午十二月九日。明日大寒，在吳門小住三日，無稱
　　意事，唯獲宋拓顏魯郡《送蔡明遠前後帖》、《天氣未
　　佳帖》，差慰耳。[149]

　　在寂寞的旅途、苦悶的環境中，郭尙先原來是用顏真卿
的法帖來排遣寂寞、紓解苦悶的，所謂「唯與魯國展對，差
不寂寞耳」；所謂「僕非與顏魯國作緣，將悶損矣」；所謂「數
日來，皆顏魯郡爲我破悶」，都可得知顏真卿的書法對於郭尙

147《芳堅館題跋》卷 3，頁 5。
148《芳堅館題跋》卷 3，頁 6。
149《芳堅館題跋》卷 3，頁 6-7。

先來說，實在是深具吸引力，而郭尚先平生之瓣香顏魯國，又添三則堅確不移的證據。

　　細觀郭尚先流傳於世的書跡，除了受歐陽詢、虞世南、褚遂良、敬客影響的楷書，以及受《蘭亭集敘》、《十七帖》、《洛神賦十三行》、《淳化閣帖》影響的行草作品之外，大多屬顏體行草，亦有顏體楷書之作。可知他真是深得顏真卿書法的神髓，可謂習書而過「魯國一關」了。

第四章　郭尚先之書法理論

第一節　論習書之方

一、臨摹遍數，以十百計

　　本節將針對郭尚先臨寫各家書法名跡爲數之多、爲時之久、諦觀熟觀等面向，來探討郭尚先研習書法的方法與理論。臨摹碑帖之遍數，動輒以十、百、千計，是研習書法的重要方法。郭尚先的相關著作，常論及此事：

1. 諦臨此帖（《十七帖》）百過，可以學《蘭亭》，可以學《書譜》，可以學《絕交書》，並可通之《爭坐》、《祭姪》諸帖。（《郭大理遺稿》）[1]

2. 臨《十三行》五十過，忽有會於《皇甫誕碑》；又知「舞鶴游天，群鴻戲海」八字，唐人所不能彷彿。……（《芳堅館題跋》）[2]

3. 始疑子敬《新埭帖》爲襄陽臨本，摹之百餘過，乃知非米老所及。米能爲其超朗，不及其靜穆也。（《芳堅館

---

[1] 郭尚先《郭大理遺稿・十七帖識語其十》卷7，頁2，上海：上海古籍出版社《續修四庫全書》第1510冊，2003年5月版。

[2] 郭尚先《芳堅館題跋・十三行》卷2，頁17，臺北：新文豐圖書公司《叢書集成續編》第95冊，民國78年7月版。

題跋》）[3]

4. 在都時學中令書，以百過計，無甚理會。今夕展覽，頗似眼明。想數日來學顏魯國書故耳。（《芳堅館題跋》）[4]

5. 二《告》余皆臨寫百過，妄有覆言，恐皆宋思陵臨本也。朱巨川二《告》，皆唐人佳書。（《芳堅館題跋》）[5]

先看第一則，對於王羲之《十七帖》，郭尙先曾「諦臨」「百過」──澄神定慮，仔細而審慎地臨寫百遍，然後與他所臨摹過的王羲之《蘭亭集敘》、孫過庭《書譜》、李懷琳《絕交書》，以及顏真卿的《爭坐位帖》、《祭姪文稿》相與比較、印證，從而領悟《十七帖》是上述諸帖的根源，精熟《十七帖》，就書法學來說，是「君子務本」的工夫。本立而道生，自可兼通其餘行草名跡。這是多次臨摹而能得悟的一個例證。

第二則，郭尙先臨寫王獻之《洛神賦十三行》五十過，其遍數也相當可觀。如此反復臨寫之後，其效果有二：「忽悟（歐陽詢）《皇甫誕碑》」，此其一。「知『舞鶴游天，群鴻戲海』八字，唐人所不能彷彿」，此其二。對於《皇甫誕碑》淵源、風格的探討，對於書法「意象批評」的體會，針對關鍵性的名跡，臨寫數十百遍，然後從其過程中得悟，是很重要的方法。

再看第三則，郭尙先原本懷疑王獻之《新埭帖》是米芾的臨本。《新埭帖》又稱《東山帖》，據今人蕭燕翼的研究，明人楊明時、清人孫承澤跋此帖，都認爲是米芾所臨者；而

---

3 《芳堅館題跋·墨池堂帖》卷 3，頁 18。
4 《芳堅館題跋·唐房元（玄）齡碑》卷 1，頁 16。
5 《芳堅館題跋·快雪堂帖》卷 3，頁 31。

且其「書風確實得晉人遺意，筆法多燥鋒開叉，是用硬筆所書，這是刻意求似的用意所在」[6]。蕭燕翼從文獻的研究，辨析《新埭帖》的真偽，言之鑿鑿，似乎不容置疑。然而郭尚先卻從「摹之百餘過」入手，而廓清他自己原先的懷疑，辨明《新埭帖》應非米芾所能臨寫者。《新埭帖》的真偽，固然可以有仁智互見的看法，但是郭尚先「摹」此帖「百餘過」的親身體會，或許更應加以尊重，甚至更應取信。宋代文論主張詩歌的境界必須親歷其境，乃道得出此種境界。[7]移以論書法，應無鑿枘。郭尚先「摹之百餘過」的體會，應是不容忽視的。這是多次臨摹而能得悟的另一個例證。

至於第四則，論及研習褚遂良書法，當年郭尚先在京師時，也是臨摹「以百過計」── 以百次為單位來計算，換言之，郭尚先臨摹褚遂良書跡，用力尤為精勤。他學過那些「褚中令書」呢？從《芳堅館題跋》可知其名目：

1.《伊闕佛龕記》

2.《孟靜素碑》

3.《房玄齡碑》

4.《聖教序》[8]

郭尚先對於褚遂良的書法真是鍾愛有加，不但諦觀臨摹，其次數以百計；即使是視學四川各地，也以褚遂良與顏真卿的碑帖自隨。《芳堅館題跋》記載：「昔人言顏自褚出，

---

6 說見蕭燕翼《書法鑒識》頁 167，廣西：廣西師範大學出版社，2000年 3 月版。

7 崔成宗〈論詩歌之創作、鑑賞貴親身體驗〉，臺中：逢甲大學中文系《逢甲中文學報》第 3 期，頁 95-103，民國 84 年 5 月。

8 同注 2，卷 1，頁 16-18。案：《孟靜素碑》即《孟法師碑》。

學顏須知中令法，學褚須知魯國法。余始學兩家書時，茫然不省此語何謂。今歲周歷蜀境，行篋只攜兩家帖自隨，船窗展閱，若有所會。惜日在倥傯中，不能追其所見耳。」[9]這應是清宣宗道光九年（1829），郭尙先年四十五，按試四川各地的事。他從這年的四月十日起程，按試眉州、嘉定、潊州、瀘州、重慶、酉陽、忠州、夔州、綏定、順慶各屬，至除夕前兩天，才完成任務。此其間，他都以「（褚遂良、顏真卿）兩家帖自隨」。當年蘇軾謫宦儋州（今海南島），以陶淵明、柳宗元的詩文集自隨，日日鈔讀，謂之「南遷二友」。褚遂良、顏真卿及其碑帖，真可謂郭尙先的「南巡二友」。蘇子瞻、郭尙先在中國文藝史上誠然可以後先輝映了。

　　第五則，郭尙先自稱徐浩、顏真卿所書《朱巨川告身》，「余皆臨寫百過」；並且很謙遜地說：「妄有巵言（過言、僞言）」，推斷兩件《朱巨川告身》，或許都是宋高宗（思陵）的臨本。

　　綜合上述五則記載，可知郭尙先臨摹歷代書法名跡，動輒數十百遍，用功之餘，對於書法之學、書跡真僞，常有獨到解會，可見其善用習書之方，而且學思並濟，而別有所見。

二、臨摹碑帖，為時悠長

　　郭尙先每獲佳帖，必加臨寫。所花的時間，或十餘日，或數月不等，但是都爲時甚長。請看下列記載：

　　1.得此卷（《唐摹十七帖》），臨十餘日，始識草書。（《芳

---

9 同注2，卷1，頁18。

堅館題跋》)[10]

2.曩歲得宋拓此碑（《唐立隋皇甫誕碑》），臨摹數月，真
書頓進。(《芳堅館題跋》)[11]

3.王知敬書……此碑（《唐李靖碑》），容夷婉暢，有子敬
《洛神》風軌，蓋師其外拓法也。鄭商年同年藏一元
拓本，神明煥然，曾借摹月餘，似有微會。……(《芳
堅館題跋》)[12]

4.歲丙子，余得《墨池堂帖》一部，晨夕展觀，盡以泥
金書其餘紙，旁行斜上，滿而後止。還里時，鄭雲麓
吏部留之未有得齋，余亦不復憶矣。乙酉（清宣宗道
光 5 年，1825）冬，有以此求售者，購之，臨寫數日，
覺所見又異，不知為退為進也。(《芳堅館題跋》)[13]

　　郭尙先得到《唐摹十七帖》，就臨寫「十餘日」，其結果
是「始識草書」。得到宋拓本《唐立隋皇甫誕碑》，於是「臨
摹數月」，其結果是「真書頓進」。可知只要具備書法根基，
選對名家法帖，多用時力，加以臨摹，其書法必有進境。

　　郭尙先一旦知道同仁好友藏有《唐李靖碑》，即商借臨
摹，為時「月餘」，其結果是「似有微會」。其實「似有微會」
應是謙遜之辭，以郭尙先的才學，臨摹多時，所悟必多，那
裡只是「微會」而已。

　　關於《墨池堂帖》所刻歷代書法名跡，本書第一章、第
二節、第二目〈郭尙先之書法學，造詣精湛〉已作引述，茲

10 同注 2，卷 2，頁 14。
11 同注 2，卷 1，頁 10。
12 同注 2，卷 1，頁 20。
13 同注 2，卷 3，頁 19

不重複。郭尚先得此至寶，於是「晨夕展觀」，當然也一定是
勤於臨摹。不但如此，而且還以泥金撰寫題跋，記錄其研習
心得。至於事過境遷，自丙子年（1816）到乙酉年（1825），
九年之後，又有機緣購得原帖，再「臨寫數日」，其結果是「覺
所見又異」。因為在這悠長的歲月中，郭尚先閱歷的豐富，學
養的精進，智慧的陶鎔，幾無一日間斷。因此再臨名帖，必
新有所悟。如此黽勉習書，其書法自然精進不已。

三、諦觀熟觀，鑑賞研習

　　茲復論述郭尚先「諦觀」法書的經驗。所謂觀，主要是
指具有翫賞性質的心理活動，以及心靈的觀照。[14]張懷瓘《文
字論》說：「深識書者，惟觀神采，不見字形。」[15]黃庭堅〈跋
與張載熙書卷尾〉主張：「凡作字，須熟觀魏、晉人書，會之
於心，自得古人筆法也。」[16]董其昌《畫禪室隨筆》強調：「臨
帖……當觀其舉止、笑語、精神流露處，莊子所謂『目擊而
道存』者也。」[17]歷觀前代書論，可知「諦觀」應是澄神定
慮，觀古賢碑帖之用筆結體、行款篇幅、神采微旨、精神流
露等，以期臻於「目擊而道存」的境界。郭尚先所謂「諦觀」、
「熟觀」，應是與此相契合的。迻錄其說，以見一斑：

---

14 說見陶明君編著《中國書論辭典》頁 23，湖南：湖南美術出版社，
　　2001 年 10 月版。
15 張懷瓘《文字論》，見《張懷瓘書論》頁 228，湖南：湖南美術出版
　　社，1997 年 4 月版。
16 黃庭堅《豫章黃先生文集・跋與張載熙書卷尾》，卷 29，頁 15，臺北：
　　臺灣商務印書館《四部叢刊正編》第 49 冊，民國 68 年 11 月版。
17 董其昌《畫禪室隨筆》卷 1，頁 11，臺北：臺灣商務印書館《景印文
　　淵閣四庫全書》第 867 冊，民國 75 年 3 月版。

1. 永興《廟堂碑》唐石拓本，數四諦觀，乃知世傳虞書皆非可摹習者。(《芳堅館題跋》)[18]

2. (顏真卿書《東方朔畫贊》)高紳學士家本不可見，秘閣本則嘗於葉雲穀家見之。覃溪先生定爲越州石室本，非也。曾借至盍孟晉室，諦觀數日，淵靜之氣，如對古尊彝。……(《芳堅館題跋》)[19]

　　郭尙先用諦觀的方法參究唐拓本虞世南《孔子廟堂碑》，而且是「數四諦觀」，而得「乃知世傳虞書皆非可摹習者」的結論。郭尙先是乙酉年（清宣宗道光 5 年，1825）仲夏，從李春湖中丞（李宗瀚）處獲觀唐拓本虞世南《孔子廟堂碑》的，當時他的感受是「爲之駭絕」。[20]鄭老師因百曾言：通行所謂唐拓本虞世南《孔子廟堂碑》，應是「李氏（李宗瀚）十寶之一，乃取數種搨本拼湊裝裱。翁方綱曾逐字審核，揀出若干字認爲唐搨，識於帖旁……覃溪（翁方綱）揀出之若干字，韻味醇厚，勝於長安、城武兩本」[21]。郭尙先認爲「世傳虞書」《孔子廟堂碑》不足以成爲摹習之資，只有唐拓本虞世南《孔子廟堂碑》才足以成爲學習典範。此一結論，郭尙先是經由「數四諦觀」之後，而得出的。或許當時無緣借歸細參，因此也只能當場「數四諦觀」而已。然而其眼光之精到，也由此可知了。

　　至於顏真卿書《東方朔畫像贊》，郭尙先從高紳學士處

---

18 同注 2，卷 3，頁 24。

19 同注 2，卷 3，頁 21。

20 同注 2，卷 1，頁 8。

21 鄭師因百《清畫堂詩集・論書絕句百首其四十四・虞世南之二・自注》頁 352，臺北：大安出版社，民國 77 年 12 月版。

借歸，在他的書房盍孟晉室，「諦觀數日」。當時的氛圍是「淵靜之氣，如對古尊彝」。「淵靜之氣」一方面是顏真卿書《東方朔畫像贊》「淳謹」「厚重」[22]，「端勁秀偉」[23]，「嚴毅莊重，如端人雅士，垂紳正笏於廟堂之上」[24]，融篆隸於楷書的風格，所給人的感受。另一方面，又何嘗不是郭尙先以其才學涵養，於盍孟晉室諦觀《東方朔畫贊》所感受的整體風貌呢！郭尙先諦觀書跡的這兩個例子，可以說明「諦觀」實爲重要的習書之方了。

諦觀之外，另有「細觀」、「熟觀」，雖然用字與「諦觀」稍異，而其要領與意義則無二致：

1. 學顏書須先細觀月餘，偶有所會，縱筆追之，方能離形得似。若筆筆安頓，如宋伯姬之侍姆，便無理會處。（《郭大理遺稿》）[25]

2. 世將二《表》，元常正傳。千載下可想元常彷彿者，獨此數行。《戎路》、《季直》，恐不可信。此數行當熟觀，求魏晉轉關處。（《芳堅館題跋》）[26]

如前所述，郭尙先對於顏真卿的書法，推崇有加，而且認爲學書應該要通過顏魯國這一關，才不致落於塵俗。請摘述其評論，以資隅反：

1. （《唐麻姑仙壇記》）書以蠅頭小字，而環瑋奇傑，元

---

22 《岑宗旦書評》，見馬宗霍《書林藻鑑》卷 8，頁 151，臺灣商務印書館，民國 71 年 5 月版。
23 《石門文字禪》評語，同注 22，卷 8，頁 154。
24 陳敬宗語，同注 22，卷 8，頁 151。
25 同注 1，〈秋碧堂石刻顏平原書識語四則其一〉，卷 7，頁 7。
26 《芳堅館題跋‧快雪堂帖》卷 3，頁 30。

氣淋漓，天真爛漫，與《中興頌》同 一神觀……顏魯
國後，如更有一人具此神通，即當與魯國代興。(《芳堅
館題跋》)²⁷

2.學顏魯國，乃知古人一筆不敢苟下。伊川言作字甚敬，
即此是學。(《芳堅館題跋》)²⁸

3.昔人謂《曹娥碑》有孝子慈孫氣詳象，今觀魯國書此
碑(《唐顏氏家廟碑》)，端愨睟穆，肅乎若冠裳而對越
也。蓋立廟以仁祖考，刊石以誦清芬，臨筆之頃，聚
會精神，澄滌思慮，與他書應人之請自當不同耳。(《芳
堅館題跋》)²⁹

　　由此可知郭尚先對於顏真卿的欽仰推崇了。因此他對於
學顏真卿書法，尤其有心得。「學顏書須先細觀月餘，偶有所
會，縱筆追之，方能離形得似」。「細觀月餘」，則對於碑帖的
筆法、結構、行氣、前後的聯絡照應、作品的風格神韻，都
了然於胸，待得「偶有所會」，靈感來了，興會到了，立即「縱
筆追之」，如此才能「離形得似」，腕底有神。

　　再者，郭尚先對於晉人王廙(王廙，字世將)的書跡《祥
除帖》、《昨表帖》，極為讚譽，認為是鍾繇書法的「正傳」。
王廙此二帖收錄於《淳化閣帖》，細翫其書風，近似鍾繇的《賀
捷表(戎路)》、《薦季直表》。然而世所流傳的《賀捷表(戎
路)》、《薦季直表》又非鍾繇真跡。³⁰因此郭尚先強調從王廙

27 同注 2，《芳堅館題跋‧唐麻姑仙壇記》卷 2，頁 4。
28 同注 2，《芳堅館題跋‧唐麻姑仙壇記》卷 2，頁 5。
29 同注 2，《芳堅館題跋‧唐顏氏家廟碑》卷 2，頁 8。
30 鄭師因百〈論書絕句百首其二十九〉:「元常(鍾繇，字元常)宋已無
遺墨，空自臨風想典型。」自注引米芾《書史》:「予閱書百首，無魏

《祥除帖》、《昨表帖》入手，或可想見鍾繇的書風。他主張：
「此數行當熟觀，求魏晉轉關處」。他所採用的是「熟觀」法。
「熟觀」當然必須「諦觀」「細觀」了。若是無法精熟書法史
上的名跡，還談什麼「求魏晉轉關處」呢？范成大論及學書
諦觀之道曾說：「學書須是收昔人真跡佳妙者，可以詳觀其先
後筆勢輕重往復之法……貴在行、住、坐、臥常諦玩，經目
著心，久之，自然有悟入處……斯爲善學。」[31]郭尙先諦觀、
細觀、熟觀碑帖之方，可以說是與古賢相契合了。

第二節　論悟書之道

一、念茲在茲，機到自悟

　　王羲之觀鵝的頸上轉運，而悟草書。張旭觀看孤蓬自
振、驚沙坐飛的景象，而「得其奇怪」；觀賞公孫大娘舞劍器，
而得其「迴翔低昂之狀」；觀看公主與擔夫爭道，而於書法深
有所悟。[32]宋哲宗元祐初年，黃庭堅在汴京寶梵寺，曾作草
書數紙，錢勰評論：「魯直之字近於俗。」黃庭堅聽了，「心
頗疑之」。後來謫宦四川，在樊道舟中，觀長年[33]蕩槳，群丁

遺墨。」鄭師且謂：「元常魏人，（米）元章在宋且未見其遺墨，況後
　　人乎？今存元常諸帖，非僞託即摹拓也。」同注 21。
31　同注 14，頁 318。
32　說見朱長文《墨池編・續書斷》：「或云：君（張旭）授法於陸柬之，
　　嘗見公主擔夫爭路，……而得筆法之意。後觀公孫舞西河劍器而得其
　　神。」另參考張懋修《墨卿談乘》卷 9，轉引自華人德《歷代筆記書
　　論彙編》頁 221，江蘇：江蘇教育出版社，1996 年 11 月版。
33　長年，使篙、轉舵之船工。杜甫〈夔州歌十絶句其七〉：「蜀麻吳鹽自

撥棹，乃有所悟。其後在涪州又從石揚休處借得懷素《自敘帖》，「摹臨累日，幾廢寢食，自此頓悟草法，下筆飛動，與元祐以前所書大異，始信穆父（錢勰，字穆父）之言為不誣」[34]。研習書法，念茲在茲，諦觀熟觀，臨摹數十百遍，經年累月，用力勤篤，固然收效甚宏，精進不已。然而到達某一階段——即所謂平原期之後，似乎又陷於難以突破的困境。任憑如何努力，就是無法自我超越。郭尚先也曾遭遇如此困境，請看他的自白：

1. 在都時學中令書，以百過計，無甚理會。今夕展覽，頗似眼明。想數日來學顏魯國書故耳。（《芳堅館題跋》）[35]

2. 臨此記（《唐麻姑仙壇記》）二十過，似有會，只是不透徹耳。（《芳堅館題跋》）[36]

3. 黃魯直至黔中，始自悟書體輕弱。僕年來亦甚自憎其書，每於顏魯國《論坐位》求進一解，如鑽窗紙蠅，更不出頭，行將椎碎此硯矣。……（《芳堅館題跋》）[37]

　　請先論前兩則。郭尚先學褚遂良書，其次數以百遍為單位來計算；臨顏真卿《麻姑仙壇記》二十遍。前者是「無甚理會」，後者是「似有（理）會，只是不透徹耳」。換言之，都是陷於困境了。依據劉勰《文心雕龍‧養氣》的見解，這時應該奉行「清和其心，調暢其氣，煩而即舍，勿使壅滯」

古通，萬斛之舟行若風。長年三老長歌裡，白晝攤錢高浪中。」注：「峽人以船頭把篙相道者曰長年，正柂者曰三老。」

34 說見曾敏行《獨醒雜志》卷2、陳繼儒《妮古錄》卷2，轉引自華人德《歷代筆記書論彙編》頁66、239。

35 同注2，卷1，頁16。

36 同注2，卷2，頁5。

37 同注2，《芳堅館題跋‧自書硯銘拓本》，卷4，頁16。

的原理，暫隔一段時日，等到「意得」之時，再舒懷命筆。[38]
這是「爲文養氣」之道，當然也可以和研習書法之道相通。
郭尙先學褚遂良書，以百過計，是早年在京時的事。其後奉
命赴遠州主持鄉試、學政，再「展覽（褚遂良書跡）」，而「頗
覺眼明」，那是別有所會了。除了中間隔了相當長的一段時日
之外，「近日習（顔）魯國書」，也是「頗覺眼明」，而有所悟
的重要原因。顔真卿早年習書原來就是以褚遂良的書法爲典
範的。因此從顔真卿的書法入手，應是可以窺見褚遂良書法
的宗廟之美、百官之富。郭尙先的親身體驗，就是典型的「悟
書之道」的例證。

　　至於第二則，郭尙先只是記錄臨習顔真卿書法二十遍、
而無透徹之悟的經驗，其後心領神會的開悟歷程，則付之闕
如。然而證之於今日所得以蒐羅的郭尙先書跡，其日後的開
悟應是無庸置疑的。

　　本章第一節、第一目曾援錄郭尙先「臨《十三行》五十
過，忽有會於《皇甫誕碑》；又知「舞鶴游天，群鴻戲海」八
字，唐人所不能彷彿」的夫子自道，並且申論：「對於《皇甫
誕碑》淵源、風格的探討，對於書法『意象批評』的體會，
針對關鍵性的名跡，臨寫數十百遍，然後從其過程中得悟，
是很重要的方法。」這是用對了方法，並且有所領悟的例子。

　　前引第三則，郭尙先談到年來「自憎其書」，於是「每
於顔魯國《論坐位》求進一解」，這是「思之思之，又重思之」
的工夫。可見郭尙先研習書法，精益求精，鍥而不捨，以求

---

38 劉勰《文心雕龍·養氣》，見周振甫《文心雕龍注釋》頁 778，臺北：
　　里仁書局，民國 87 年 9 月版。

有所領悟的執著。但是畢竟「如鑽窗紙蠅，更不出頭」，無法開悟。他苦惱得幾乎要椎碎所用的石硯。經此鍥而不捨地苦心參求，深信以郭尙先的才學與造詣，必有機到神到，而有所悟入的機緣。這樣的信念，郭尙先是具備的。他曾說：

> 學顏書須先細觀月餘，偶有所會，縱筆追之，方能離形得似。（《郭大理遺稿》）[39]

既然經過「細觀月餘」、「偶有所會」的「悟書」歷程，然後搦筆和墨，「縱筆追之」，自能「離形得似」，不必局限於形似古賢，而能得其神韻，甚者且臻於「目擊而道存」的境界。

郭尙先談論書法之學，也曾明白地強調「悟」的重要。請看下列三則題跋：

1. 書家每作一碑，意之所至，各自為體，未有守定法者，翫唐人諸碑可悟。[40]
2. 舊歲與顧吳羹先生論《塼塔銘》，頗謂其出筆穎秀……比來澄慮展觀，乃悟其開闔舒卷，一歸自然，天資超絕，如趙千里畫，生氣遠出，不可徒賞其穎秀也。[41]
3. 細觀子敬《乞解臺職狀》，悟此帖勝處。[42]

可見經由「細觀」、「細翫」、「澄慮展觀」等功夫，自能於書法之學有悟入之處。

---

39 同注 1，卷 7，頁 7。
40 《芳堅館題跋・唐伊闕佛龕碑》卷 1，頁 14。
41 《芳堅館題跋・唐王居士塼塔銘》卷 1，頁 21。
42 《芳堅館題跋・墨池堂帖》卷 3，頁 24。

二、乘興作書，自然高華

晉穆帝永和九年（353）暮春之初，王羲之在蘭亭修禊
之際，曲水流觴，酒酣作敘，以蠶繭紙、鼠鬚筆，揮灑出《蘭
亭集敘》，「遒媚勁健，絕代特出……其時乃有神助。及醒後，
他日更書數十本，終無及者」[43]。張旭好酒，每一次喝醉之
後，「號呼狂走，索筆揮灑，變化無窮，若有神助」[44]；「醒
後自視，以爲神異」。杜甫〈飲中八仙歌〉有「張旭三杯草聖
傳」[45]的詩句稱頌之。蘇軾《黃州寒食詩帖》，也是乘興偶書，
自然而成的，遂爲蘇軾書作的極品。因此書法創作時，無所
用意而爲之，偶逢機緣而書之，往往興會淋漓，而有神來之
筆，臻卓犖之境。明人趙宧光論書有云：「無意而得……自然
而成……抑揚頓挫……散誕不羈……此皆神逸妙用。」[46]說
的就是這種悟境。如此「神逸妙用」之作，自然是「精采煥
發，神趣高華」了[47]。郭尚先論書法創作，也常措意於此：

1. （《唐房玄齡碑》）靈敏絕倫，不知當下筆時，興寄何
   許！《郭大理遺稿》）[48]

2. 東坡此帖，生平第一合作。……書當興到時，視平日

---

43 何延之《蘭亭始末記》，錄自朱長文《墨池編》卷 4，頁 79-80，臺北：
　　臺灣商務印書館景印文淵閣《四庫全書》子部第 812 冊，民國 75 年
　　3 月版。
44 說見《舊唐書・張旭傳》。李肇《國史補》。
45 仇兆鰲《杜詩詳注・飲中八仙歌》頁 84，臺北：里仁書局，民國 69
　　年 7 月版。
46 趙宧光《寒山帚談》卷上，轉引自華人德《歷代筆記書論彙編》頁
　　274。
47 《郭大理遺稿・十七帖識語其十六》，卷 7，頁 2。
48 同注 2，卷 1，頁 16。

他作自高一層。否則草草者更有遇處。為人捉著作字，
則索然矣。(《芳堅館題跋》) [49]

3. 《北山移文》極意清暢，當是興到時書，恰不十分用
意。(《芳堅館題跋》) [50]

4. 墨磨濃後，俟冷，以羊毫筆蘸之，紙又滑膩受墨，書
成，當邈然有天際真人想。此興到時偶有數行，非能
有意為之也。(《芳堅館題跋》) [51]

上引第一則，評論褚遂良在唐高宗永徽初年爲房玄齡所
書《房梁公碑》。《房梁公碑》與《雁塔聖教序》皆褚遂良晚
年所書，這兩件作品書風相近，「最能見褚書面目」[52]。郭尚
先《芳堅館題跋·唐房元（玄）齡碑》評以「運筆有太阿剚
截之意」、「明麗」、「骨法遒峻」、「飛動沉著，看似離紙一寸，
實乃入木七分」、「構法精熟」推許《房梁公碑》[53]，這種種
精采，應是褚遂良下筆時「興寄」遄飛，有以致之。

上引第二則，是針對《戲鴻堂帖》所刻蘇軾書跡所作的
評論。《戲鴻堂帖》蘇軾書跡有《黃庭內景經》、《赤壁賦》、《孫
莘老墨妙亭詩》、《元祐三年春帖子詩》、《養生論》、《黃州寒
食詩帖》、《南華寺詩》、《妙高臺詩》等作[54]。郭尚先所謂「東

49　《芳堅館題跋·戲鴻堂帖蘇米書》，卷 3，頁 10。
50　《芳堅館題跋·書種帖》，卷 3，頁 13。
51　同注 2，卷 4，頁 4。
52　《芳堅館題跋·唐伊闕佛龕碑》，卷 1，頁 13：「褚書自當以晚年《房
　　梁公碑》、《聖教敘記》爲進境也。」又鄭師因百《清晝堂詩集·論書
　　絕句百首其四十八》頁 354，自注，亦謂此二碑「最能見褚書面目」。
53　同注 2，卷 1，頁 16-17。
54　李德光編譯《中國書學大辭典》頁 1016，北京，團結出版社，2000
　　年 1 月版。

坡此帖，生平第一合作」的，主要應是指《黃州寒食詩帖》。

《黃州寒食詩帖》大約作於宋神宗元豐五年（1082），蘇軾應

該也是是在機到神到的情況下振筆而成的。黃庭堅的跋語寫

道：「此書兼顏魯公、楊少師、李西臺筆意。試使東坡復爲之，

未必及此。」[55]郭尚先認爲這是蘇軾「生平第一合作」，其眼

光實爲精到。

　　上引第三則所謂《北山移文》，原爲南朝蕭齊孔稚圭撰，

據說唐孫過庭曾以草書書寫此作，其風格與《書譜》近似，「刻

石今存湖北襄陽米氏祠」[56]，孫過庭所書《北山移文》書跡，

筆者雖尚無緣觀賞，然郭尚先稱此作「極意清暢」，而且推測

其主因「當是興到時書」，可見乘興作書的重要。他日若有機

緣，得見孫過庭所書《北山移文》書跡，自當持以與郭尚先

的評論相證。

　　郭尚先諦觀古賢書跡，往往有「乘興作書」的體會，那

麼，他自己搦管揮毫，是否也有相類的體驗呢？上引第四則

就是他的夫子自道。濃腴之墨、羊毫之筆、滑膩之紙，佇興

而書成數行，深覺意境悠遠，而有「天際真人」的遐思與境

界。這必須興到神到，主、客觀條件成熟，才可爲功。如果

刻意爲之，或將無緣悟此書境。

---

55 錄自《故宮文物月刊》第 5 卷，第 1 期，頁 25，臺北：國立故宮博
　　物院，民國 76 年 4 月版。
56 同注 54，頁 144。

第三節　論書法風格

一、虛和靈異

郭尚先對於書法風格，特別重視虛和靈異、柔閑蕭散之風。這和他所臨習的書法名家碑帖有關。他對於王羲之《十七帖》、《蘭亭集敘》(後人所臨者)，王獻之《洛神賦十三行》，虞世南《孔子廟堂碑》、褚遂良《房梁公碑》、《雁塔聖教序》、顏真卿《爭坐位帖》、《祭姪文稿》等，都下過很深的工夫。上述作品，大抵或多或少都有虛和靈異的書法風格。請看郭尚先對於前賢書法的評論：

1. 以逸少書求清臣，方知其虛和處乃得右軍之靈異者。
   (《芳堅館題跋》)[57]

2. 沉雄之至，亦復虛和……書各有真性情，豈必搔頭弄姿，出於一轍乎？以余觀顏公書，轉覺魏鄭公之嫵媚耳。(《芳堅館題跋》)[58]

3. 虛渾靈異，草書第一義諦。此刻(《墨池堂帖》)備得其轉折向背之勢。(《芳堅館題跋》)[59]

「虛和靈異」、「虛渾靈異」，也就是「靈和」。這是書法中志氣平和、溫文爾雅、氣韻和諧的風格，也是中和之美的風格。[60]這種風格與道家在書法上所崇尚的「清虛」、「簡淡」、

57　《芳堅館題跋‧秋碧堂帖》，卷3，頁35。
58　《芳堅館題跋‧秋碧堂帖》，卷3，頁35。
59　《芳堅館題跋‧墨池堂帖》，卷3，頁22。
60　參考陶明君《中國書論辭典》頁403。

「空靈」、「白雲出岫」、「芙蓉出水」的意境相通。[61]張懷瓘
評論王羲之、王獻之的書法風格說:「逸少秉真行之要,子敬
執行草之權,父之靈和,子之神俊,皆古今之獨絕也。」[62]郭
尙先認爲顏真卿書法的「虛和」,是得之於王羲之的「靈異」,
若與張懷瓘評王羲之書風的「靈和」並觀,可知「靈異」應
是「靈和」的另一表達,二者涵義應是相類的。郭尙先將王
羲之的行草和顏真卿(清臣)的行草放在一起,兩相對照,
諦觀熟翫之後,發現顏真卿的「虛和處」,是從王羲之的「靈
異」取徑。[63]而郭尙先對於虛和靈異的書風也是心領神會,
並形之於他的書法作品。

　　上引第二則,是郭尙先針對《秋碧堂帖》所刻顏真卿書
跡所撰的跋語。《秋碧堂帖》所錄顏真卿書跡有《自書告身》、
《竹山聯句》。[64]以《自書告身》爲例,郭尙先認爲「沉雄之
至,亦復虛和」,這裡的「虛和」,應可與「虛和靈異」相通。

　　至於上引第三則,郭尙先論《墨池堂帖》所刻草書,如
王羲之《快雪時晴帖》、《瞻近帖》、《奉橘帖》,王獻之《廿九
日帖》等的「虛渾靈異」,則意味著草書之作,除了應呈現「虛
和靈異」的風格,還須筆勢前後相屬,氣脈蟬聯,而有渾然
一體之觀。因此易「和」爲「渾」,以強調草書「第一義諦」
的理想風格 ──「虛渾靈異」。

---

61 熊秉明《中國書法理論體系》頁 154,臺北:雄獅圖書公司,民國 88
　　年 9 月版。
62 張懷瓘《書議》,見《張懷瓘書論》頁 28,湖南:湖南美術出版社,
　　1997 年 4 月版。
63 崔成宗〈郭尙先的人品與書藝〉,臺北:里仁書局《2004 臺灣書法論
　　集》頁 26-27,2005 年月 11 版。
64 同注 54,頁 1021。

再者，郭尙先跋褚遂良《伊闕佛龕碑》有一段話，可以爲「虛和靈異」作更深刻的說明：

> 自隸變爲楷，江左習羲、獻之法，專趨圓暢。北朝猶守隸體，不取流麗……隋碑如《趙芬》、《賀若誼》諸碣，非不方正敦重，然正猶叉手並腳漢耳。登善劑以虛和，便自度越前賢，有善知識行住坐臥，具四威儀，而其神通不可思議。[65]

「虛和」或「虛和靈異」可以補救「專趨圓暢」的缺失，也可以和「方正敦重」相融會，而收剛柔並濟之效。這是褚遂良（登善）書法尤爲精到之處，只要細翫《伊闕佛龕碑》、《孟法師碑》、《房梁公碑》，與《雁塔聖教序》的書風，自可思過半矣。

二、柔閑蕭散

以「蕭散」評論書法作品，意味著「外表素樸簡淡，意蘊深邃幽遠」的風格。這種風格的特點在於：「筆法簡樸」，「襟懷沖淡」，「舉止灑落，氣韻逸宕，意態舒展，超然出塵」。[66]郭尙先常以「柔閑」與「蕭散」搭配，評論前賢書法：

1. (《玉煙堂帖》)摹《內景經》精絕，《(戲)鴻堂(帖)》不足言。……柔閑蕭散，得意處乃不在字裡行間。(《芳堅館題跋》)[67]

2. 光堯書，帝書(也)，柔閑蕭散，在書家爲正法眼藏。

---

65 同注 2，卷 1，頁 13-14。
66 同注 54，頁 387-388。
67 同注 2，卷 3，頁 29。

（《芳堅館題跋》）[68]

3.《（東方朔）畫贊》……其書則容夷蕭遠，靈氣往來，
正孫虔禮所謂意涉瑰奇者。越州石氏本最為殊觀，此
刻亦尚有飄忽飛動之致。（《芳堅館題跋》）[69]

依據文物出版社出版的《中國古代書畫圖目》，著錄郭
尙先所書《小楷臨黃庭內景經》、《楷書黃庭內景經》，惜有目
錄而未錄其書跡，無法窺見這兩件書法作品的全貌。雖然如
此，郭尙先對於王羲之《黃庭內景經》曾盡其心力，心摹手
追，應是較爾可知的。他認爲《玉煙堂帖》所收王羲之《黃
庭內景經》「柔閑蕭散」之風，「得意處乃不在字裡行間」，換
言之，他看到了此一名作「氣韻逸宕」與「超然出塵」的特
質，而有無限的嚮往。

光堯，是宋高宗的尊號。宋高宗紹興三十二年（1162）
六月，宋高宗詔皇太子即皇帝位，是爲宋孝宗。「孝宗即位，
累上尊號曰『光堯壽聖憲天體道性仁誠德經武緯文紹業興統
明謨盛烈太上皇帝』」[70]。上引第二則，郭尙先評論《快雪堂
帖》所刻宋高宗書《詩經》。宋高宗《翰墨志》自謂：「余每
得右軍或數行，或數字，手之不置。……尤不忘於心手……
凡五十年間，非大利害相妨，未始一日舍筆墨。故晚年得趣。」
又自道：「余自魏晉以來至六朝筆法，無不臨摹。」[71]郭尙先

---

68 同注 2，卷 3，頁 31。
69 同注 2，卷 3，頁 20-21。
70 《宋史·高宗本紀》32 卷，頁 611，臺北：鼎文書局，民國 80 年 2
月版。
71 轉引自曹寶麟《中國書法史·宋遼金卷》頁 261-263，江蘇教育出版
社，1999 年 10 月版。

認爲以帝王之書，而有「柔閑蕭散」之風，尤屬難能。因此推崇高宗此作「在書家爲正法眼藏」。

上引第三則，以「容夷蕭遠」評《東方朔畫贊》。容夷，有寬舒平和之意。蕭遠，有蕭散高遠之思。故知「容夷蕭遠」的風格，當與「柔閑蕭散」近似。

第四節　論人品書品

中國書論傳統中，特別重視人品與書品的關係。人品的高下雅俗，往往決定了書品的高下雅俗。相關的論述，爲數甚多，擇其要者，以爲管窺之資：

1. 予嘗謂：詩文書畫皆以人重。蘇、黃遺墨流傳至今者，一字兼金。章惇、（蔡）京、（蔡）卞，豈不工書？後人糞土視之，一錢不值。所謂三代之直道也。永叔有言：「古之人率皆能書，獨其人之賢者，傳遂遠。使顏魯公書雖不工，後世見者必寶之。」非獨書也，詩文之屬，莫不皆然。（《香祖筆記》）[72]

2. 余常泛論，學畫必在能書。其學書又在胸中先有古今，欲博古今，作淹通之儒，非忠信篤敬，植立根本，則枝葉不附。斯言也，蘇、黃、米集中著論每每如此，可檢而求也。（《紫桃軒雜綴》）[73]

---

72 王士禛《香祖筆記》卷 4，轉引自華人德《歷代筆記書論彙編》頁 394。
73 李日華《紫桃軒雜綴》卷 1，轉引自華人德《歷代筆記書論彙編》頁 329-330。

3.黃太史有言：士大夫下筆，使有數萬卷書氣象，便無
　俗態。不然，一楷書隸耳。(《妮古錄》) [74]

4.姜白石論書曰:「一須人品高。」文徵老自題其米山曰:
　「人品不高，用墨無法。」乃知點墨落紙，大非細事。
　必須胸中廓然無一物，然後煙雲秀色，與天地生生之
　氣，自然湊泊筆下，幻出奇詭。若是營營世念，澡雪
　未盡，即日對丘壑，日摹妙跡，到頭只與髹采圬墁之
　工爭巧拙於毫釐也。(《紫桃軒雜綴》) [75]

5.人正則書正。心為人之帥，心正則人正矣。筆為書之
　充，筆正則書正矣。人由心正，書由筆正。即《詩》
　之「思無邪」，《禮》云「無不敬」。(《書法雅言》) [76]

6.學書先貴立品。右軍人品高，故書入神品。決非胸懷
　卑污而書能佳，此可斷言矣。(《玉梅花庵書斷》) [77]

7.文生於情，藝根於品。必有民胞物與之情，而後文非
　逐末；必有志潔行芳之品，而後藝可通神。屈子〈騷
　經〉、魯公書法、杜子美歌吟之什、陸敬輿駢儷之辭，
　並曜寰區，率由茲道。(《楚望樓駢體文·內篇》) [78]

　　要而言之，詩文書畫皆以人重，而書法家的涵養在於胸
羅萬卷，博通古今；書法家的人品在於忠信篤敬，端厚德養。
胸次廓然，無塵俗之念；志潔行芳，有胞與之懷。必如此，

---

74 陳繼儒《妮古錄》卷，轉引自華人德《歷代筆記書論彙編》頁 242。
75 同注 72，頁 328。
76 項穆《書法雅言·心相》，上海：上海書畫出版社《歷代書法論文選》
　頁 531，1979 年 10 月版。
77 李瑞清《玉梅花庵書斷》，轉引自陶明君《中國書論辭典》頁 372。
78 成師惕軒《楚望樓駢體文內篇·晚悔樓詞序》，頁 293，臺北：臺灣
　中華書局，民國 62 年 9 月版。

才得以由技進乎道，而臻於高明神妙的書法境界。

郭尚先評論古今書家書作，也是恪遵此一傳統思想與信念。他談論前賢書法，往往提及「學書先貴立品」；「忠臣義士書，骨氣自是不凡」；「心正筆正」；「瀚塵治心」等身心涵養與書法的關係。茲摘錄他的言論，以資隅反：

1. 學書先貴立品。(《芳堅館題跋》)[79]

2. 褚中令書，其秀得之晉賢。其清勁絕俗，則由其人品高。忠臣義士書，骨氣自是不凡。顏魯國、蘇文忠是也。(《郭大理遺稿》)[80]

3. 《劉中使帖》，開闔變化，如龍如虯，想見忠義之氣，盤薄鬱積。(《芳堅館題跋》)[81]

4. 正心正筆溯誠懸，鏽鐵枯籐妙自然。想見臨書空闊意，群鴻戲海鶴遊天。(《增默菴詩遺集》)[82]

5. 平生志業紫陽希，八法追蹤亦詣微。宛似摩崖書崱屴，天風長挾海濤飛。(《增默菴詩遺集》)[83]

郭尚先論書之際，對於褚遂良、顏真卿、柳公權、蘇軾、周翠渠的人品與書品，欽遲推許不已。褚遂良在唐太宗時，官至中書令。《唐書‧褚遂良傳》說他「前後諫奏及陳便宜書數十上，多見採納」。其後唐高宗寵愛武后，想要廢王皇后，褚遂良正言勸諫，至於叩頭濺血。其忠義事君，大節凜然，

79　《芳堅館題跋‧唐道安禪師碑銘》卷2，頁1。
80　同注1，卷7，頁4。
81　同注2，卷3，頁4。
82　郭尚先《增默菴詩遺集‧周翠渠先生海天空闊四字卷十首其二》，卷2，頁20，《續修四庫全書》第1510冊。
83　郭尚先《增默菴詩遺集‧周翠渠先生海天空闊四字卷十首其一》。

有如此者。郭尚先認爲褚遂良書法清勁絕俗，除了在書法藝
術上的不斷精進之外，人品高潔也是相當關鍵的因素。

顏真卿於唐玄宗天寶十四載（755）守平原郡，抵禦安
祿山叛軍，忠勇不屈。唐德宗建中四年（783）奉使宣慰懷寧
節度使李希烈，遭李希烈扣留。唐德宗貞元元年（785），義
烈斥賊，因而殉國。郭尚先跋《顏氏家廟碑》說：

> 魯國文筆明瞻，微失之黠。惟此作最合體裁，蓋敘述
> 先世，以詳備爲宜也……學顏書須識其性情，不可專
> 翫其體貌之偉。」[84]

書法作品的性情往往就是書法家性情的映現。「學顏書
須識其性情」，意味著了解其書法性情，也意味著了解其人格
性情。然則書品與人品，誠然是密切相關的。因此郭尚先評
顏書《劉中使帖》，就從作品「開闔變化，如龍如虯」的性情，
彷彿看見了顏真卿「忠義之氣，盤薄鬱積」的剛直人格與純
正性情。

至於柳公權「心正則筆正」的見解，郭尚先不但拳拳服
膺，還用來推崇周翠渠的《海天空闊四字卷》書法。「正心正
筆溯誠懸，鏽鐵枯籐妙自然。」作書時，只要心正，其筆自
正，而其書法筆畫或如鏽鐵，或似枯籐，皆有「妙造自然」
之觀。再者，心正筆正，則臨書之際，自呈「空闊」之意境，
而現「群鴻戲海、舞鶴遊天」的美感。此外，郭尚先又將周
翠渠的志業和他的書法氣象相提並論。周翠渠的志業是：「平
生志業紫陽希」── 希望實踐朱熹的志業。依據《宋元學案》，

---

84 同注 2，卷 2，頁 8。

朱熹的志業應有下述內涵：

1. 其（朱熹）為學，大抵窮理以致其知，反躬以踐其實，
而以居敬為主。全體大用，兼綜條貫，表裡精粗，交
底於極。（黃宗羲〈晦翁學案〉）

2. 重惟（朱）文公之學，聖人全體大用之學也。本之身
心，則為德行；措之國家天下，則為事業。其體則有
健（乾）、順（坤）、仁、義、中、正之性，其用則有
治、教、農、禮、兵、刑之具，其文則有《小學》、《大
學》、《（論）語》、《孟（子）》、《中庸》、《易》、《詩》、
《書》、《春秋》、《三禮》、《孝經》……《近思錄》等
書。（熊勿軒〈考亭書院記〉）[85]

而周翠渠的書法造詣則是「八法追蹤亦詣微」，追蹤古
之八法，而臻於精微之境。結合「聖學之全體大用、修己治
人之志業」與「臻於精微的書境」，於是郭尙先看到「天風長
挾海濤飛」的恢廓氣象。這是書法與人品相即相融而生的氣
象。

關於人品與書品的關係，郭尙先認爲二者密切相關，必
須兼備，乃可相得益彰。他所書寫的大字屛條：「海闊天高氣
象，光風霽月襟懷，霞明星爛詞華，雲行雨施事業」（圖 29），
將儒家聖人之學的體用，修己治人的理想，道德、涵養、襟
懷、文學、政事、書法的境界鎔鑄於一體，如此現身說法，
相當高明地印證了人品與書品合一的書學傳統。有此境界，
足以證明郭尙先學養深厚，仁心仁術，辭章典雅（這四句排

85 黃宗羲《宋元學案·晦翁學案》，浙江：浙江古籍出版社《黃宗羲全
集》冊 4，頁 828、924，2005 年 1 月版。

偶工麗，修辭高華），書藝精湛（出之以融合了歐陽詢、虞世南、褚遂良、敬客、顏真卿眾家之長的書風，略帶飛白意味，筆力深厚，大氣磅礡），人品馨逸，眾美駢臻了。故知書法之學，其實就是一種人文生命之學，此一意義，郭尚先透過自身鍥而不捨地創作、體驗，結合書學理論的建構，以及身心性命的修持，作了相當完美的詮釋。

第五章 郭尙先之書法批評

第一節 書法批評述要

關於書法理論史、書法美學史、書法風格史、書法批評史的著作,如王鎮遠《中國書法理論史》、蕭元《書法美學史》、徐利明《中國書法風格史》、馬嘯《中國書法批評史》等,爲數不少,然而求其能歸納歷代書法批評文獻,探尋各種書法批評方法,形成理論體系,以綜述中國書法批評方法論的著作,則較爲罕見。本章宗旨固然在於論述郭尙先之書法批評,但是履端於始,若能針對中國書法批評、尤其是唐宋以前的書法批評方法,擇其與郭尙先之書法批評相關者,蠡測管窺,略作觀照,或許也將有助於探討郭尙先的書法批評。至於「書法批評方法論」此一課題,不屬本書之範圍,暫不析述。

一、漢晉書評隅論

中國書法發展到東漢,已有針對某一書體所作的評論,如崔瑗的〈草勢〉,蔡邕的〈篆勢〉、〈隸勢〉等。至於針對特定的書法作品,評論其優劣,等第其高下,探索其原委;或針對同一書法家不同的作品,或不同書法家的作品,比較其風格、形神、奇正、雅俗、巧拙、剛柔、異同、優劣等,著

眼於書法作品的藝術、審美特質，從事觀照與批評等探論書
法的活動，則是到了魏晉南北朝才開始蓬勃發展。研讀魏晉
南北朝有關書法批評的文獻，可以發現書法批評家對於下列
批評方法，已經運用得相當成熟。這些方法包括了意象之批
評、譬喻之批評[1]、比較之批評、溯源之批評[2]。茲各陳數例，
以見一斑。

> 1.字畫之始，因於鳥跡。蒼頡循聖，作則制文。體有六
> 篆，要妙入神。或象龜文，或比龍鱗。紆體放尾，長
> 翅短身。頹若黍稷之垂穎，蘊若蟲蛇之梦縕。揚波振
> 激，鷹峙鳥震。延頸脅翼，勢似凌雲。……杳杪邪趣，
> 不方不圓。若行若飛，蚑蚑翾翾。遠而望之，若鴻鵠
> 群游，駱驛遷延；迫而視之，湍漈不可得見，指撝不
> 可勝原。研桑不能數其詰屈，離婁不能覩其隙間。般
> 倕揖讓而辭巧，籀誦拱手而韜翰。處篇籍之首目，粲

---

1 案：意象之批評、譬喻之批評，馬嘯《中國書法批評史・魏晉南北朝：
自覺時代的自覺理論》皆歸屬於「形象類比法」。並闡述其涵義：「這
是本時期（魏晉南朝）最為典型的批評模式之一，它是借自然物象或
人的各種生動形象來比擬書家的書作或書風。由於這種手法直觀形
象，生動具體，因而很是為書學家所采用。」馬嘯又說明此種書法評
論法的根源：「此種批評法直接導源於中國上古社會從《詩經》開始的
比興傳統，借物喻人，寄情於景，將自然與心靈溶為一體。」見姜壽
田、馬嘯等撰《中國書法批評史》頁 90，杭州：中國美術學院出版社，
1997 年 10 月版。

2 「溯源之批評法」或應歸本於《漢書・藝文志・諸子略・序》所說的
「儒家者流，蓋出於司徒之官……道家者流，蓋出於史官……陰陽家
者流，蓋出於羲和之官……法家者流，蓋出於理官……」云云，這種
重視學術源流的思惟模式，影響及於後世文學、書法、繪畫等範疇的
評論方法。說見張伯偉《中國古代文學批評方法研究》頁 108-109，北
京：中華書局，2002 年 5 月版。

粲彬彬其可觀。……。(蔡邕〈篆勢〉)[3]

2.鳥跡之變，乃惟佐隸。蠲彼繁文，崇此簡易。厥用既
宏，體象有度。奐若星陳，鬱若雲布……或穹窿恢廓，
或櫛比鍼列。或砥平繩直，或蜿蜒繆戾。或長邪角趣，
或規旋矩折。修短相副，異體同勢。奮筆輕舉，離而
不絕。纖波濃點，錯落其間，若鐘簴設張，庭燎飛煙。
嶄嵒崔嵯，高下屬連。似崇臺重宇，曾雲冠山。遠而
望之，若飛龍在天；近而察之，心亂目眩，其姿譎誕，
不可勝原。研桑所不能計，宰賜所不能言。……。(蔡
邕〈隸勢〉)[4]

3.草書之法，蓋先簡略……觀其法象，俯仰有儀。方不
中矩，圓不副規。抑左揚右，望之若欹。竦跂鳥跱，
志在飛移。狡獸暴駭，將奔未馳。或黜點染，狀似連
珠。絕而不離，蓄怒怫鬱。……或凌邃而惴慄，若據
槁而臨危。傍點邪附，似螳螂而抱枝。絕筆收勢，餘
綖虯結。若山蜂施毒，看隙緣巇。騰蛇赴穴，頭沒尾
垂。是故遠而望之，漼焉若注岸崩涯；就而察之，極
一畫不可移。纖微要妙，臨事從宜。略舉大較，彷彿
若斯。(崔瑗〈草勢〉)[5]

　　上列三則文獻，錄自嚴可均所輯《全後漢文》，是嚴可
均依據《晉書·衛恆傳》及歐陽詢《藝文類聚》、徐堅《初學
記》、李昉等所編《太平御覽》等類書所輯校者。這三則文獻

---

3 見嚴可均《全後漢文·蔡邕·篆勢》卷 80，頁 1，日本京都：中文出
　版社，1972 年 7 月版。
4 見嚴可均《全後漢文·蔡邕·隸勢》卷 80，頁 1。
5 見嚴可均《全後漢文·崔瑗·草勢》卷 45，頁 7。

分別針對篆書、隷書、草書等書體,以摹狀、示現的修辭法,加以傳述,從而表達推崇讚歎之思。細翫其辭,或使用自然界、人文界的各種事物、現象,評論書體,而從事意象之批評;或以書體爲喻體(譬喻的主體),而使用接二連三的喻依(用以說明喻體的事物或現象)來描述、形容其書體,從事譬喻之批評。而譬喻之批評所使用之喻依,每乞靈於自然、人事之各種意象,因此,譬喻之批評也可歸屬於意象之批評。

上列文獻中,提到篆書,就說:「揚波振激,鷹峙鳥震」(蔡邕〈篆勢〉);提到隷書,就說:「或穹窿恢廓,或櫛比鍼列」(蔡邕〈隷勢〉);提到草書,就說:「竦跂鳥跱,志在飛移。狡獸暴駭,將奔未馳」(崔瑗〈草勢〉),這樣評論書法,都屬意象之批評。

至於用「龜文」、「龍鱗」、「黍稷之垂穎」、「蟲蛇之棼縕」、「鴻鵠群游,駱驛遷延」來譬喻篆書(蔡邕〈篆勢〉);用「星(之)陳(列)」、「雲(之)(分)布」、「鐘簴設張」、「庭燎飛煙」、「崇臺重宇」、「曾雲冠山」、「飛龍在天」來譬喻隷書及其點畫(蔡邕〈隷勢〉);用「連珠」、「據槁臨危」、「螳螂抱枝」、「山蜂施毒」、「騰蛇赴穴」、「注岸崩涯」來譬喻草書(崔瑗〈草勢〉),這樣評論書法,則是運用譬喻手法,從事書法批評。依前文所述,也是一種意象批評。

上述書法批評的例證,無論是對於批評對象的觀照、意象體察的援用、譬喻手法的運用、批評宗旨的陳述,都是相當精確而純熟的。這是崔瑗、蔡邕針對書體所作的評論。晉人衛恆的《四體書勢》,就曾經加以徵引。衛恆及其父衛瓘,

都是書法名家，同時也精於書法理論[6]。衛恆的《四體書勢》，
徵引這三篇書論，以爲論述各體書法的立論骨幹，可見他相
當肯定、推崇這三篇書論內容的精要，以及批評方法的精到。
崔瑗、蔡邕都是東漢人，他們的書法批評是針對某一書體而
發的。

到了晉代，踵崔瑗、蔡邕之緒餘，針對某一書體著論批
評的，有成公綏的〈隸書體〉、索靖的〈草書勢〉：

1.蟲篆既繁，草槀近僞。適之中庸，莫尚於隸……或若
虯龍盤游，蜿蜒軒翥，鸞鳳翱翔，矯翼欲去；或若驚
鳥將擊，並體抑怒，良馬騰驤，奔放向路。……（成公
綏〈隸書體〉）[7]

2.蓋草書之為狀也，婉若銀鉤，漂若驚鸞，舒翼未發，
若舉復安。蟲蛇虯繆，或往或還，類婀娜以贏形，欻
奮臯而桓桓。及其逸游盼蠁，乍正乍邪，騏驥暴怒逼
其轡，海水窊隆揚其波。芝草蒲萄還相繼，棠棣融融
載其華。玄熊對踞於山岳，飛燕相追而差池。舉而察
之，又似乎和風吹林，偃草扇樹，枝條順氣，轉相比
附，窈嬈廉苦，隨體散布……[8]（索靖〈草書勢〉）

成公綏以「虯龍盤游，蜿蜒軒翥」；「鸞鳳翱翔，矯翼欲
去」；「驚鳥將擊，並體抑怒」；「良馬騰驤，奔放向路」等意

6 張懷瓘《書斷》卷中，頁 2，將衛恆的「古文」、衛瓘的「小篆」評爲
妙品之作。臺北：臺灣商務印書館《景印文淵閣四庫全書》子部第 812
冊，民國 75 年 3 月版。

7 成公綏〈隸書體〉，見《成公子安集》頁 6，收錄於張溥《漢魏六朝百
三名家集》，臺北：文津出版社，民國 68 年 8 月版。

8 吳士鑑、劉承幹《晉書斠注·索靖傳》卷 60，頁 22，臺北：藝文印書
館《二十五史》第 9 冊。

象來喻寫隸書的結體、風格。索靖以「銀鉤」、「驚鸞」、「蟲蛇虯繆」、「騏驥暴怒逼其轡」、「海水宭隆揚其波」、「芝草葡萄之相繼」、「棠棣繁花之融融」、「玄熊對踞於山岳」、「飛燕相追而差池」，以及「和風吹林，偃草扇樹，枝條順氣，轉相比附，窈嬈廉苫，隨體散布」等意象，來喻寫草書的圓暢流轉，意態多元，氣象萬千。

　　成公綏、索靖運用意象之批評來批評書法，一方面繼承了崔瑗、蔡邕的傳統，一方面又有了創新發展。這樣的批評方法對於後世的書法批評，產生了深遠的影響。

二、南朝書評隅論

　　至於針對特定的書法家或書法作品，批評其優劣，等第其高下，探索其原委；或針對同一書法家不同的作品，或針對不同書法家的作品，比較其異同、優劣等書法批評，或許要到了東晉、南朝時期，才日益發展，蔚成風氣。這當然與當時對於人物的品評、文學的批評之日益重視與講究，密切相關。曹丕的《典論·論文》，陸機的〈文賦〉，劉勰的《文心雕龍》，鍾嶸的《詩品》等，在文學批評理論、文學批評方法論、文學創作理論等，都有精闢的見解，造成廣泛深遠的影響。在這種時代風氣籠罩之下，書法批評很自然地就應運而生了。請看下列評論：

1.王平南廙，是右軍叔，自過江東，右軍之前，惟廙為最，畫為晉明帝師，書為右軍法。（王僧虔〈論書〉）[9]

---

2. 以鍾、張方之二王，可謂古矣。豈得無妍質之殊？且二王暮年皆勝於少，父子之間，又為今古。子敬窮其妍妙，固其宜也。然優劣既微，而會美俱深，故同為終古之獨絕，百代之楷式。(虞龢〈論書表〉)[10]

3. 羲之書，在始未有奇殊，不勝庾翼、郗愔，逮其末年，乃造其極。嘗以章草答庾亮，亮以示翼，翼歎服，因與羲之書云：「吾昔有伯英章草書十紙，過江亡失，常痛妙跡永絕。忽見足下答家兄書，煥若神明，頓還舊觀。」(虞龢〈論書表〉)[11]

4. 宋文帝書，自謂不減王子敬。時議者云：「天然勝羊欣，功夫不及欣。」(王僧虔〈論書〉)[12]

5. 王右軍書如謝家子弟，縱復不端正者，爽爽有一種風氣。王子敬書如河洛間少年，雖皆充悅，而舉體沓拖，殊不可耐。羊欣書如大家婢為夫人，雖處其位，而舉止羞澀，終不似真。……韋誕書如龍威虎振，劍拔弩張。蔡邕書骨氣洞達，爽爽有神。鍾會書，字十二種意，意外殊妙，實亦多奇。邯鄲淳書應規入矩，方圓乃成。張伯英書如漢武帝愛道，凭虛御仙。……張芝驚奇，鍾繇特絕，逸少鼎能，獻之冠世，四賢共類，洪芳不減。羊真孔草，蕭行范篆，各一時絕妙。右二十五人，自古及今，皆善能書。……臣謂鍾繇書意氣密麗，若飛鴻戲海，舞鶴游天，行間茂密，實亦難過。

---

10 見張彥遠《法書要錄》卷 1，頁 2。
11 見張彥遠《法書要錄》卷 2，頁 7。
12 見張彥遠《法書要錄》卷 1，頁 15。

> 蕭思話書走墨連綿，字勢屈強，若龍跳天門，虎臥鳳
> 闕。薄紹之書字勢蹉跎，如舞女低腰，仙人嘯樹，乃
> 至揮毫振紙，有疾閃飛動之勢。……。（袁昂《古今書評》）
> 13

上引第一則，探討王羲之書法曾經學習他的叔父王廙，用的是溯源之批評。第二則，以鍾繇、張芝與王羲之、王獻之的書法相較，而以「古」和「今」作爲比較評論的標準。第三則，論及王羲之年少時的書藝「不勝庾翼、郗愔」，然而其晚年的造詣，不但使得庾翼爲之歎服，而且還致函推崇。使用比較之批評，並且陳述具體生動的批評事例，使得這則批評文字格外生動，令人印象深刻。

至於第四則，王僧虔運用比較批評法，評論宋文帝的書法，分爲兩個層次：首先，他陳述「宋文帝書，自謂不減王子敬（王獻之）」此一客觀事實。其次，徵引時人的議論，認爲宋文帝的書法在「天然」的意韻方面勝過羊欣；在「工夫」方面，卻是不及羊欣。此處何以提及羊欣呢？原來羊欣早年追隨王獻之研習書法，「子敬之後，可以獨步」[14]。王僧虔的評論，彷彿意味著：宋文帝連王獻之的弟子羊欣的書法，都還有不及之處，怎能和王獻之同日而語，並世而論呢？比較異同之際，還徵引相關評論，含蓄不露，意在言外。這是相當細膩的比較批評。

---

13 陳思《書苑菁華・梁袁昂古今書評》卷 5，頁 3-6，臺北：臺灣商務印書館景印文淵閣《四庫全書》第 814 冊，民國 75 年 3 月版。

14 馬宗霍《書林藻鑑》卷 7，頁 79，引錄王僧虔語：「（羊）欣書見重一時，親受子敬。行書尤善。」沈約語：「敬元（羊欣，字敬元）尤長隸書，子敬之後，可以獨步。」

更值得探究的是第五則，袁昂的《古今書評》，靈活使用意象之批評，各種與所評作品相類似、相彷彿的意象，有如連珠，蟬聯絡繹，纍纍不絕，奔赴腕底，令人目不暇給。這是訴之於直觀感受，對於批評的對象作整體的把握；是對於書法作品諦觀熟翫，以神相遇之後，所作精要而綜合的論述。上述各種批評方法，影響後世書法批評，可謂相當深遠。而郭尚先從事書法批評，自然也是繼承了此一書評傳統，不但靈活運用各種批評方法，而且時發卓識，極有助於書法學的研究。

三、唐宋書評隅論

唐、宋時期的書法批評，有勒成專著者，如孫過庭的《書譜》，張懷瓘的《書斷》、《書議》、《書估》，竇臮的《述書賦》等；另有許多評論書法的詩篇，雖屬短篇小幅，然其評論書法，也靈活地運用書法批評法，而且相當精彩。這些文獻往往會運用意象批評、比較批評、溯源批評等方法以爲評論書法作品的利器。試舉數例，以資隅反：

1. 觀夫懸針垂露之異，奔雷墜石之奇；鴻飛獸駭之資（姿），鸞舞蛇驚之態；絕岸頹峰之勢，臨危據槁之形，或重若崩雲，或輕如蟬翼；導之則泉注，頓之則山安；纖纖乎似初月之出天崖，落落乎猶眾星之列河漢。同自然之妙有，非力運之能成。信可謂智巧兼優，心手雙暢，翰不虛動，下必有由。(《書譜》)[15]

2. 伯英損益伯度章草，亦猶逸少增減元常真書，雖潤色

---

15 孫過庭《書譜》頁 2-3，臺北：臺灣商務印書館景印文淵閣《四庫全書》第 812 冊，民國 75 年 3 月版。

精於斷割，意則美矣，至若高深之意、質素之風，俱
不及其師也。(《書斷》)[16]

3. 張長史則酒酣不羈，逸軌神澄。回眸而壁無全粉，揮
筆而氣有餘興。若遺能於學知，遂獨荷其顛稱。雖宜
官售酒，子敬揮帚，遐想爾觀，莫能假手。拘素屏及
黃卷，則多勝而寡負。猶莊周之寓言，於從政乎何有？
(《述書賦》)[17]

4. 張芝，字伯英……尤善章草書，出諸杜度。崔瑗云：「龍
驤豹變，青出於藍。」

5. 索靖，字幼安……善章草書，出於韋誕，峻險過之。
有若山形中裂，水勢懸流，雪嶺孤松，冰河危石。(《書
斷》)[18]

這五則引文中，第一則的「懸針垂露之異，奔雷墜石之
奇；鴻飛獸駭之資（姿），鸞舞蛇驚之態；絕岸頹峰之勢，臨
危據槁之形，或重若崩雲，或輕如蟬翼；導之則泉注，頓之
則山安；纖纖乎似初月之出天崖，落落乎猶眾星之列河漢」
云云，是援用「自然之妙有」的種種意象，通論書法筆墨線
條所形成的藝術形象。近於意象之批評。

第二則先指出張芝（伯英）師法杜度（伯度）的章草而
有所損益，王羲之師法鍾繇的真書而有所損益；然後以此二
者相較，異中求同 ── 向老師學習而有所損益增減，這至少

---

16 張懷瓘《書斷》卷中，頁 8，臺北：臺灣商務印書館景印文淵閣《四
　庫全書》第 812 冊，民國 75 年 3 月版。
17 竇臮《述書賦》卷下，頁 4，臺北：臺灣商務印書館景印文淵閣《四
　庫全書》第 812 冊，民國 75 年 3 月版。
18 張懷瓘《書斷》卷中，頁 12。

是「見與師齊」，甚至於也有「見過於師」的成分在。「見過於師，乃堪傳授」，然則張芝、王羲之都是「堪於傳授」，資質俊上之才了。雖然如此，張懷瓘再將這兩組老師、弟子，各自相比較，而得出「雖潤色精於斷割，意則美矣，至若高深之意、質素之風，俱不及其師也」的結論。經由兩番異中求同，抽絲剝繭的比較，終於導出「高深之意、質素之風」書法至高的美感境界。張懷瓘如此精闢的論述，固然是本於他精湛的書法之學，然而善於靈活地運用比較法，也是重要因素之一。

　　第三則竇臮《述書賦》對於張旭的論述，也是乞靈於比較法。竇臮首先鋪敘張旭酒酣興至，脫帽露頂，「逸軌神澄」，揮灑狂草於素淨潔白的粉壁的草書創作經驗。然後以師宜官、王獻之飲酒作書的掌故，與之古今對比，而襯出張旭之獨特。杜甫〈飲中八仙歌〉：「張旭三杯草聖傳，脫帽露頂王公前，揮毫落紙如雲煙。」[19]竇臮《述書賦・注》師宜官飲酒揮毫，王獻之以帚泥書壁，引起群眾圍觀的掌故如下：

> 後漢師宜官工書嗜酒，每遇酒肆，輒書於壁，顧觀，
> 酒因大售，計價償足而減之。
> 王子敬以帚泥書壁，觀者如市。[20]

　　同樣是即興揮毫，圍觀者眾，然而張旭的「脫帽露頂王公前，揮毫落紙如雲煙」似乎更為膾炙人口，獨具特色。這段評論，使用的是比較批評法。

---

19 杜甫著、仇兆鰲注《杜詩詳注・飲中八仙歌》頁 84，臺北：里仁書局，民國 69 年 7 月版。
20 竇臮《述書賦・注》卷下，頁 4。

　　至於第四則、第五則，評論書法時，特別注意書法家的師承：「張芝，尤善章草書，出諸杜度」；「索靖，善章草書，出於韋誕」云云，則是運用溯源批評法。以上是孫過庭的《書譜》，張懷瓘的《書斷》，竇臮的《述書賦》中的書法批評舉隅。至於詩人的作品，也不乏其例：

1.六文開玉篆，八體耀銀書。飛毫列錦繡，拂素起龍魚。
　鳳舉崩雲絕，鸞驚遊霧疏。別有臨池草，恩霑垂露餘。
　（岑文本〈奉述飛白書勢〉）[21]

2.少年上人號懷素，草書天下稱獨步。墨池飛出北溟魚，
　筆鋒殺盡中山兔。八月九月天氣涼，酒徒詞客滿高堂。
　牋麻素絹排數廂，宣州石硯墨色光。吾師醉後倚繩床，
　須臾掃盡數千張。飄風驟雨驚颯颯，落花飛雪何茫茫。
　起來向壁不停手，一行數字大如斗。怳怳如聞神鬼驚，
　時時只見龍蛇走。左盤右蹙如驚電，狀同楚漢相攻
　戰。……（李白〈草書歌行〉）[22]

3.……張老顛，殊不顛於懷素。懷素顛，乃是顛。人謂
　爾從江南來，我謂爾從天上來。負顛狂之墨妙，有墨
　狂之逸才……一顛一狂多意氣，大叫一聲起攘臂。揮
　毫倏忽千萬字，有時一字兩字長丈二。翕若長鯨潑刺
　動海島，歘若長蛇戍律透深草。回環繚繞相拘連，千
　變萬化在眼前。飄風驟雨相擊射，速祿颯拉動簷隙。
　擲華山巨石以為點，掣衡山陣雲以為畫。興不盡，勢

21　《全唐詩》卷 33，頁 451，臺北：宏業書局，民國 71 年 9 月版。
22　瞿蛻園等《李白集校注》頁 587-588，臺北：里仁書局，民國 70 年 3
　　月版。

轉雄，恐天低而地窄。更有何處最可憐，裊裊枯藤萬
丈懸。萬丈懸，拂秋水，映秋天。或如絲，或如髮，
風吹欲絕又不絕。鋒芒利如歐冶劍，勁直渾是并州鐵。
時復枯燥何纚繼，忽覺陰山突兀橫翠微。中有枯松錯
落一萬丈，倒掛絕壁蹙枯枝。千魑魅兮萬魍魎……又
如翰海日暮愁陰濃，忽然躍出千黑龍。天矯偃蹇，入
乎蒼穹。飛沙走石滿窮塞，萬里颾颾西北風……。（任
華〈懷素上人草書歌〉）[23]

4. 公之德業天下重，四海萬物思坏鑪……經史日與聖賢
遇，參以吟詠為自娛（韓琦〈謝宮師杜公寄惠草書〉）[24]

5. 吾廬宛在水中沚，車馬喧囂那到耳。一堂翛然臥虛曠，
蟬聲未斷蟲聲起。有時寓意筆硯間，跌宕奔騰作恢詭。
徂徠松盡玉池墨，雲夢澤乾蟾滴水。心空萬象提寸毫，
睥睨醉僧窺長史。聯翩昏鴉斜著壁，鬱屈瘦蛟蟠入紙。
神馳意造起雷雨，坐覺乾坤真一洗……。（陸游〈草書歌〉）[25]

6. 雲師一生耽草聖，銀鐵蟠空覷天巧。老來意氣未全平，
筆底鋒芒猶獨掃。開關勇士爭赴敵，劍戟弓戈奮相繚。
睡龍崛起求領珠，劃木抓巖紛怒爪。風雷喧豗撼坤軸，
飛電交橫印清沼。忽然天宇變空澄，千丈孤峰立寒
峭……。（鄭清〈書西湖雷峰雲講主草書〉）[26]

　　除了岑文本〈奉述飛白書勢〉詩是讚評「飛白書體」之
外，其餘四首詩，都是歌詠評論草書的。唐、宋詩中，論贊

23 《全唐詩》卷 261，頁 2904，臺北：宏業書局，民國 71 年 9 月版。
24 《全宋詩》冊 6，頁 3973，北京：北京大學出版社，1998 年 12 月版。
25 《全宋詩》冊 40，頁 25322。
26 《全宋詩》冊 55，頁 34662。

書法之作，其歌詠對象以草書居多，除了此處所引錄的作品
之外，如唐人戴叔倫的〈懷素上人草書歌〉，王邕的〈懷素上
人草書歌〉，竇冀的〈懷素上人草書歌〉，魯收的〈懷素上人
草書歌〉，朱逵（逵，一作「遙」）的〈懷素上人草書歌〉；宋
人郭祥正的〈謝沖雅上人惠草書〉，黃庭堅的〈觀王熙叔唐本
草書歌〉，米芾的〈智衲草書〉，陸游的〈草書歌〉，俞德鄰的
〈跋韓仲文所藏史共山草書〉等，爲數甚多，蔚成大觀。試
陳其例，以見一斑：

> 1. 楚僧懷素工草書，古法盡能新有餘。神清骨竦意真率，
>   醉來為我揮健筆。始從破體變風姿，一一花開春景遲。
>   忽為壯麗就枯澀，龍蛇騰盤獸屹立。馳豪驟墨劇奔駟，
>   滿座失聲看不及。心手相師勢轉奇，詭形怪狀翻合宜。
>   人人細問此中妙，懷素自言初不知。（戴叔倫〈懷素上人
>   草書歌〉）[27]
>
> 2. 衡陽雙峽插天峻，青壁巉巉萬餘仞。此中靈秀眾所知，
>   懷素身長五尺四。嚼湯誦呪吁可畏，銅瓶錫杖倚閒庭。
>   斑管秋豪多逸意，或粉壁，或綵牋，蒲葵絹素何相鮮。
>   忽作風馳如電掣，更點飛花兼散雪。寒猿飲水撼枯藤，
>   壯士拔山伸勁鐵。君不見，張芝昔日稱獨賢。君不見，
>   近日張旭為老顛。二公絕藝人所惜，懷素學之得真跡。
>   崢嶸巉出海上山，突兀狀成湖畔石。一縱又一橫，一
>   欹又一傾。臨江不羨飛帆勢，下筆長為驟雨聲。我牧
>   此州喜相識，又見草書多慧力。懷素懷素不可得，開

卷臨池轉相憶。（王邕〈懷素上人草書歌〉）[28]

3.狂僧揮翰狂且逸，獨任天機摧格律。龍虎慚因點畫生，
　雷霆卻避鋒鋩疾。魚牋絹素豈不貴，只緣局促兒童戲。
　粉壁長廊數十間，興來小豁胸襟氣。長幼集，賢豪至，
　枕糟藉麴猶半醉。忽然絕叫三五聲，滿壁縱橫千萬字。
　吳興張老爾莫顛，葉縣公孫我何謂。如熊如羆不足比，
　如虺如蛇不足擬。涵物為動鬼神泣，狂風入林花亂起。
　殊形怪狀不易說，就中驚燥尤枯絕。邊風殺氣同慘烈，
　崩槎臥木爭摧折。塞草遙飛大漠霜，胡天亂下陰山雪。
　偏看能事轉新奇，郡守王公同賦詩。枯藤勁鐵愧三舍，
　驟雨寒猿驚一時。此生絕藝人莫測，假此常為護持力。
　連城之璧不可量，五百年知草聖當。（竇冀的〈懷素上人
　草書歌〉）[29]

4.吾觀文士多利用，筆精墨妙誠堪重。身上藝能無不通，
　就中草聖最天縱。有時興酣發神機，抽豪點墨縱橫揮。
　風聲吼烈隨手起，龍蛇迸落空壁飛。連拂數行勢不絕，
　藤懸查蘗生奇節。劃然放縱驚雲濤，或時頓挫縈毫髮。
　自言轉腕無所拘，大笑羲之用陣圖。狂來紙盡勢不盡，
　投筆抗聲連叫呼。信知鬼神助此道，墨池未盡書已好。
　行路談君口不容，滿堂觀者空絕倒。所恨時人多笑聲，
　唯知賤實翻貴名。觀爾向來三五字，顛奇何謝張先生。
　　（魯收的〈懷素上人草書歌〉）[30]

28　《全唐詩》頁 2134。
29　《全唐詩》頁 2134。
30　《全唐詩》頁 2134。

5. 幾年出家通宿命，一朝卻憶臨池聖。轉腕摧鋒增崛崎，
秋豪繭紙常相隨。衡陽客舍來相訪，連飲百杯神轉王。
忽聞風裡度飛泉，紙落紛紛如趂鳶。形容脫略真如助，
心思周游在何處。筆下惟看激電流，字成只為盤龍去。
怪狀崩騰若轉蓬，飛絲歷亂如迴風。長松老死倚雲壁，
蹙浪相翻驚海鴻。于今年少尚如此，歷觀遠代無倫比。
妙絕當動鬼神泣，崔蔡幽魂更心死。（朱逵（逵，一作「遙」）
的〈懷素上人草書歌〉）[31]

6. 上人胸腹包琅玕，醉目睥睨臨冰紈。墨池頃刻波瀾翻，
虯龍尾委乘雲間。搖曳夭矯若可攀，霹靂轟斧電火騫。
卒章雨雹飛漫漫，澒洞恐懼坤軸掀。白沙縱橫臥鼉黿，
屋漏壁拆安足言。鳥聲出林避彈丸，斗高復下騰修翰。
朽木欲折枯藤攢，逸興不顧長毫乾。客如堵牆爭縱觀，
詎知垔盡吾鼻端。黃金論斗珠走盤，數字不售尤為難。
爾嘗愛我說玄理，為我落筆動盈紙。張顛懷素嗟已矣，
上人之書無與比。（郭祥正〈謝沖雅上人惠草書〉）[32]

7. 少時草聖學鍾王，意氣欲齊韋與張。家藏古本數十百，
千奇萬怪常搜索。今得君家一卷書，始覺辛勤總無益。
移燈近前拭眼看，精神高秀非人力。北拱古樹折巔崖，
蒼煙寒藤掛絕壁。逸氣崢嶸馳萬馬，隻字千金不當價。
想初槃礡落筆時，毫端已與心機化。主人知是希世奇，
但見姓氏無標題。自非高閑懷素不能此，何必更辨當

---

31 《全唐詩》頁 2134-2135。
32 《全宋詩》冊 13，頁 8769。

年誰。（黃庭堅〈觀王熙叔唐本草書歌〉）[33]

8.人愛老張書已顛，我知醉素心通天。筆鋒卷起三峽水，
墨色染遍萬壑泉。興來颯颯吼風雨，落紙往往翻雲煙。
怒蛟狂虺忽驚走，滿手黑電爭回旋。人間一日醉夢覺，
物外萬態涵無邊。使人壯觀不知已，脫身直恐凌飛仙。
棄筆為山儻無苦，洗墨成池何足數。其來驚覺自凝神，
不在公孫渾脫舞。（米芾〈智衲草書〉）[34]

9.上饒虰俗醇且古，千室鳴弦方按堵。黃堂丈人今循良，
河南治平追鼻祖。訟堂留景分清陰，爐篆方羊燕寢深。
校談了卻邦人事，游戲翰墨惟書林。自從真行易篆隸，
草聖書絕馳極摯。游雲驚龍初振奇，渴驥怒猊爭作勢。
臣中第一茲謂誰，寥寥典則其幾希。丈人尺牘妙天下，
臧去（藏弃）收拾生光輝。作古要須從我始，直欲名
家自成體。手追心摹前無人，一掃塵蹤有新意。縱橫
經緯生胸中，落紙便與游絲同。繅甕繭車飛白雪，織
簷蛛網破清風。一行一筆相聯屬，姿態規橅駭凡目。
臨池漫勞三十年，千兔從教後人禿。舊聞呂向連錦書，
百字環寫縈髮如。惜哉洮汨已無考，何使北面稱臺輿。
獨步不復名相甲，端恨二王無此法。只今四海書同文，
使者來求至將押。（洪适〈題信州吳傳朋郎中游絲書〉）[35]

　　上述詩例中，唐朝人戴叔倫的「龍蛇騰盤獸屹立」；王
邕的「忽作風馳如電掣，更點飛花兼散雪。寒猿飲水撼枯藤，

33　《全宋詩》冊 17，頁 11633。
34　《全宋詩》冊 18，頁 12258。
35　《全宋詩》冊 37，頁 23417。

壯士拔山伸勁鐵。君不見，張芝昔日稱獨賢。君不見，近日
張旭爲老顛。二公絕藝人所惜，懷素學之得真跡。崢嶸蹙出
海上山，突兀狀成湖畔石」；竇冀的「如熊如羆不足比，如虺
如蛇不足擬。涵物爲動鬼神泣，狂風入林花亂起。殊形怪狀
不易說，就中驚燥尤枯絕。邊風殺氣同慘烈，崩槎臥木爭摧
折。塞草遙飛大漠霜，胡天亂下陰山雪」；魯收的「風聲吼烈
隨手起，龍蛇迸落空壁飛。連拂數行勢不絕，藤懸查蹙生奇
節。劃然放縱驚雲濤，或時頓挫縈毫髮」；朱逵的「筆下惟看
激電流，字成只爲盤龍去。怪狀崩騰若轉蓬，飛絲歷亂如迴
風。長松老死倚雲壁，蹙浪相翻驚海鴻」云云，都是馳騁其
想像，廣泛挹取自然、人事等形形色色的意象，敘寫觀賞懷
素草書的直觀美感，這是一種人文藝術的真實美感經驗，絕
非印象的、抽象的，虛幻不實的批評。

　　至於宋朝人郭祥正用「搖曳夭矯若可攀，霹靂轟斧電火
鶱。卒章雨雹飛漫漫，澒洞恐懼坤軸掀。白沙縱橫臥黿鼉，
屋漏壁拆安足言。鳥聲出林避彈丸，斗高復下騰修翰。朽木
欲折枯藤攢，逸興不顧長毫乾」等詩句，評論沖雅上人的草
書；黃庭堅用「北拱古樹折巔崖，蒼煙寒藤掛絕壁。逸氣崢
嶸馳萬馬，隻字千金不當價」等詩句，評論王熙叔的《唐本
草書》；米芾用「怒蛟狂虺忽驚走，滿手黑電爭回旋」等詩句，
評論智袇草書；洪适用「游雲驚龍初振奇，渴驥怒猊爭作勢」；
「繰甕繭車飛白雪，織簹蛛網破清風。一行一筆相聯屬，姿
態規橅駭凡目」等詩句，評論吳傅朋的游絲書，也是將意象
批評的工夫，百轉千折，幾乎發揮到了極致的境界。

　　漢、晉賢哲對於書法所使用的意象批評，多見之於體勢

格調近似賦篇的文章，而賦者，「古詩之流也」[36]。細翫蔡邕的〈篆勢〉、〈隸勢〉，崔瑗的〈草勢〉，成公綏的〈隸書體〉，索靖的〈草書勢〉等作品，也頗具「古詩之流」的特質。唐、宋詩人則轉而運用古、近體詩，特別是古體歌行，爲書法意象批評法開拓畛域，賦以創新的思維，從而爲書法批評樹立典範。於是意象批評的表達，往往與詩的比興、意象相即相融。

第二節　郭尙先之書法批評

一、意象批評法

運用「意象批評法」批評書法作品，可以追溯到東漢崔瑗的〈草勢〉，蔡邕的〈篆勢〉、〈隸勢〉，以及西晉索靖的〈草書勢〉，成公綏的〈隸書體〉等書論。本章第一節〈書法批評述要〉已論述之。以「意象批評法」批評書法作品時，往往援用自然界各種人、事、物的形象，來傳移摹寫書法之美，使人閱讀這樣的批評文字之餘，覺得形象生動，意象騫騰，或者感受其譬喻之巧思，或者翫繹其象徵之意涵。如果再參照所評作品，兩相結合，就更增添了許多深刻雋永的美感體驗。魏、晉以後，自唐至清，歷代書法批評的文獻中，使用「意象批評法」評論書法作品的警策之作、雋上之篇，真可

---

36 班固〈兩都賦序〉：「或曰：『賦者，古詩之流也。』」見蕭統編、李善注《文選・班孟堅兩都賦二首》卷1，頁1，臺北：正中書局，民國60年10月版。

謂更僕難數。郭尙先批評書法作品，自然繼承了此一書評傳
統。茲陳數例，以爲管窺之資：

1. 《黃庭》驂鸞駕鶴，有貴真氣象。(《芳堅館題跋》) [37]

2. 明漪絕底，奇花初胎，青春鸚鵡，楊柳樓臺，李將軍
畫也，子敬書也。(《芳堅館題跋》) [38]

3. 《唐王居士塼塔銘》) 邈姑射仙人，肌膚若冰雪，綽約
若處子，秋菊春蘭，都應卻步。(《芳堅館題跋》) [39]

第一則，《黃庭經》是王羲之的小楷作品，共有六十行，
「和平簡靜，麗質天姿，不施粉黛，在理性中流露出一種自
然雅逸的氣息」[40]，自古以來，探論王羲之書法的，往往以
《黃庭經》爲第一。郭尙先一再使用道家仙人「驂鸞駕鶴」
的意象來評論《黃庭經》，並且補充說明此帖「有貴真氣象」。
貴真，指的是道家德高望重的真人。至人、神人、真人，都
是道家最高的人格，是道家理想的、完美的、達到天人合一
境界的人。用「驂鸞駕鶴」、「貴真氣象」等意象，評論《黃
庭經》，不但推崇備至，而且表現出一種超凡脫俗的美感。這
是運用意象批評法所產生的相當特別的一種美感。郭尙先另
有一則題跋說：「(《穎上黃庭經》) 驂鸞駕鶴，飛行絕跡，下
士見之大笑。」[41]王羲之《黃庭經》輾轉臨摹的版本相當多[42]，

37　《芳堅館題跋・墨池堂帖》卷 3，頁 19。
38　《芳堅館題跋・十三行》卷 2，頁 19。
39　《芳堅館題跋・唐王居士塼塔銘》卷 1，頁 21。
40　一瓢《王羲之王獻之小楷集冊・簡介》，上海：上海書畫出版社，2000
　　年 12 月版。
41　《芳堅館題跋・穎上黃庭經》卷 2，頁 23。
42　王羲之《黃庭經》原跡、刻本皆已亡佚。智永、歐陽脩、虞世南、褚
　　遂良、吳通微、文徵明等書家都有臨本，方整謹嚴，清雋樸茂。宋時

其中「穎上水底本」爲吳通微的臨本，今已歸日本人高島氏所有，收錄於《槐安居祕笈》。這則評語值得注意的是在「驂鸞駕鶴」意象之後，以「飛行絕跡」補充說明「驂鸞駕鶴」意象所蘊涵的意義，讓我們更具體地了解「驂鸞駕鶴」的境界。至於「下士聞道大笑之」，語出《老子・41 章》：

> 上士聞道，勤而行之；中士聞道，若存若亡；下士聞
> 道，大笑之，不笑不足以爲道。[43]

　　郭尙先撮取《老子》之辭意，改爲「下士見之大笑」，而以「藏詞」的修辭手法，藏去「不笑不足以爲道」，轉而以道的境界喻說王羲之《黃庭經》的書法境界，從而使得「驂鸞駕鶴，飛行絕跡」此一意象的象徵意境更爲顯豁。

　　上引第二則，郭尙先評論李思訓的金碧山水、王獻之的書法境界，也是使用靈動鮮活的意象，敍寫自己對於名家書畫的審美經驗。王獻之的書法，《文章志》評爲「字畫秀媚，妙絕時倫」[44]；王僧虔賞其「媚趣」[45]；李嗣真謂其草書「逸氣過父（王羲之），如丹穴鳳舞，清泉龍躍。倏乎變化，莫知所自矣」[46]；張懷瓘推美「子敬才高識遠，行草之外，更開一門。夫行書非草非真，離方遁圓，在乎季孟之間。兼真者

有《潭帖》本、《博古堂帖》本等；明時有《餘清齋帖》本、《停雲館帖》本等。說見李光德《中華書學大辭典》頁 637，北京：團結出版社，2000 年 1 月版。

43　王弼《老子道德經注・41 章》頁 26，臺北：世界書局《諸子集成》第 3 冊，民國 63 年 7 月版。

44　轉引自馬宗霍《書林藻鑑》卷 6，頁 57。

45　轉引自馬宗霍《書林藻鑑》卷 6，頁 57。

46　李嗣真《後書品・逸品》，轉引自朱長文《墨池編》卷 2，頁 95，臺北：臺灣商務印書館景印文淵閣《四庫全書》第 812 冊。

謂之真行，帶草者謂之行草。子敬之法，非草非行，流變於行草，又處其中間。無藉因循，寧拘制則？挺然秀出，務於簡易。情馳神縱，超逸優游。臨事制宜，從意適變。有若風行雨散，潤色開花。筆法體勢之中，最爲風流者也」[47]。綜合上述評論，可知王獻之書法有下列特點：

　　一、字畫秀媚，洋溢媚趣；

　　二、情馳神縱，超逸優游；

　　三、如丹穴鳳舞，清泉龍躍；

　　四、如風行雨散，潤色開花。

　　如果以郭尙先對王獻之書法的總體意象之評：「明漪絕底，奇花初胎，青春鸚鵡，楊柳樓臺」與王獻之的書法特色相互參照，應是可以符合審美的一致性，而無所鑿枘。

　　上引第三則爲針對敬客所書《王居士塼塔銘》所作的評論。誠如本書第三章〈郭尙先之書法造詣〉、第五節、第四目〈師法敬客〉所述，敬客的楷書出於「字裡生金，行間玉潤」的褚遂良書法，而且是《房梁公碑》、《聖教序》等褚遂良晚期登峰造極的書風。郭尙先認爲臨習《王居士塼塔銘》必須掌握其「超俊的風格」，並且指出《王居士塼塔銘》的特色在於「無筆不提，無筆不轉」，有如「白雲在空，舒卷自如」，已達爐火純青、自然超妙的境界。此等境界，如果運用《莊子・逍遙遊》用以描述神聖之人的一段話「邈姑射之山，有神人居焉，肌膚若冰雪，綽約若處子，不食五穀，吸風飲露，

---

47 張懷瓘《書議》，錄自張彥遠《法書要錄》卷 4，頁 15，臺北：臺灣商務印書館景印文淵閣《四庫全書》第 812 冊。

乘雲氣，御飛龍，而遊乎四海之外」[48]來說明，也是可以髣
髴得之。邈姑射之山，是遙遠的神山。成玄英《疏》：「冰雪
取其潔淨，綽約譬以柔和，處子不爲物傷，姑射語其絕遠，
此明堯之盛德，窈冥絕妙。」[49]「如冰雪之潔淨」、「如綽約
之柔和」、「窈冥絕妙之特質」，適足以形容敬客所書《王居士
塼塔銘》。因此郭尚先用「邈姑射仙人，肌膚若冰雪，綽約若
處子」飄逸絕美的意象，評論《王居士塼塔銘》。

　　此外，像「魏、晉人書非不結構嚴密，然其章法之妙，
如絳雲在空，隨風舒卷，有意無意間，尋繹數四，但覺深遠
無際」（《芳堅館題跋》）[50]；「顏魯國書如天童舍利，青黃赤
白，隨人見性，都非眞相。董思白所以敢訶懷仁集書者，正
於此處得法眼耳」（《芳堅館題跋》）[51]；「《劉中使帖》開闔變
化，如龍如虬，想見忠義之氣，盤礴鬱積」（《芳堅館題跋》）
[52]；「昔人謂《曹娥碑》有孝子慈孫氣象，今觀魯郡此碑（《顏
氏家廟碑》），端愨睟穆，肅乎若冠裳而對越也。蓋立廟以仁
祖考，刊石以誦（通「頌」）清芬，臨筆之頃，聚會精神，澄
滌思慮，與他書應人之請，固當不同耳」（《芳堅館題跋》）[53]；
「山谷書清峭矯厲，雖非當家，然如深山道士，與之晤對，
自使意遠」（《芳堅館題跋》）[54]等評論中，「絳雲在空，隨風

---

48 成玄英《莊子集釋・逍遙遊》頁 28，臺北：河洛圖書出版社，民國
　　63 年 3 月版。
49 成玄英《莊子集釋・逍遙遊》頁 28。
50 《芳堅館題跋・十三行》卷 2，頁 21。
51 《芳堅館題跋・論坐帖》卷 3，頁 6。
52 《芳堅館題跋・論坐帖》卷 3，頁 4。
53 《芳堅館題跋・唐顏氏家廟碑》卷 2，頁 8。
54 《芳堅館題跋・墨池堂帖》卷 3，頁 26

舒卷」;「天童舍利,青黃赤白」;「如龍如虬,想見忠義之氣,
盤礴鬱積」;「孝子慈孫氣象」;「端慤睟穆,蕭乎若冠裳而對
越」;「深山道士」等意象,都是以譬喻之思,寓象徵之旨,
巧用意象批評,而傳達出書法作品的風格精神。

二、比較批評法

　　研究文史學術常用比較法,例如杜維運《史學方法論》
就特別撰寫了〈比較方法〉一章,強調史學家須應用比較方
法治學[55]。筆者研究宋代詩話,也經常乞靈於比較評鑑法[56]。
同樣的道理,從事書法研究,比較批評法也是重要的研究方
法。本章第一節〈書法批評述要〉曾經指出:「針對同一書法
家不同的作品,或不同書法家的作品,比較其風格、神韻、
奇正、雅俗、剛柔、異同、優劣等,著眼於書法作品的藝術、
審美特質,從事觀照與批評等探論書法的活動,則是到了魏
晉南北朝才開始蓬勃發展。」這段話已經說明了書法批評的
「比較批評法」的方法和內涵。本章第一節〈書法批評述要〉,
歸餘於終,徵引虞龢〈論書表〉所述王羲之年少時,書藝不
及庾翼、郗愔,而其晚年的書法造詣不但使得庾翼大為歎服,

---

55 杜維運《史學方法論・第六章・比較方法》對於「同源史料的比較」、
　　「異源史料的比較」、「第二手史料與第一手史料的比較」等,皆有深
　　入之探討,見該書頁 87-109,臺北:華世出版社,民國 68 年 2 月版。
56 崔成宗〈比較評鑑法舉隅 —— 以宋人論寫景詩為例〉:「比較評鑑法
　　者,就不同詩文之立意、主題、情思、意趣、用典、屬對、比興、寄
　　託、筆力、風格、韻趣、氣象等,或不同作者之性情、襟懷、德義,
　　廣辨異同,深探精微,以判其工拙、優劣、高下、雅俗之詩文研究法
　　也」,臺北:東吳大學中國文學研究所《東吳中文研究集刊創刊號》,
　　民國 83 年 5 月版。

而且還致函推崇。這樣的論述就使用了「比較批評法」。郭尙
先評論前賢書法的高下優劣，當然也繼承了書法批評的傳
統，活用比較批評法。請看下列例證：

1. 漢人書以韓勑造《禮器碑》為第一，超邁雍雅，若卿
   雲在空，萬象仰曜，意境尚當在《史晨》、《乙瑛》、《孔
   宙》、《曹全》諸石上，無論他石也。（《芳堅館題跋》）[57]

2. 言是碑為永興書者，自鄭夾漈始。明趙子函持其說尤
   堅……然細觀之，此書自清穆而變化差少。昨見《唐
   拓夫子廟堂碑》，其勝處不可名狀，以此碑較之，相去
   遠矣。大致唐初人書，格韻皆有虞、褚風氣，此書在
   當日固未足稱作者，而由開、天以後觀之，則方之峨
   嵋天半雪中看矣。（《芳堅館題跋》）[58]

3. 中令晚歲以幽深超俊勝，此（《伊闕佛龕碑》）其早歲
   書，專取古澹，與《孟靜素碑》用意正同，蘇子瞻所
   謂「間雜分隸」者。登善他書皆似漢隸之《韓勑》、《曹
   全》，此碑則與《孔宙》《魯峻》為類，書家每作一碑，
   意之所至，各自為體，未有守定法者，觀唐人諸碑可
   悟。（《芳堅館題跋》）[59]

4. （米芾之書）筆筆作騰擲之勢，難其渾成，所以不及
   顏魯國者，顏書浩然獨往，如雲鶴在空，不知有人世
   埃壒。米則千金駿馬，固是萬里一息，恰未能行無地
   也。（《芳堅館題跋》）[60]

57　《芳堅館題跋‧漢韓勑造孔廟禮器碑》卷 1，頁 2。
58　《芳堅館題跋‧唐昭仁寺碑》卷 1，頁 12。
59　《芳堅館題跋‧唐伊闕佛龕碑》卷 1，頁 14。
60　《芳堅館題跋‧戲鴻堂帖蘇米書》卷 3，頁 10-11。

　　上引第一則確立《禮器碑》在漢朝人書法的地位爲第一。除了運用「若卿雲在空，萬象仰曜」的意象，推崇《禮器碑》「超邁雍雅」的風格之外，又以膾炙人口的漢隸名作《史晨碑》、《乙瑛碑》、《孔宙碑》、《曹全碑》來和《禮器碑》相比較，以襯出《禮器碑》的度越群碑。

　　上引第二則，評論《昭仁寺碑》。趙明誠《金石錄》著錄：朱子奢撰《昭仁寺碑》。《昭仁寺碑》不著書人姓名。歷來有虞世南、歐陽通、王知敬等諸說。施蟄存認爲：「唐初碑之有撰文人名而無書丹人名者，皆撰文者一手所書。《昭仁寺碑》，朱子奢撰而書之也。」[61]鄭師因百則將《昭仁寺碑》書丹者定爲佚名，並有論書絕句：「書丹勒石竟何人？知敬、蘭臺總不真。玉樹瓊枝非老筆，永興應未寫《昭仁》。」[62]郭尙先以虞世南的《孔子廟堂碑》和不詳書者的《昭仁寺碑》相較，發現其書法「變化差少」[63]，與虞世南《孔子廟堂碑》的變化靈動異趣。接著，郭尙先又以開元、天寶以後的書法作品和《昭仁寺碑》相比較，而《昭仁寺碑》就有如高聳在半空中的冰雪峨嵋山峰，凌轢凡品，超然出塵了。

　　上引第三則，郭尙先以比較批評法析論褚遂良《伊闕佛

61　施蟄存編著《唐碑百選》頁 11，上海：上海教育出版社，2001 年 5 月版。

62　鄭師因百《清畫堂詩集・論書絕句百首其五十六》頁 361，臺北：大安出版社，民國 77 年 12 月版。

63　鄭師因百謂：「此書（《昭仁寺碑》）雖似永興，然廟堂豐逸，此則瘦勁，面目雖似，神骨則殊。……永興《廟堂碑》，無一字落六朝陋習者，此碑猶有六朝陋習。永興書規行矩步，絕不如此。」這也是運用比較批評法而得《昭仁寺碑》絕非出自虞世南之手的結論。見《清畫堂詩集・論書絕句百首其五十六》頁 361-362。

龕碑》的風格。首先他掌握褚遂良早期、晚歲書法風格之異。褚遂良早期的書風是「專取古澹」,《伊闕佛龕碑》、《孟靜素碑》(亦即《孟法師碑》)是典型的古澹之作。此二碑都是「間雜分隸者」—— 帶有濃厚的隸書筆意。到了晚歲,褚遂良的楷書更爲成熟,已臻老成之境,郭尙先用「幽深超俊」評之,真是恰到好處的評語。接著,郭尙先又拿漢碑來類比:褚遂良早期書法的「古澹」有如《孔宙碑》、《魯峻碑》,晚歲之作的「幽深超俊」有如《韓勑》(亦即《禮器碑》)、《曹全碑》。透過這兩層比較,有其內涵,有其縱深,而褚遂良書法的轉變與成熟,就和盤托出了。比較之餘,郭尙先還得出這樣的結論:「書家每作一碑,意之所至,各自爲體,未有守定法者,觀唐人諸碑可悟」。此一結論實爲精闢。運用比較批評法評論書法,收效誠然宏遠。

　　上引第四則,郭尙先以比較批評法析論顏真卿、米芾行草書法之高下。米芾書法本來是遍習前賢之作,當然也學顏真卿,《洞天清錄》說:「南宮本學顏,後自成一家。」[64]此其一。米芾書法的特色在於「沉著飛翥」[65],「超逸入神」[66],他的書法,依黃庭堅的評論是:「如快劍斫陣,強弩射千里,所當穿徹,書家筆勢,亦窮於此,然似仲由未見孔子時風氣耳。」[67]此其二。所謂「飛翥」,所謂「超逸」,所謂「如快

64　轉引自馬宗霍《書林藻鑑》卷 9,頁 227。

65　《宋史·米芾傳》卷 444,頁 13123,臺北:鼎文書局,民國 80 年 2 月版。

66　蘇轍評語,轉引自馬宗霍《書林藻鑑》卷 9,頁 226。

67　黃庭堅《山谷題跋》卷 5,頁 20,臺北:廣文書局,民國 60 年 12 月版。

劍斫陣，強弩射千里」，所謂「似仲由未見孔子時風氣」[68]，
都和郭尚先的「筆筆作騰擲之勢，難其渾成」，以及「千金駿
馬，萬里一息」，可以相闡發，都說明了米芾書法的高視闊步、
超逸絕塵。至於「渾然天成」，全是神行的境界，則猶有一間
之隔。然而顏真卿的行草書法則不然，「魯公於書，其過人處，
正在法度備存，而端勁莊特，望之知為勝德君子」[69]；他的
行草代表作《祭姪季明文稿》「縱筆浩放，一瀉千里，時出遒
勁，雜以流麗，或若篆籀，或若鑴刻，其妙解處殆出天造……
於字畫無意於工，而反極其工」[70]。換言之，顏真卿的行草
是不為法所縛，而動合法度；是自然渾成，有如天造。郭尚
先運用比較批評法，評論顏真卿、米芾的行草書法，於相似
之中，求其異趣；又兼採譬喻批評法，以指陳其特色，可謂
善用比較批評法者也。

---

68 《孔子家語‧子路初見》卷5，頁47：「子路見孔子，子曰：『汝何好
樂？』對曰：『好長劍。』孔子曰：『吾非此之問也，徒謂以子之所能，
而加之以學問，豈可及乎！』子路曰：『學豈益哉也？』子曰：『夫人
君而無諫臣則失正，士而無教友則失聽……君子不可不學。』子路曰：
『南山有竹，不柔自直，斬而用之，達於犀革。以此言之，何學之有？』
孔子曰：『括而羽之，鏃而礪之，其入之不亦深乎！』子路再拜曰：『敬
而受教。』」臺北：世界書局《諸子集成》第2冊，民國63年7月版。
子路初見孔子，好長劍而不好學，只是順任自然的質性去發展。後來
受到孔子的啟迪裁成，才知為學，而追求從容中道的境界。米芾的行
草，任其自然的美好天分揮灑，而有強弩射千里之象，猶如「子路初
見孔子氣象」。而顏真卿則「奄有魏晉隋唐以來風流骨氣，蕭然出於
繩墨之外，而又與法度相合」（撮述黃庭堅語，見《山谷題跋》卷4，
頁17）。
69 董逌《廣川書跋》卷8，頁1，臺北：臺灣商務印書館景印文淵閣《四
庫全書》第813冊，民國75年3月版。
70 陳深語，見馬宗霍《書林藻鑑》卷8，頁152。

三、溯源批評法

　　無論是學習書法，從事書藝的創作；或是研究書法史、書法理論，從事學理的探討，對於甲骨文、大篆、小篆、隸書、楷書、行書、草書等各體書法的源流演變，以及每一位書法家的師承、取法、影響等課題，都應探本溯源，研究清楚。這是一種文字慧命、藝術精神、文化內涵的先後傳承。羅賓·柯林伍德所謂「如果我們不懷偏見地翻閱藝術史，就會看到藝術家之間的合作一向是一條規律」[71]，這種觀點也可以和書法研究的溯源竟委（委，指後來的發展）相發明。明代書論名家趙宧光在他所撰寫的《寒山談帚》一書中，就一再強調研習書法應知其本原來歷的重要：

> 學書須徹上徹下，上謂知其本原來歷，下謂采其末流孫支。知本，意思通而易為力；求原，則筆勢順而易為功。何謂本？晉、唐必漢、魏，漢、魏必周、秦篆、隸，篆、隸必籀、斯、邕、鵠，此數家又須仿之鼎彝銘識，而又不為野狐惑亂……。雖然，為學有二品，其高者如前說無論矣，急功之徒則不必然，凡閱一帖，不須字字全仿，但會心處臨摹……即有可觀……。[72]
>
> 閱名家書須識其來歷。[73]

---

71 轉引自張伯偉《中國古代文學批評方法研究》頁 104，北京：中華書局，2002 年 5 月版。

72 趙宧光《寒山帚談》卷上，轉引自華人德《歷代筆記書論彙編》頁 273，江蘇：江蘇教育出版社，1996 年 11 月版。

73 趙宧光《寒山帚談》卷上，頁 295。

　　上引趙宦光這兩段話雖然是針對「爲學」── 學習書法，和「閱名家書」── 觀賞名家書法作品來說的，實則書法創作、書法鑑賞、書法批評的道理往往是相通的，而其標準也是一致的。既然學習、創作、鑑賞書法，都須「知其本原來歷」，那麼批評前賢書跡時，知其本原來歷，追溯其取法的典範，自然是相當重要的方法。試觀下列實例，即可說明追溯源頭的書法批評法是有效而深刻的：

1. 徐浩云：「虞得王之筋，褚得王之肉，歐得王之骨。夫鷹隼乏采，而翰飛戾天，骨勁而氣猛也；翬翟備色，而翱翔百步，肉豐而力沉也。歐、虞為鷹隼，褚、薛為翬翟，書之鳳凰，非右軍而誰？」（楊慎《升庵外集》）[74]

2. 南唐李後主謂：「善法書者，各得右軍之一體。若虞世南得其美韻，而失其俊邁；歐陽詢得其力，而失其溫秀；褚遂良得其意，而失其變化；薛稷得其清，而失於窘拘；顏真卿得其筋，而失於粗魯；柳公權得其骨，而失於生獷；徐浩得其肉，而失於俗；李邕得其氣，而失於體格；張旭得其法，而失於狂。獨獻之俱得，而失於驚急，無蘊藉態度。」觀此言，則是終無有得其全者。（陸友《硯北雜志》）[75]

3. 唐人書，歐陽率更得右軍之骨，虞永興得其膚澤，褚河南得其筋，李北海得其肉，顏魯公得其力，此即所謂皆有聖人之一體者也。其後徐季海則師褚河南，張從申則宗李北海，柳公權則規模顏魯公，而去晉法漸

---

74 楊慎《升庵外集》卷 87，轉引自華人德《歷代筆記書論彙編》頁 133。
75 陸友《硯北雜志》卷上，轉引自華人德《歷代筆記書論彙編》頁 99-100。

遠矣。(何良俊《四友齋從說》)[76]

4.智永，世南得其寬和之量，但少俊邁之奇。歐陽得其秀勁之骨，而乏溫潤之容。褚得其鬱壯之勛，而鮮安閑之度。李北海得其豪挺之氣，而失之疏窘。柳、顏得其莊嚴，而失之板。旭、素得其超逸之趣，而失之怪。過庭得其逍遙之趣，而失之儉散。蔡襄得其密厚之形，而失之嫵重。黃庭堅得其提衄之法，但知執筆，而伸腳挂手，體格掃地矣。趙孟頫得其溫雅之態，然過於妍媚。……(此上皆前人論斷)(王棠《知新錄》)[77]

上引第一、二、三則，說明了唐代書法家莫不師法王羲之，卻都各得「右軍之一體」，這是探研唐代書法史而溯源於王羲之。至於第四則，又說明了唐、宋以至於元初各書家研習書法的過程中，取資於智永的書學，雖然得到了智永某一方面的優點，卻也難免有一些缺失。郭尚先評論書法，也繼承了此一傳統，經常運用溯源批評法。他曾運用這種批評法討論隸書的源流：

1.時代之說，有不可強為者。《魯孝王刻石》、《鄐君開道》，猶有秦人餘勢。《乙瑛》、《西嶽》，駸駸乎為《大饗封》、《孔羨》導先路矣。至魏《王基碑》，則又下啟唐法，而為《受禪》之一變。唐至中葉，分隸始有漢意，則明皇之力也。(《芳堅館題跋》)[78]

2.《孔宙碑》拓本，曾見一全文，宋時潢治者，神觀飛

---

76 何良俊《四友齋叢說》卷 27，轉引自華人德《歷代筆記書論彙編》頁 193。

77 王棠《知新錄》卷 21，，轉引自華人德《歷代筆記書論彙編》頁 409。

78 郭尚先《芳堅館題跋·安陽新出殘碑》卷 1，頁 5。

動。乃知徐會稽於此碑得力最深也。(《芳堅館題跋》) [79]

3.(《漢孔宙碑》)結體寬博而緊密,是貞觀諸大家所祖。褚中令勒筆皆長,亦濫觴於是。(《芳堅館題跋》) [80]

　　對於隸書的發展和演變,郭尙先認爲可分成三個階段:從秦隸到《魯孝王刻石》、《郙君開通褒斜道刻石》,字形奇勁,而少波折。這是第一個階段。從《乙瑛碑》、《西嶽華山廟碑》,到曹魏時的《大饗封》、《孔羨碑》,其風格已經不同於《受禪表碑》了。這是第二個階段。再者,從曹魏時的《王基碑》到唐代的隸書,這是第三個階段。郭尙先運用溯源批評法探論隸書的源流,不但能持其大者,而且眼光精準,論旨精闢,這樣的見解對於隸書的研習,極具啓發意義。[81]

　　《魯孝王刻石》又名《魯孝王泮池刻石》、《五鳳刻石》,刻於漢宣帝五鳳二年(前 56)。此一刻石的書法「圓轉中已呈方折,反映了由具有篆意的古隸向今隸過渡的特點」[82]。《郙君開通褒斜道刻石》刻於漢明帝永平六年(63),「筆勢古樸

79　郭尙先《芳堅館題跋‧漢孔宙碑》卷 1,頁 2-3。
80　郭尙先《芳堅館題跋‧漢孔宙碑》卷 1,頁 3。
81　筆者案:如果從書法風格來論漢代隸書,大致可分五類。一、工整細緻者,可以《禮器碑》、《華山碑》、《史晨碑》爲代表;二、飄逸秀麗者,可以《乙瑛碑》、《韓仁銘》、《曹全碑》、《朝侯小子殘石》爲代表;三、厚重古樸者,可以《裴岑紀功碑》、《衡方碑》、《郙閣頌》爲代表;四、方勁高古者,以《萊子侯刻石》、《鮮于璜碑》、《西狹頌》、《張遷碑》爲代表;五、奇縱恣肆者,可以《石門頌》、《開通褒斜道刻石》、《楊淮表紀》爲代表。至於漢末至曹魏的隸書,如《上尊號碑》、《受禪表》、《孔羨碑》、《王基碑》、《好大王碑》等,結體較漢隸方嚴整飭,筆法亦較露圭角。此說參考周俊傑、唐讓之等編撰《書法知識千題》頁 432,頁 489-498,臺北:博遠出版有限公司,民國 82 年 9 月版。
82　蘇士澍編《中國書法藝術‧秦漢》頁 147,北京:文物出版社,2000年 2 月版。

自然，結體方廣多變，饒有篆意」[83]，「天然古秀……此之謂
神品」[84]。《乙瑛碑》原名《漢魯相乙瑛請置百石卒史碑》，
漢桓帝永興元年（153）立碑。此碑「橫翔捷出，開後來雋利
一門，然肅穆之氣自在」[85]。《西嶽華山廟碑》隸體方整而不
呆板，朱彝尊謂：「漢隸凡三種，一種方整，一種流麗，一種
奇古。惟延熹《華嶽碑》正變乖合，靡所不有，兼三者之長，
當爲漢隸第一品」[86]。而曹魏時期的《孔羨碑》，其隸書也具
備方整的特色，「筆畫方硬，挑法呈方棱狀」，的確尙有《乙
瑛碑》、《西嶽華山碑》的餘意。

　　至於《孔宙碑》，郭尙先曾經銳意臨習，對此一名作評
價甚高。他認爲貞觀諸大家，以及褚遂良、徐浩的書法都深
受《孔宙碑》的影響。此一觀點，對於研究「貞觀諸大家」、
褚遂良、徐浩的書法，是相當有助益的。

　　郭尙先也運用溯源評論法，闡論顏真卿書法之所自出：
「顏書出自中令，此處離合，須能理會。近來習中令書者，
只知弱筆取妍，豈知中令書高處在筆力遒婉，故與魏晉暗合
孫吳耶！」[87]「以逸少書求清臣，方知其虛和處，乃得右軍
之靈異者。」「顏書出於大令，須以大令意求之。」[88]由此三

83　蘇士澍編《中國書法藝術・秦漢》頁 154，北京：文物出版社，2000
　　年 2 月版。

84　楊守敬《激素飛清閣評碑記》，見《楊守敬集》第 8 冊，頁 540，武
　　漢：湖北人民出版社，1995 年 4 月版。

85　何紹基評語，轉引自蘇士澍編著《中國書法藝術・秦漢》頁 188，北
　　京：文物出版社，2000 年 2 月版。

86　轉引自蘇士澍編《中國書法藝術・秦漢》頁 146。

87　《郭大理遺稿・唐房梁公碑識語・其四》卷 7，頁 3。

88　《芳堅館題跋・論坐帖》卷 3，頁 3。

則評論可知郭尙先認爲顏眞卿的書法，尤其是行草，是出自
王羲之、王獻之、褚遂良的。追溯書法源頭，可令後學者了
然於書法家藝術由研習而成熟、而自成一家的來龍去脈，而
知所學習。

　　其他如「香光得法於《玉潤帖》，此祕可參」(《芳堅館
題跋》)[89]；「香光書以顏魯國收因結果。此冊臨顏，妙有生
拙之致，蓋以拙得厚者」(《芳堅館題跋》)[90]；「裴公美書是
自率更得法，而以整潔勝者。明人評其勝柳，殊未然。柳之
圓勁古澹，固不可及也」(《芳堅館題跋》)[91]等評論，或指出
董其昌「得法於王羲之《玉潤帖》」，「以顏魯國收因結果」，
深受顏眞卿的影響；或指出裴休楷書(《圭峰禪師碑》)的清
勁瀟灑「是自(歐陽)率更得法」，也都是追溯書法源流而作
的批評。

四、觀其神觀

　　神觀一詞的涵義，本來是指一個人的精神容態。如《新
唐書・裴度傳》說裴度「神觀邁爽，操守堅正」[92]。再如蒲
松齡《聊齋志異・勞山道士》敘寫道士「素髮垂領，而神觀
爽邁」[93]等，都是著眼於一個人的精神容態來措辭的。然而
「神觀」一詞，如果用以評論書法作品、碑帖文獻，就意謂

89　《芳堅館題跋・玉煙堂帖》卷 3，頁 29。

90　《芳堅館題跋・董香光臨顏自書告身》卷 4，頁 4。

91　《芳堅館題跋・唐圭峰碑》卷 2，頁 10。

92　《新唐書・裴度傳》卷 273，頁 10，臺北：藝文印書館《二十五史》
　　第 27 冊。

93　蒲松齡《聊齋志異・勞山道士》卷 1，頁 38，臺北：九思出版公司，
　　民國 67 年 7 月版。

著書法作品或碑帖文獻所呈顯出來的精神、風采、韻味。如果「神觀」可作這樣的詮釋，或許就可以和「神彩」一詞的涵義相通。

王僧虔《筆意贊》說：「書之妙道，神采爲上，形質次之，兼之者方可紹於古人。」[94]王僧虔所說的「神采」，既然與「形質」對舉，可見此「神采」應是指書法作品所蘊含的書家的精神、生命力的呈現。張懷瓘《書議》說：「夫翰墨及文章……且以風神骨氣者居上，妍美功用者居下。」[95]此處「風神」與「骨氣」相提並論，則其所謂「風神」應指翰墨（書法作品）的風采精神而言。而「骨氣」則是筆墨線條所表現的力度。張懷瓘《文字論》又說：「深識書者，惟觀神采，不見字形。」[96]這是「神采」通於「神觀」的例證。

郭尚先評論書法作品，特別重視「神觀」、「神采」。他對於一些好的碑帖拓本，往往以「神觀飛動」之語來讚賞，如：

1 《孔宙碑》拓本，曾見一全文，宋時潢治者，神觀飛動，乃知徐會稽於此碑得力最深也。（《芳堅館題跋》）[97]

2 信本書此碑（《皇甫誕碑》），最爲驚矯。秦中碑匠，拓法皆草草，此紙氈蠟精善，神觀頓增，雖作宋拓觀可

94 王僧虔《筆意贊》，錄自《歷代書法論文選》頁 62，上海：上海書畫出版社，1979 年 10 月版。

95 張懷瓘《書議》，見張彥遠《法書要錄》卷 4，頁 11-12，臺北：臺灣商務印書館文淵閣《四庫全書》第 812 冊，民國 75 年 3 月版。

96 張懷瓘《文字論》，見張彥遠《法書要錄》卷 4，頁 18，臺北：臺灣商務印書館文淵閣《四庫全書》第 812 冊。

97 《芳堅館題跋・漢孔宙碑》卷 1，頁 2-3。

也。(《芳堅館題跋》)[98]

第一則，郭尙先所見「宋時潢治」的《孔宙碑》拓本，傳拓得相當傳神，因此他不但譽之以「神觀飛動」，而且還因此悟出徐浩的書法於《孔宙碑》「得力最深」。依據本書第三章、第三節〈隸書師法《禮器碑》、《孔宙碑》等〉所述，郭尙先也是「於此碑得力最深」，他自稱臨寫《孔宙碑》，「筆下覺有秦篆氣」；他所書寫的《朱柏廬治家要言》也和《孔宙碑》同樣具有「圓到整麗」的書風。可以說，郭尙先對於《孔宙碑》早已是心摹手追，純熟於胸中，因此一見「神觀飛動」的《孔宙碑》拓本，自能有精彩的解會。

至於第二則，郭尙先對於傳拓得「氈蠟精善」的《歐陽詢皇甫誕碑》，一則以「最爲驚矯」評其書法；再則由於「此紙氈蠟精善」，碑匠拓得講究，使得原來就「最爲驚矯」的《皇甫誕碑》「神觀頓增」，更覺神彩粲溢。

郭尙先對於一些傳拓不理想的碑帖，也是就其「神觀不逮」、「苦無神觀」或「無復神觀」著眼，加以評論。例如：

> 顏書此碑(《唐顏氏家廟碑》)至今完好，然近拓便神觀不逮，不省何故？(《芳堅館題跋》)[99]

> 此卷(《淳化閣帖》)以他本補足者，紙墨雖舊，而神觀差不逮，刻手專趨圓雋，轉成輕稚也。(《芳堅館題跋》)[100]

> 《馬病》、《乞米》、《祭伯》，都無善本，雖宋拓亦未

98　《芳堅館題跋‧唐立隋皇甫誕碑》卷 1，頁 11。

99　《芳堅館題跋‧唐顏氏家廟碑》卷 2，頁 8。

100《芳堅館題跋‧閣帖》卷 2，頁 13。

為精審，苦無神觀。(《芳堅館題跋》)[101]

四桂堂《玉本十三行》，刻手淺細，無復神觀，不審
當時何以得重名？以余觀之，尚在《墨池》、《(戲)
鴻堂》諸刻下遠甚。(《芳堅館題跋》)[102]

綜觀上述四例，可知《淳化閣帖》、《玉本十三行》、《唐
顏氏家廟碑》等名家之作，其所以「神觀不逮」、「苦無神觀」
或「無復神觀」的原因，或者由於「刻手專趨圓雋，轉成輕
稚」，或者由於「刻手淺細」，遂無以見名跡之精彩。至於書
法作品之佳妙者，其神觀飛動，環瑋奇傑，元氣淋漓，天真
爛漫，郭尙先當然是讚不絕口的。請看他的題跋文字：

山谷言《麻姑記》是宋初一僧所書，蓋傳聞之誤。此
書 (《唐麻姑仙壇記》) 以蠅頭小字而環瑋奇傑，元氣
淋漓，天真爛漫，與《中興頌》同一神觀。微特宋人
不能到，即中令之《西昇》，會稽之《老子》，河東之
《清靜》、《度人》，皆一覽眾山小矣。顏魯國後，如
更有一人具此神通，即當與魯國代興，詎屑刻畫形似
為魯國重臺者？故余不敢附和山谷之說也……。(《芳
堅館題跋》)[103]

除了「神觀」之外，郭尙先也用「神采」、「神明」等詞
批評書法：

1.頃見宋拓《大觀帖》，神采動人。(《芳堅館題跋》)[104]

2.內史真傳，惟孫虔禮盡得之，然頗失之專謹。永師《千

101《芳堅館題跋·論坐帖》卷 3，頁 4。
102《芳堅館題跋·十三行》卷 2，頁 17。
103《芳堅館題跋·唐麻姑仙壇記》卷 2，頁 4。
104《芳堅館題跋·唐摹十七帖》卷 2，頁 15。

文》亦然。宋人若莆陽（蔡襄）之端麗，道祖（薛紹
彭）之清俊，亦總患神明少耳。(《芳堅館題跋》) [105]

第一則所論《大觀帖》凡十卷，刻於宋徽宗大觀三年
（1109）。宋徽宗命龍大淵等，將內府所藏歷代名賢墨跡，編
次刻石於太清樓。主其事者爲蔡京，精於書法學，論者謂《大
觀帖》「更勝《淳化閣帖》一籌」[106]。郭尙先所見者，爲「宋
拓《大觀帖》」，其精采或愈於《淳化閣帖》，於是以「神采動
人」記錄其觀感。

細翫上引第二則題跋的旨趣，郭尙先認爲只有孫過庭盡
得王羲之的真傳（筆者案：應是指行草而言），但是孫過庭的
行草還難免「專謹」（縛手縛腳，不盡自然）之失，智永的《千
字文》，蔡襄、薛紹彭等的行草，都師法王羲之，卻也有同樣
的缺失。究其原由，「總患神明少耳」。換言之，師法王羲之
的行草書，若能寫得神觀飛動，神明煥然，即可以從容中道
了。

五、觀其氣韻

書法的「氣」，是指書法家的生命力表現於作品中、所
形成的書法作品中的生命力。書法的「韻」，是指書法作品在
筆墨形質之外、具有律動的情味韻致、神韻魅力。綜合來說，
書法作品中的「氣韻」，意味著生命力、氣勢、韻味、韻致等
內涵，是書法家精神、韻致，經由筆墨線條、字句章篇的揮

---

105 《芳堅館題跋・唐摹十七帖》卷 2，頁 15。
106 參考李光德《中華書學大辭典》頁 37，北京：團結出版社，2000 年
1 月版。

灑，在作品中所形成的一種生命律動。郭尙先評論書法，相
當重視氣韻。他曾提出觀賞書法的要領：「觀古人書，只須望
其氣韻，便自不同，不待規規論形似也。」[107]他批評前賢之
作，也相當重視氣韻：

1. 右《阿彌陀經》……其書氣韻淵穆，邈然有出塵之姿。
   （《芳堅館題跋》）[108]

2. 蓋（《城武本孔子廟堂碑》）氣韻靜遠，無復用力之跡。
   由此而化焉，則右軍矣。（《芳堅館題跋》）[109]

3. 觀《城武廟堂碑》，靜穆之韻，猶可追想智永以上流傳
   之緒。（《芳堅館題跋》）[110]

4. 此書（吳荷屋先生藏《涅槃經殘字》）韻度澹遠，實足
   繼武中令。即目為嗣通，不為過也。（《芳堅館題跋》）[111]

　　上述題跋中，除了「氣韻」一詞之外，還使用了「韻」、
「韻度」等詞語，其涵義大底近似。郭尙先由《阿彌陀經》
書法的「氣韻淵穆」，翫味其「邈然有出塵之姿」的韻致與美
感；由虞世南《城武本孔子廟堂碑》的「氣韻靜遠」，掌握了
此碑「無復用力之跡」的自然渾成之美，並進而指出以此碑
的「氣韻靜遠」爲基調，變化神明，就可達到王羲之楷書的
境界。這樣的直覺與思考，都是透過對書法作品氣韻的觀照
而來的。至於從《城武本孔子廟堂碑》的「靜穆之韻」，追想
「智永以上流傳之緒」，追想王羲之而王獻之而王僧虔而智永

107《芳堅館題跋・十三行》卷2，頁18。
108《芳堅館題跋・唐二經殘字》卷1，頁24。
109《芳堅館題跋・唐孔子廟堂碑城武本》卷1，頁8。
110《芳堅館題跋・唐孔子廟堂碑城武本》卷1，頁8。
111《芳堅館題跋・唐二經殘字》卷1，頁24。

「二王妙跡」的流傳統緒；從吳荷屋（榮光）所藏《涅槃經殘字》書法的「韻度澹遠」，定位此一書跡「實足繼武中令——褚遂良」，甚至於判斷其書者應是薛嗣通（薛稷）。郭尚先也都是著眼於書法作品的「氣韻」、「韻度」，而得出其書法批評的結論。由此可知郭尚先對於書法作品氣韻的重視。

六、觀其方圓

評論書法作品，言及方圓，每各有側重，或著眼於用筆，或措意於結體，或翫味於章法，或觀照於整體之風格或氣象。時代稍早於郭尚先的梁巘（1711-1785）評論書法，喜用方圓之審美範疇。梁巘的書論主要見之於他所著的《承晉齋積聞錄》。如：「吾所藏《蘭亭》一本，筆意圓勁。」[112]這是論用筆。再如：「《黃庭經》字，圓厚古茂。」[113]這是兼論用筆與風格。又如：「文衡山書《吳公墓志》，方整遒勁，力追唐人。晚年始一意永師，求之圓潤而神韻蘊藉矣。」[114]這是從結體、風格方面著眼，說明文徵明書法從早年的「方整遒勁」，演變而至於晚年的「圓潤而神韻蘊藉」。又如：「伯施（虞世南字伯施）骨力遒勁，圓渾溫潤，而不露圭角，頗有曾閔氣象。」[115]則是就虞世南《孔子廟堂碑》的整體氣韻，評其「圓渾溫

---

112 梁巘《承晉齋積聞錄》，錄自盧輔聖、崔爾平、江宏編《中國書畫全書》第 10 冊，頁 513，上海：上海書畫出版社，1996 年 10 月版。

113 梁巘《承晉齋積聞錄》，錄自盧輔聖、崔爾平、江宏編《中國書畫全書》第 10 冊，頁 513。

114 梁巘《承晉齋積聞錄》，錄自盧輔聖、崔爾平、江宏編《中國書畫全書》第 10 冊，頁 522。

115 梁巘《承晉齋積聞錄》，錄自盧輔聖、崔爾平、江宏編《中國書畫全書》第 10 冊，頁 526。

潤」。郭尚先評論書法，也相當注意方與圓這樣的審美範疇。
請觀《芳堅館題跋》論及書法方圓的例子：

> 1. 廿載京師，得宋拓《醴泉銘》三，以此為冠，高華渾
>   樸，法方筆圓，此漢之分隸、魏晉之真楷合並醞釀而
>   成者。伯施以外，誰可抗衡？……。(《芳堅館題跋》) [116]
> 2. 中令書早歲尚沿周、隋餘習，專取方整，兼有分隸法，
>   若《伊闕佛龕記》、《孟靜素碑》是也。……。(《芳堅館
>   題跋》) [117]

　　上引第一則，郭尚先以「高華渾樸，法方筆圓」推崇宋
拓歐陽詢《九成宮醴泉銘》之尤者，並且點出這樣的風格是
由於「漢之分隸、魏晉之真楷合並醞釀而成者」。

　　筆者案：「漢之分隸」，或用方筆，如《鮮于璜碑》；或
用圓筆，如《禮器碑》，而方筆、圓筆並濟者，更是見之於大
多數的漢隸。此其一。

　　至於漢隸的風格，今人徐利明《中國書法風格史》分為
七種：一、寬博蒼渾，體格闊大，渾厚壯偉，如《郙閣頌》；
二、靈潤瀟灑，用筆舒暢，韻致悠揚，如《子游殘碑》；三、
方拙樸茂，體勢方正，拙樸天真，如《鮮于璜碑》；四、豪放
野逸，筆勢放縱，任其自然，如《石門頌》；五、清麗剛健，
方正優美，筆畫瘦勁，如《禮器碑》；六、規整端莊，章法平
正，點畫均勻，如《乙瑛碑》；七、婉麗圓暢，回轉躍動，點
畫豐腴，如《夏承碑》。[118] 除了「婉麗圓暢」的風格具有「圓

---

116 《芳堅館題跋・唐九成宮醴泉銘》卷 1，頁 12。
117 《芳堅館題跋・唐房元（玄）齡碑》卷 1，頁 17。
118 徐利明《中國書法風格史》頁 87-94，河南：河南美術出版社，1997

暢」之象之外，其餘各種風格的漢隸，都偏於方扁瘦硬的風格。此其二。

　　至於「魏晉之真楷」即「魏晉之真書」、「魏晉之楷書」。《宣和書譜》說：「所謂楷法者，今之正書也。……降及三國鍾繇者，乃有《賀尅捷表》（即《賀捷表》）備盡法度，爲正書之祖。」[119]魏晉之楷書以鍾繇、王羲之的作品爲代表。鍾繇的楷書作品有《宣示表》、《力命表》、《薦季直表》、《賀捷表》等[120]。孫過停書譜說鍾繇的書法「使轉縱橫」[121]，則其運筆圓轉、圓動，可以知矣。王羲之的楷書作品有《樂毅論》、《黃庭經》、《曹娥碑》、《東方朔畫像贊》等。梁武帝評王羲之：「逸少至學鍾書，勢巧形密。」[122]《書後品》評王羲之書：「右軍正體，如陰陽四時，寒暑調暢，巖廊宏敞，簪裾肅穆。其聲鳴也，則鏗鏘金石；其芬郁也，則氛氳蘭麝；其難徵也，則縹緲而已仙；其可覿也，則昭彰而在目。可謂書之聖也。」[123]梁武帝所說的「勢巧」，《書後品》所說的「陰陽四時，寒暑調暢」；「其芬郁也，則氛氳蘭麝」都說明了王羲之楷書的圓潤清雅、圓轉自如。此其三。

年 1 月版。

119　《宣和書譜》頁 46，長沙：湖南美術出版社，1999 年 12 版。

120　鄭師因百《清畫堂詩集·論書絕句百首其二十九》頁 344 有云：「元常（鍾繇字元常）宋已無遺墨，空自臨風想典型。」自注：「米芾《書史》云：『予閱書白首，無魏遺墨。』元常魏人，元章（米芾）在宋且未見其遺墨，況後人乎？今存元常諸帖，非僞託即摹搨也。」臺北：大安出版社，民國 77 年 12 月版。

121　孫過庭《書譜》頁 4，臺北，臺灣商務印書館景印文淵閣《四庫全書》第 812 冊。

122　轉引自馬宗霍《書林藻鑑》卷 6，頁 52，臺北：臺灣商務印書館，民國 54 年 12 月版。

123　轉引自馬宗霍《書林藻鑑》卷 6，頁 52。

　　歐陽詢《九成宮醴泉銘》的「法方筆圓」，其結體緊密
方正，八面威風，有森然武庫之象，是其方也。至於每書一
字，字之中心緊密勻稱，而每一筆畫向四面八方從容舒展，
而其筆法則方圓並濟，是其圓也。郭尙先以方圓的審美觀說
明漢代隸書之方整與魏晉真楷之圓暢，發展至唐初，由歐陽
詢鎔於一爐而冶之，於是成就了楷法的極則 —— 歐陽詢《九
成宮醴泉銘》。郭尙先年輕時，有一段時期，每夜必臨寫《九
成宮醴泉銘》一遍。他又對於漢隸、晉楷，銳意研習，因此
對於《九成宮醴泉銘》的評語，實爲親身證悟的結論，精闢
而中肯。

　　上引第二則，郭尙先對於褚遂良早期的楷書「尙沿周、
隋餘習，專取方整，兼有分隸法」，也是心領神會、精準扼要
之評。《伊闕佛龕記》又稱《伊闕佛龕碑》，書於唐太宗貞觀
十五年（636）；《孟靜素碑》又稱《孟法師碑》，書於貞觀十
六年（637）古質奇峭，方整謹嚴，頗饒隸書筆意。「方整」
二字，確實爲此二碑之特色。這是針對筆法、風格，而論其
方圓。

　　其次是關於草書的評論，郭尙先或用「清暢圓逸」，或
用「圓暢」，以說明作品的特色：

　　　右《祭姪》單行本，清暢圓逸，頗勝停雲本。……此
　　　刻非文非吳，不知石在何處。中間「脅」訛爲「背」，
　　　與停雲同；「卜」字不可會，與餘清同。而圓暢飛動，
　　　二本皆不能及。……（《芳堅館題跋》）[124]

124《芳堅館題跋・祭季明文》卷 3，頁 7。

　　這是針對顏真卿《祭姪季明文稿》所作的評論。《祭姪季明文稿》書於唐肅宗乾元元年（758）。據宋祁《新唐書》記載：安史之亂時，唐玄宗封顏杲卿（顏真卿之從兄）為衛尉卿兼御史中丞，與袁履謙守常山郡。安祿山派史思明等率平盧兵渡河攻常山，「（顏）杲卿晝夜戰，井竭，糧矢盡，六日而陷。與履謙同執，賊脅使降，不應。取（顏杲卿）少子季明加刃頸上，曰：『降我，當活而子。』杲卿不答，遂并盧逖殺之。」[125]其後顏真卿知道姪兒顏季明遇害，派人赴洛陽等地尋其遺骸，僅得頭骨，歸葬長安。顏真卿滿懷悲憤，滿腔血淚，以行草撰此《祭姪季明文稿》。元人陳深評《祭姪季明文稿》：

　　《祭姪季明文稿》，縱筆浩放，一瀉千里，時出遒勁，
　　雜以流麗。或若篆籀，或若鐫刻，其妙解處殆出天造。[126]
明人項穆評《爭坐位帖》、《祭姪季明文稿》：
　　清臣（顏真卿字清臣）……行草如《爭坐》、《祭姪》
　　帖，又舒和遒勁，豐麗超動，上擬逸少，下追伯施，
　　固出歐、李輩也。[127]
　　陳深所說的「雜以流麗」，「或若篆籀」；項穆所評的「豐麗超動，上擬逸少，下追伯施」，都可與郭尙先評《祭姪季明文稿》「清暢圓逸」、「圓暢飛動」相證。

---

125 宋祁、歐陽脩《新唐書·顏杲卿傳》卷 192，頁 2-3，臺北：藝文印書館《二十五史》第 27 冊。
126 馬宗霍《書林藻鑑》卷 8，頁 152。
127 馬宗霍《書林藻鑑》卷 8，頁 154。

第六章　結　論

　　筆者自民國九十三年春天起心動念，草創本書，到今年
（九十七年）暑期，分別完成各章，撰寫結論，前後經營了
四年餘。這幾年來，筆者對於郭尚先書法學的研究雖然是念
茲在茲，鍥而不捨；卻也因為許多主、客觀的因素紛至沓來，
不得不時時暫停本書的述作，而全力面對，因而影響了本書
的進度，使得本書無法如康有為著《廣藝舟雙楫》那樣，一
氣呵成，只須十七天的功夫就勒成專著了[1]。無論如何，本書
還是終告完成。筆者總算對得起嘉慶、道光時代的名臣、通
儒、書法家郭尚先了。各章初成，綜其心得，共有八項，臚
陳於後，以為結論。

　　兩百年來，關心、撰寫書法理論、書法美學、中國書法
史、中國書法批評史的學者專家，為數甚夥；相關著作，也
很可觀。然而注意到郭尚先書法成就與書學理論的，則不多
覯。至於載錄清代人物言行的一些傳記文獻，如或提及郭尚
先，也只是針對他的「書名最著」；「行、楷傾動一時」；「獨

1　康有為《廣藝舟雙楫・敍目》：「永惟作始於戊子（光緒十四年、1888）
　　之臘，實購碑於宣武城南南海館之汗漫舫……歸歟於己丑（光緒十五
　　年、1889）之臘，迺理舊稿於西樵山北銀塘鄉之澹如樓，長松敗柳，
　　待我草《玄》焉。凡十七日，至除夕，述書迄，光緒十五年也。述書
　　者、西山樵人康祖詒長素父也。」臺北：華正書局，民國 71 年 10 月
　　版。

宗率更（歐陽詢）……後進爭相仿效，京師書法爲之一變」；
「摹仿趙孟頫、董其昌」；「頡頏趙、董兩文敏」等書法表現
與成就，略事陳述而已。然而郭尙先天賦異稟，淹貫群籍，
人品高潔，詩文老成，「爲文根柢《史》、《漢》，而宗主昌黎，
故博而不繁，廉而不剽。詩律由南宋直逼唐賢，多清曠高朗、
綿邈溫純之致」[2]。郭尙先嫻熟於經邦濟世的通儒之學，精擅
於怡情養性的書畫之藝，其書論中肯，其書藝圓通，精擅眞、
草、篆、隸各體書法，兼容並蓄帖學與碑學等書學內涵。這
樣卓越的書法學家，實在不宜以寥寥數語輕鬆帶過，更不應
在書法史中加以忽略。爲了彌補中國書法史、中國書法批評
史的罅漏，筆者於是廣蒐郭尙先的年譜、傳記、詩集、文集、
題跋、書跡等相關文獻，潛心鑽研書學，締構論述系統，撰
成本書，而對於郭尙先的書法學能有較爲全面而深刻的認
識。此其一。

　　數十年來，公、私圖書藝文機構整理、出版了不少臺灣
書法作品選集，如臺灣省立臺中圖書館編纂《臺灣關係一百
翰林書畫集》，教育部文化建設委員會編纂《明清時代臺灣書
畫作品》，國立歷史博物館編纂《臺灣早期書畫展圖錄》，高
雄市立美術館編纂《臺灣書法三百年》，臺南縣政府文化局編
纂《潤古汲今：臺灣先賢書畫專輯》，國立歷史博物館編纂《丹
青憶舊-臺灣早期先賢書畫展》，中華民國文化資產維護學會
編纂《清代書畫雅集》，淡江大學文錙藝術中心編纂《翰墨珠
林-臺灣書法傳承展作品集》等，這些書法作品選集，收錄郭

---

2 陶廷杰〈郭大理遺稿序〉，見《郭大理遺稿》卷首。

尙先的書跡，都將他歸之於渡臺書家之列。筆者博考相關文獻，雖未能找出郭尙先年輕時東渡八里坌，建館授徒的確切年代，卻從他晚年的詩作中得到一些印證。他對臺灣這個兒時游釣之鄉，真是念念不忘，相當關懷。至於上述各種臺灣書法作品選集所錄郭尙先的書跡，或爲對聯，或爲中堂；或屬條幅，或屬橫披，其書體、形式，頗爲多元，諦觀再三，可以進窺郭尙先書法學的堂奧。此其二。

道光皇帝對於郭尙先的評論是：「操守廉潔，辦事精細」；「學問好，人品更好」[3]，郭尙先的門生陶廷杰〈郭大理遺稿序〉有言：「壬辰（道光 12 年、1832）（郭尙先）由四川學使歸，年四十有八耳，鬚盡白，上（道光皇帝）諭：『以爾年老，故亟用爾。』師（郭尙先）俱奏年歲如狀。時一歲三遷，戀眷天眷，行且大用，而師（郭尙先）竟以是年歸道山！」[4]如果天假以年，郭尙先並未在道光十二年（1832）底，力疾從公，病逝於京師，道光皇帝一定「有大用」於他，讓他肩負國之大任。這是郭尙先的品學能力、涵養器識備受肯定的明證。此其三。

書法創作和書法家的學養人品密切相關。郭尙先學有體用，見聞博洽，「自經史外，博涉諸子百家及輿地象緯之學。

3 郭嗣蕃編《蘭石公年譜》：「道光十一年（1831），四十七歲……公由成都啓程，十二月二十六日抵京，二十七日進內，（道光皇帝）召見於乾清宮西暖閣，上訝其老，勞問久之，有『操守廉潔，辦事精細』之襃。」同書：「道光十二年（1832），四十八歲……上（道光皇帝）嘗重公（郭尙先）爲人，方欲大用，凡簡放學臣，必訓曰：『當如郭某。』聞其歿，軫悼久之，語尙書白鎔曰：『郭某學問好，人品更好也。』」北京：北京圖書館編《北京圖書館藏珍本年譜叢刊》第 138 冊。
4 陶廷杰〈郭大理遺稿序〉。

尤喜鄭漁仲《通志》，謂其兼綜條貫，有裨實用」[5]。顧炎武
的弟子潘耒尤其重視通儒之學，認為精讀鄭樵《通志》，足以
「博極古今，洞達治體」[6]，而成通儒。郭尚先治學，也是以
「博極古今，洞達治體」的通儒之學為宗旨。郭尚先的門生
陶廷杰推崇道：「使（郭尚先）得享大年，躋臺鉉，勳名事業，
必能卓然振於時，以抒其素所蓄積，如古所稱韓、范者。豈
僅以文章傳？」[7]陶廷杰以韓琦、范仲淹出將入相之才學勳業
與郭尚先相提並論，其推重郭尚先的品學能力、涵養器識，
可謂至矣。再者，郭尚先篤於友道，不事諂諛；品高學卓，
為人敬重；痌瘝在抱，關懷蒼生，這些人格特質，本書第二
章〈郭尚先之生平仕履與學養人品〉，都已經詳細論列，茲不
綴述。筆者覺得應該三復斯言的是：郭尚先的書法理論中，
特別強調書品與人品的關係。他說：「學書先貴立品」[8]；又
說：褚遂良書法的「清勁絕俗」是因為「其人品高」[9]；又說：
「忠臣義士書，骨氣自是不凡」，像顏真卿、蘇軾的書法，就
是如此[10]。郭尚先曾書寫大字屏條：「海闊天高氣象，光風霽
月襟懷，霞明星爛辭華，雲行雨施氣象。」（圖 29）筆者於
本書第四章〈郭尚先之書法理論〉章末，有所說明：

> （這二十四字）將儒家聖人之學的體用，修己治人

5　林則徐〈大理寺卿蘭石郭先生墓誌銘〉，錄自閔爾昌《碑傳集補》卷
　　7，頁 6。見周駿富編《清代傳記叢刊》第 120 冊，臺北：明文書局，
　　民國 75 年月元版。
6　潘耒語，見所著《遂初堂文集・日知錄序》卷 6，頁 3，上海：上海
　　古籍出版社《續修四庫全書》第 1417 冊，2003 年 5 月版。
7　陶廷杰〈郭大理遺稿序〉。
8　《芳堅館題跋・唐道安禪師碑銘》卷 2，頁 1。
9　《郭大理遺稿》卷 7，頁 4。
10　《郭大理遺稿》卷 7，頁 4。

的理想，道德、涵養、襟懷、文學、政事、書法的境界，鎔鑄於一體，如此現身說法，相當高明地印證了人品與書品合一的書學傳統。……故知書法之學，其實就是一種人文生命之學。此一意義，郭尚先透過自身鍥而不捨地創作、體驗，結合書學理論的建構，以及身心性命的修持，作了相當完美的詮釋。

道德、涵養、襟懷、文學、政事、書法，尤貴相即相融，合而爲一，筆者如此推論，應是與郭尚先相契合的。此其四。

郭尚先研習書法，用力精勤；篤嗜書學，成癖成癡。他一生廣蒐名家書跡，博觀各種叢帖，臨摹、題跋，皆見其精彩。其小篆源自《孔宙碑》等漢碑碑額，其隸書師法《禮器碑》、《孔宙碑》等漢碑。其真書、草書、行書，則廣泛吸取《蘭亭集敍》、《十七帖》、《洛神賦十三行》、《淳化閣帖》，以及《書種帖》、《墨池堂帖》、《玉煙堂帖》、《鬱岡齋帖》、《快雪堂帖》、《李書樓帖》、《秋碧堂帖》、《詒晉齋帖》、《滋蕙堂帖》等叢帖[11]之菁華。至於唐代書法家歐陽詢、虞世南、褚遂良、敬客、李邕、徐浩、顏真卿、柳公權、張旭、懷素等的書法作品，都是他精進書法所取資的典範。郭尚先鑽研書法的這種求精求博，求新求變的精神與方法，正可啓發後學，示人矩矱。此其五。

郭尚先臨摹碑帖，首先是細觀、諦觀再三，而得古賢之精神。其次是臨摹數十百過，然後在此過程中，得其妙悟。

---

11 郭尚先博觀《書種帖》等叢帖，並廣撰題跋，見之於《芳堅館題跋》卷3。

再其次是有些法書名跡，郭尙先往往用十幾天或幾個月的時間持續臨寫。至於《墨池堂帖》，其臨寫的過程又相當曲折。嘉慶二十一年（1816），郭尙先購得《墨池堂帖》，不但朝夕展觀，勤於臨寫；而且還以泥金撰寫題跋，記其心得。九年之後，又有機緣購回原帖，再臨寫數日，而「覺所見又異」，更有一番新的領會。上述種種臨習書法的方法，都使筆者深獲啓發。此其六。

　　詩文書畫的學習，每重妙悟。郭尙先的書法理論，也強調「悟」的重要。他說：「細觀子敬《乞解臺職狀》，悟此帖勝處。」[12] 又說：「舊歲與顧吳羹先生論《塼塔銘》，頗謂其出筆穎秀……比來澄慮展觀，乃悟其開闊卷舒，一歸自然，天資超絕。」[13] 又說：「學顏書須細觀月餘，偶有所會，縱筆追之，方能離形得似。」[14] 上述例子都說明了郭尙先是透過親身的體驗，證知了「悟」、甚至於「妙悟」在臨摹碑帖的過程中是相當關鍵的工夫。此其七。

　　歷代書法理論文獻中，蘊藏著大量的、各式各樣的書法批評之作，舉凡書法批評的意義、標準、方法、價值等皆有所論述，其內涵豐饒，蔚成大觀。至於當世，亦不乏書法理論、書法美學，或書法批評史之類的著作，然而關於書法批評方法論的探究，則不多見。筆者於是撮述自漢至唐與書法批評方法相關的文獻，針對意象批評法（含譬喻批評法）、比較批評法、溯源批評法等，略窺其門徑，以爲論述郭尙先書

12　《芳堅館題跋・墨池堂帖》卷 3，頁 24。
13　《芳堅館題跋・唐王居士塼塔銘》卷 1，頁 21。
14　《郭大理遺稿》卷 7，頁 7。

法批評之資。而郭尚先評論書法，也靈活運用上述方法，而收實際批評之效。其所創獲之結論，實爲精闢，足以啓發後學。至於書法批評方法論的建構與闡論，則有待於世之博物君子，經之營之，以成巨著。這是筆者所引領企盼的。此其八。

　　至於郭尚先的詩文，收錄在《郭大理遺稿》、《增默菴詩遺集》中，他的古、近體詩，有杜甫詩歌的風味；他的古文，則接近韓愈、歐陽脩；而其駢文，也是辭采爛然，風力遒上，獨具特色。本書旨在探論郭尚先的書法學，因此有關他的文學造詣，暫時存而不論，他日若得閑暇，筆者當另撰論文，而有所析述焉。

參考書目
（依書名首字筆劃排列）

《2004 台灣書法論集》　張炳煌、崔成宗主編，臺北：里仁
　　書局，2005 年 11 月版

《十三經注疏》　臺北：藝文印書館，民國 62 年 5 月版

《小莽蒼蒼齋藏清代學者書法選集（續）》　陳　烈編　北
　　京：文物出版社，1999 年 7 月版

《山谷題跋》　黃庭堅著，臺北：廣文書局，民國 60 年 12
　　月版

《五燈會元》　釋普濟編著，北京：中華書局，1984 年 10 月版

《孔子家語》　臺北：世界書局《諸子集成》第 2 冊，民國
　　63 年 7 月版

《丹青憶舊 ── 臺灣早期先賢書畫展》　國立歷史博物館編輯
　　委員會，民國 92 年 12 月版

《六一詩話》　歐陽脩著，臺北：藝文印書館《歷代詩話》，
　　民國 63 年 4 月版

《中國古代文學批評方法研究》　張伯偉著，北京：中華書
　　局，2002 年 5 月版

《中國古代書畫圖目》　北京：文物出版社，1997 年 1 月版

《中國真跡大觀》　日本京都：株式會社同朋社，1995 年 10
　　月版

《中國叢書綜錄》 上海圖書館編，上海：上海古籍出版社，
　　1986 年 2 月版

《中國扇面珍賞》 朱念慈編，香港：商務印書館 1999 年 4
　　月版

《中國書法》 陳廷祐著，北京：五洲傳播出版社，2003 年
　　8 月版

《中國書法全集・清代名家》 北京：榮寶齋出版社 2001
　　年 11 月版

《中國書法史・隋唐五代》 朱關田、劉恆等著，江蘇：江
　　蘇教育出版社，1999 年 10 月版

《中國書法家全集・虞世南》 虞曉永著，河北：河北教育
　　出版社，2004 年 3 月版

《中國書法批評史》，姜壽田主、陳振濂主編，杭州：中國美
　　術學院出版社，1997 年 10 月版

《中國書法理論史》 王鎮遠著，安徽：黃山書社，1990 年
　　7 月版

《中國書法理論體系》 熊秉明著，臺北：雄獅圖書公司，
　　民國 88 年 9 月版

《中國書法導論》 王強、劉樹勇著，北京：社會科學文獻
　　出版社，1992 年 2 月版

《中國書法藝術論・秦漢》 蘇士澍編，北京：文物出版社，
　　2000 年 2 月版

《中國書法風格史》 徐利明著，河南：河南美術出版社，
　　1997 年 1 月版

《中國書畫全書》 盧輔聖、崔爾平、江　宏等編，上海：

上海書畫出版社，1996 年 10 月版

《中國書論辭典》　陶明君編，湖南：湖南美術出版社，2001
　　年 10 月版

《中國歷代人物圖像集》　華人德主編，上海：上海古籍出
　　版社，2004 年 11 月版

《中華書學大辭典》　李光德編著，北京：團結出版社，2000
　　年 1 月版

《文心雕龍注釋》　劉勰著、周振甫注釋，臺北：里仁書局，
　　民國 87 年 9 月版

《文選》　蕭統編、李善注，臺北：正中書局，國 60 年 10
　　月版

《王羲之王獻之小楷集冊》　上海：上海書畫出版社，2000
　　年 12 月版

《史記》　司馬遷著，臺北：洪氏出版社，民國 64 年 9 月版

《史學方法論》　杜維運著，臺北：華世出版社，民國 68 年
　　2 月版

《民國莆田縣志》　石有紀修、張琴纂，上海：上海書店出
　　版社《中國地方志輯成‧福建府縣志輯 17》，2000 年 10
　　月版

《列子集釋》　楊伯峻集釋，北京：中華書局，1979 年 10 月版

《吉安室書錄》　梁章鉅著，上海：上海人民美術出版社，
　　2003 年 8 月版

《老古董收藏圖鑑》　史樹青等編著，北京：外文出版社，
　　2005 年版

《老子道德經注》　王　弼注，臺北：世界書局《諸子集成》

第 3 冊，民國年月版

《全上古三代秦漢三國六朝文》　嚴可均編，日本京都：中
　　文出版社，1972 年 7 月版

《全唐詩》　臺北：宏業書局，民國 71 年 9 月版

《全宋詩》　北京：北京大學出版社，1998 年 12 月版

《吾國與吾民》　林語堂著，臺北：林白出版社，民國 73 年
　　3 月版

《杜詩詳注》　杜甫著、仇兆鰲注，臺北：里仁書局，民國
　　69 年 7 月版

《宋元學案》　黃宗羲著，浙江：浙江古籍出版社，2005 年
　　1 月版

《宋史》　脫脫等著，臺北：鼎文書局，民國 80 年 2 月版

《李白集校注》　瞿蛻園等校注　臺北：里仁書局，民國 70
　　年 3 月版

《帖考》　林志鈞著，臺北：華正書局，民國 74 年 7 月版

《定靜堂中國書畫名品選》　林宗毅、林柏亭、王耀庭編，
　　臺北：財團法人林宗毅博士文教基金會，民國 93 年 4
　　月版

《明清時代臺灣書畫作品》　臺北：行政院文化建設委員會，
　　民國 73 年 5 月版

《明清書法史國際學術研討會論文集》華人德、葛鴻楨主編，
　　上海：上海古籍出版社，2008 年 7 月版

《法書要錄》　張彥遠著　臺北：臺灣商務印書館景印文淵
　　閣《四庫全書》第 812 冊，民國 75 年 3 月版

《芳堅館題跋》　郭尚先著，臺北：新文豐圖書公司《叢書

集成續編》第 95 冊，民國 78 年 7 月版

《近代中國書畫輯粹》　蕭添福編，臺中：晨星出版社，1999
年 8 月版

《近代名人墨跡・馮永軒藏品》　馮天琪、馮天瑜編，武漢：
湖北教育出版社，2001 年 9 月版

《金石家書法集》　北京：中國書店，2000 年 1 月版

《金門民間古字畫珍藏集》　金門：金門縣立文化中心，民
國 91 年 9 月版

《宣和書譜》　長沙：湖南美術出版社，1999 年 12 月版

《故宮博物院藏文物珍品全集》　單國強主編，香港：商務
印書館，2001 年 12 月版

《故宮博物院藏明清扇面書畫集》　北京：人民美術出版社，
1991 年 12 月版

《昭代名人尺牘續集小傳》　陶　湘編，臺北：明文書局，
周駿富編《清代傳記叢刊》第 32 冊，民國 75 年元月版

《皇清書史》　李放纂輯，臺北：明文書局，周駿富編《清
代傳記叢刊》第 84 冊，民國 75 年元月版

《香書軒秘藏名人書翰》　趙一生、王翼奇編，杭州：浙江
古籍出版社，2005 年 1 月版

《述書賦》　竇　臮著　臺灣商務印書館景印文淵閣《四庫
全書》第 812 冊，民國 75 年 3 月版

《唐孔祭酒碑》　上海：上海書畫出版社，2000 年 12 月版

《唐碑百選》　施蟄存編著，上海：上海教育出版社，2001
年 5 月版

《書林藻鑑》　馬宗霍編，臺北：臺灣商務印書館，民國 54

年 12 月版

《書斷》 張懷瓘著　臺北：臺灣商務印書館景印文淵閣《四
庫全書》第 812 冊，民國 75 年 3 月版

《書法及其教學之研究》 蔡崇名著，臺北：華正書局，民
國 71 年 6 月版

《書法美學》 陳振濂著，山東：山東人民出版社，2006 年
3 月版

《書法美學史》 蕭　元著，長沙：湖南美術出版社，1990
年 6 月版

《書法知識千題》 周俊傑、唐讓之等編著，臺北：博遠出
版公司，民國 82 年 9 月版

《書法鑒識》 蕭燕翼著，廣西：廣西師範大學出版社，2000
年 3 月版

《書苑菁華》 陳　思著　臺北：臺灣商務印書館景印文淵
閣《四庫全書》第 814 冊，民國 75 年 3 月版

《書譜》 孫過庭著　臺北：臺灣商務印書館景印文淵閣《四
庫全書》第 812 冊，民國 75 年 3 月版

《書道全集》 小川環樹、神田喜一郎、滄田淳之助等著，
于還素、洪惟仁等譯，臺北：大陸書店，民國 64 年 5
月-87 年 2 月版

《國朝書畫家筆錄》 竇鎮輯，臺北：明文書局，周駿富編
《清代傳記叢刊》第 84 冊，民國 75 年元月版

《國泰美術館選集・第十一輯・明清民初名家書畫集》 臺
北：國泰美術館，民國 68 年元月版

《國泰美術館選集・第八輯・明清名家楹帖百聯集》 臺北：

國泰美術館，民國 67 年 5 月版

《張懷瓘書論》　張懷瓘著，湖南：湖南美術出版社，1997
年 4 月版

《張旭郎官石柱記序》　上海：上海書畫出版社，2001 年 6
月版

《晉書斠注》　吳士鑑、劉承幹斠注　臺北：藝文印書館《二
十五史》第 9 冊

《清晝堂詩集》　鄭　騫著，臺北：大安出版社，民國 77 年
12 月版

《清人詩集敘錄》　袁行雲著，北京：文化藝術出版社，1994
年 8 月版

《清代書畫雅集》　莊芳榮編，臺北：中華民國資產維護學
會，民國 93 年 11 月版

《清代畫史增編》　盛叔清輯，臺北：明文書局，周駿富編
《清代傳記叢刊》第 78 冊，民國 75 年元月版

《清史稿列傳》　趙爾巽等編著，臺北：明文書局，周駿富
編《清代傳記叢刊》第 105 冊，民國 75 年元月版

《清畫家詩史》　李濬之輯，臺北：明文書局，周駿富編《清
代傳記叢刊》第 76 冊，民國 75 年元月版

《淳化閣帖》　王　著編，浙江：浙江古出版社，1999 年 5
月版

《莊子集釋》　郭慶藩集釋，臺北：河洛圖書出版社，民國
63 年 3 月版

《莊子詮評》　方　勇、陸永品詮評，四川：巴蜀書社，1998
年 9 月版

《聊齋誌異》　蒲松齡著，臺北：九思出版公司，民國 67 年
　　7 月版

《陳寅恪先生論文集》　陳寅恪著，臺北：九思出版社，民
　　國 66 年 6 月版

《郭尚先、葉化成書蹟合冊》　臺北：蕙風堂，2004 年 10 月版

《郭大理遺稿》　郭尚先撰，上海：上海古籍出版社《續修
　　四庫全書》第 1510 冊，2003 年 5 月版

《尊孟辨》　余允文著，臺北：臺灣商務印書館景印文淵閣
　　《四庫全書》第 169 冊，民國 75 年 3 月版

《智慧的禪公案》　杜松柏著，臺北：臺灣學生書局，2005
　　年 12 月版

《畫禪室隨筆》　董其昌著　臺北：臺灣商務印書館景印文
　　淵閣《四庫全書》第 867 冊，民國 75 年 3 月版

《程侍郎遺集》　程恩澤著，上海：上海古籍出版社《續修
　　四庫全書》第 1511 冊，2003 年 5 月版

《愛吾廬題跋》　呂世誼著，臺灣：林宗毅發行，民國 63 年
　　11 月版

《新唐書》　宋　祁、歐陽脩著，臺北：藝文印書館《二十
　　五史》第 27 冊

《楚望樓駢體文內篇》　成惕軒著，臺北：臺灣中華書局，
　　民國 62 年 9 月版

《楊守敬全集》　楊守敬著，武漢：湖北人民出版社，1995
　　年 4 月版

《碑傳集補》　閔爾昌纂錄，臺北：明文書局，周駿富編《清
　　代傳記叢刊》第 120 冊，民國 75 年元月版

《虞世南孔子廟堂碑》　上海：上海書畫出版社，2000 年 12
　　月版

《遂初堂文集》　潘耒著，上海：上海古籍出版社《續修四
　　庫全書》第 1417 冊，2003 年 5 月版

《潤古汲今：臺灣先賢書畫專輯》　鄭文彰、蔡長鐘編，臺
　　南：臺南縣政府文化局《南瀛文化叢書・一二八》，民
　　國 92 年 11 月版

《漢魏六朝百三名家集》　張　溥編著，臺北：文津出版社，
　　民國 68 年 8 月版

《管子校正》　尹知章、戴望校正，臺北：世界書局《諸子
　　集成》第 5 冊，民國 63 年 7 月版

《臺北縣志》　臺北：成文出版社《中國方志叢書》，民國 72
　　年版

《臺灣早期書畫展圖錄》　臺北：國立歷史博物館，民國 84
　　年版

《臺灣書法三百年》　陳偉編，高雄：高雄市立美術館，民
　　國 87 年 6 月版

《臺灣關係一百翰林書畫集》　臺中：臺灣省立臺中圖書館，
　　民國 65 年 3 月版

《增默菴詩遺集》　郭尚先著，上海：上海古籍出版社《續
　　修四庫全書》第 1510 冊，2003 年 5 月版

《廣川書跋》　董　逌著，臺北：臺灣商務印書館景印文淵
　　閣《四庫全書》第 813 冊，民國 75 年 3 月版

《廣藝舟雙楫》　康有為著，臺北：華正書局，民國 71 年 10
　　月版

《廣藝舟雙楫注》　康有爲著、崔爾平注，上海：上海書畫
　　出版社，2006 年 1 月版

《甌鉢羅室書畫過目考》　李玉棻撰，臺北：明文書局，周
　　駿富編《清代傳記叢刊》第 74 冊，民國 75 年元月版

《墨緣小錄》　潘曾瑩著，臺北：明文書局，周駿富編《清
　　代傳記叢刊》第 79 冊，民國 75 年元月版

《墨池編》　朱長文著，臺北：臺灣商務印書館景印文淵閣
　　《四庫全書》第 812 冊，民國 75 年 3 月版

《豫章黃先生文集》　黃庭堅著　臺北：臺灣商務印書館《四
　　部叢刊正編》第 49 冊，民國 68 年 10 月版

《歷代書法論文選》　上海：上海書畫出版社，1979 年 10 月版

《歷代筆記書論彙編》　華人德編，江蘇：江蘇教育出版社，
　　1996 年 11 月版

《翰墨珠林 —— 臺灣書法傳承展作品集》　張炳煌、杜忠誥、
　　崔成宗等編　臺北：淡江大學文鍇藝術中心，2004 年 4
　　月版

《館藏書畫選集》　臺北：臺灣省立博物館

《謝鴻軒珍藏書法選集》　新竹：新竹市立文化中心 86 年元
　　月版

《舊唐書》　劉昫著　臺北：藝文印書館《二十五史》第 22-24 冊

《藝舟雙楫疏證》　包世臣著，祝嘉疏證，臺北：華正書局，
　　民國 71 年 10 月版

《蘭石公年譜》　郭嗣蕃編，北京：北京圖書館出版社《北
　　京圖書館藏珍本年譜叢刊》第 138 冊

跋　語

郭尙先《芳堅館題跋》題寫道：

趙子固論書，獨推丁道護《啟法寺碑》、顏魯國《離
堆記》……襄與李春湖（宗瀚）侍郎摩挲丁書，恆以
不得見顏《記》為恨。己丑（道光9年、1829）臘月，
余視（學）閬州，始訪得之於新井鎮，刻在巖壁，臨
嘉陵江上，存字四十四字，仰視若鳳鷥群鷔於煙霄之
上，令人色飛。其旁里許，鮮于仲通[1]故居，今為道士
觀。舊有魯公祠，已圮。有碑，宋馬存文，明盧雍重
書，尚完好。因募工縛木為架，拓崖字數十紙，並屬
吳梅梁觀察暨郡縣，命道士愛護之。且追約：「官拓
者必與貲，冀為觀益，不為觀累，庶可以久。」郵寄
越中，而春湖已下世，度不及見矣。

嗟呼！以歐、趙諸家所未得見，而余始得之，豈與魯
國有香火緣耶……壬辰（道光十二年、1832）冬至識。

2

---

1 鮮于仲通即唐人鮮于向，字仲通。歷官至漢陽郡太守。顏真卿〈鮮于
　氏離堆記〉：「閬州之東百餘里，有縣曰新政。新政之南數千步，有山
　曰離堆……東面有石堂焉，即故京兆尹鮮于君之所開鑿也……君諱
　向，字仲通，以字行。漁陽人。」見《全唐文》卷 337，頁 19，北京：
　中華書局，1983 年 11 月版。
2 郭尙先《芳堅館題跋・唐八關齋會報德記》卷 2，頁 6，臺北：新文豐
　圖書公司《叢書集成續編》第 95 冊，民國 78 年 7 月版。

　　香火緣，也稱「香火因緣」。依據《佛學大辭典》：「古人盟誓，多設香火告神。故佛家謂彼此契合曰：『香火因緣』。謂如結盟於宿世，故逾分相愛也。」[3]筆者之瓣香郭尙先，蒐羅其書跡，閱讀其詩文，仰慕其書法創作之精彩，從事其書法學術之探究，朝斯夕斯，念茲在茲，迄今四年有餘。其所作爲，雖然遠不逮於郭尙先之護持、弘闡顏真卿的書法、書學，但是也可稱得上是和郭尙先這位兩百年前的書法學巨擘有著「香火因緣」吧。

　　民國九十三年春，筆者運用淡江大學圖書館的藏書，完成了〈郭尙先的人品與書藝〉一文。其後又復尋尋覓覓，訪求郭尙先的書跡及其相關資料於國家圖書館，以及臺北的許多書店。九十五年十二月二日，又得機緣，應邀撰擬〈郭尙先書論研究〉一文，發表於靜宜大學創校五十週年「國際書畫藝文研討會」。這兩篇論文發表之後，心中、腦中經常有一個聲音：「崔成宗，你應該加緊努力，完成一部《郭尙先書法學研究》的專著，庶幾無負於和郭尙先之間的『香火因緣』。」於是鍥而不捨，不敢怠惰，而以前述兩篇論文爲基礎，續有開展，終於在九十六年上半年，先後完成了本書的第一章到第四章。

　　溯自九十六年八月起，銜　命承乏本校中國文學學系系務，以迄於今，除了必須執行教育部教學卓越計畫部分的子計畫之外，又復撰擬大學評鑑的自評報告，以接受系、所評鑑。重以公私事務，叢脞交迫，於是本書第五章〈郭尙先之

3　丁福保《佛學大辭典》頁 808，北京：文物出版社，1984 年 1 月版。

書法批評〉、第六章〈結論〉，遂不得不爲之延遲撰寫。所幸
今年暑期稍得餘暇，總算勉力完成了《郭尙先書法學研究》
這部書。

　　淡江大學圖書館藏書相當豐富，因此筆者得以在九十三
年春天短短的一、兩個月之間，從本校圖書館中訪得《北京
圖書館藏珍本年譜叢刊・蘭石公年譜》、《續修四庫全書》所
收《郭大理遺稿》與《增默菴詩遺集》、《叢書集成續編・芳
堅館題跋》、《中國古代書畫圖目》、《清人傳記叢刊》、《民國
莆田縣志》、《書道全集》等文獻，而蒐羅了郭尙先相當多的
詩文、題跋、年譜、傳記、書跡等相關文獻，而知所論述。
其後又於國家圖書館及臺北各書店，廣蒐相關資料，研析論
述，而成此六章。感謝淡江大學圖書館。

　　兩百年前，郭尙先曾在淡水對岸的八里坌（今臺北縣八
里鄉）建館授徒。時隔兩百年，與八里遙遙相對的淡江大學
五虎崗，有一個後學晚輩，不揣譾陋，上友古賢，遵照郭尙
先的指點，對於他的書法創作、書法理論，亦步亦趨，黽勉
述循，髣髴研讀了獨具特色的、饒有卓識深衷的中國書法史、
中國書法批評史，這是何等奇妙的書法香火因緣！

　　文史哲出版社　彭發行人正雄先生慨允出版本書，非但
成此勝緣，抑且弘揚書學，不勝其感懷欽遲之忱。

　　　　　　　　　　福山崔成宗跋於雲鶴齋
　　　　　　　　　　中華民國九十七年七月三十日

圖　　版

圖 1《郭尚先畫像》

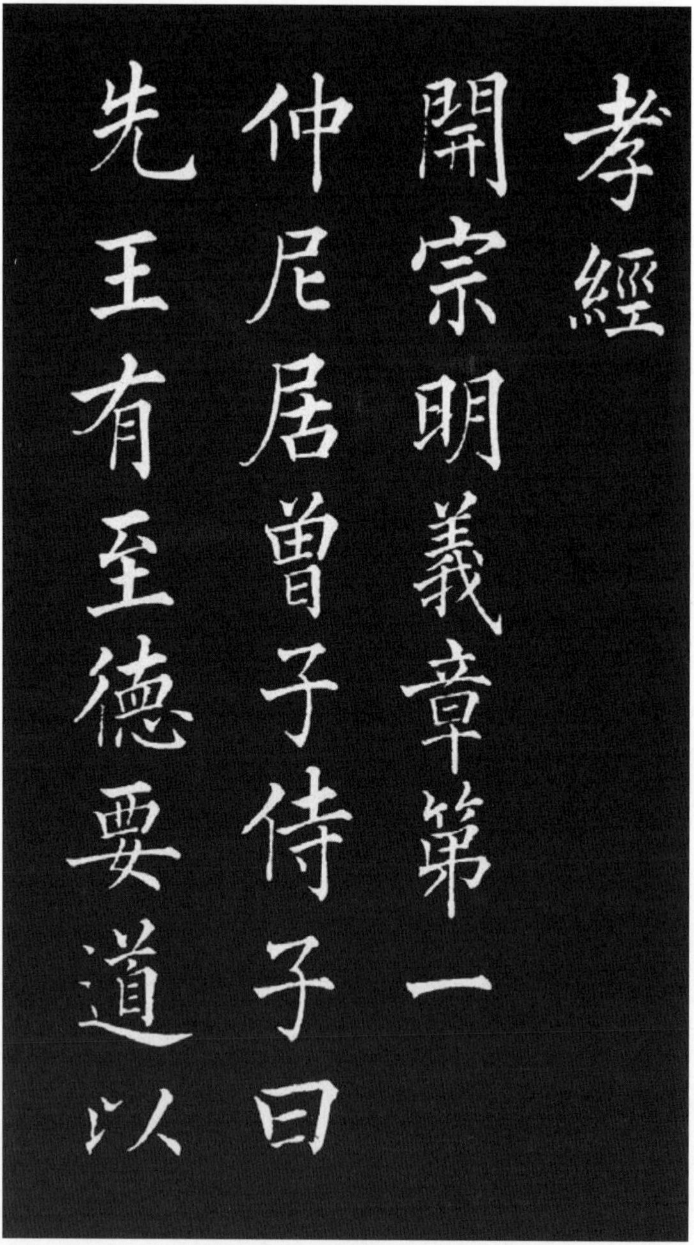

孝經

開宗明義章第一

仲尼居曾子侍子曰

先王有至德要道以

圖 2《郭尚先楷書〈孝經〉》

圖 3《郭尚先行書「飛電流雲絕瀟灑」對聯》

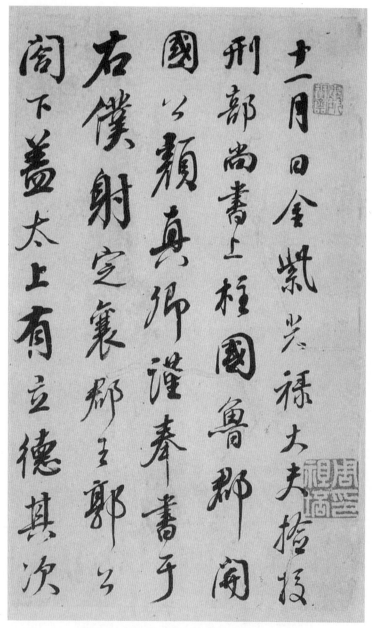

圖 4-1《郭尚先行書臨〈爭坐位帖〉》

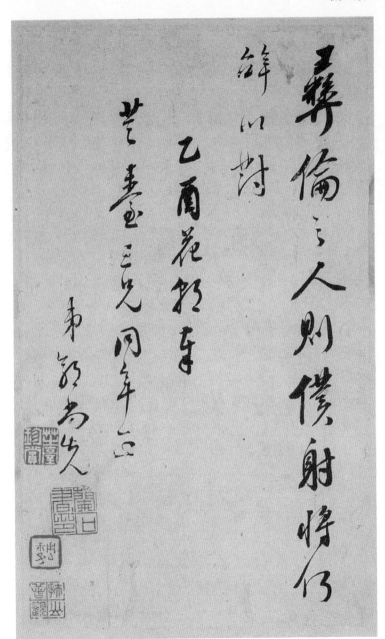

圖 4-2《郭尚先行書臨〈爭坐位帖〉》

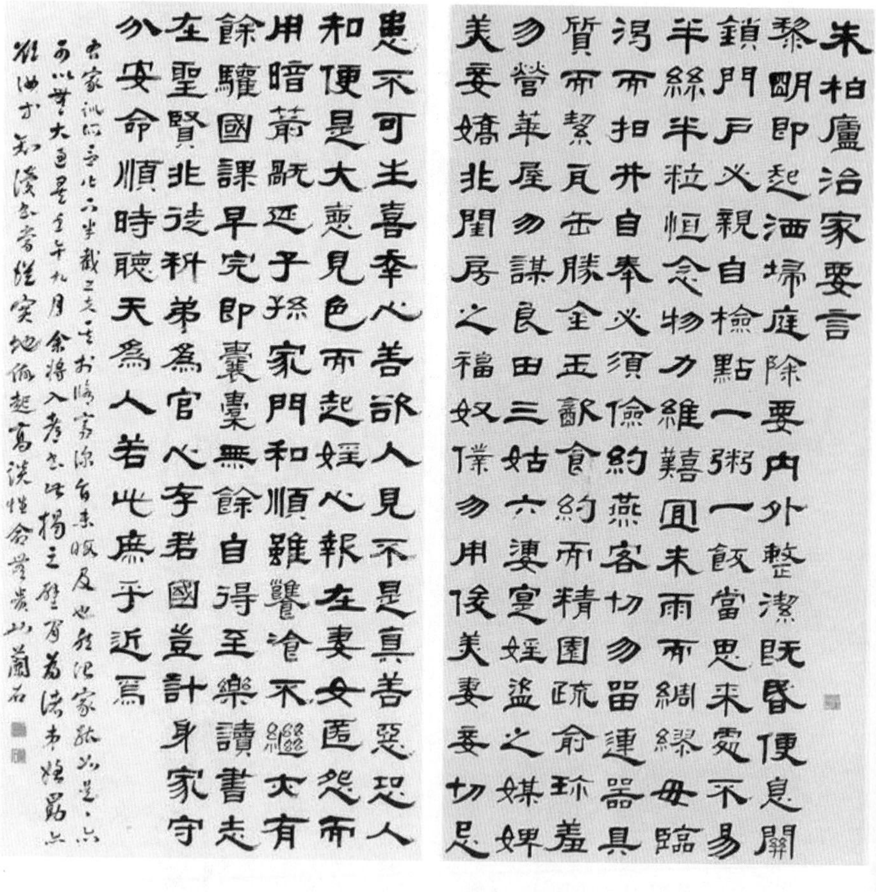

朱柏廬治家要言

黎明即起洒掃庭除要內外整潔既昏便息關鎖門戶必親自檢點一粥一飯當思來處不易半絲半粒恒念物力維艱宜未雨而綢繆毋臨渴而掘井自奉必須儉約宴客切勿留連器具質而潔瓦缶勝金玉食約而精園蔬愈珍饈多營華屋勿謀良田三姑六婆實淫盜之媒婢美妾嬌非閨房之福奴僕勿用俊美妻妾切忌

患不可生喜幸心善欲人見不是真善惡恐人知便是大惡見色而起婬心報在妻女匿怨而用暗箭既延子孫家門和順雖饔飧不繼亦有餘歡國課早完即囊橐無餘自得至樂讀書志在聖賢非徒科第君心安國豈計身家守分安命順時聽天為人若此庶乎近焉寫

圖 5《郭尚先隸書〈朱柏廬治家要言〉》（局部）

圖6《郭尚先行書「韓幹畫馬」橫披》

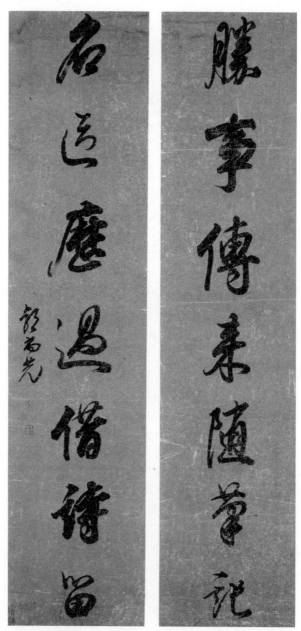

圖7《郭尚先行書「勝事傳來隨筆記」對聯》

圖 8《郭尚先行書「好古不求秦以下」對聯》

皇清誥授榮祿大夫賈餘溫公墓志銘

直隸總督

圖9《郭尚先篆書〈溫公墓誌銘・碑額〉》

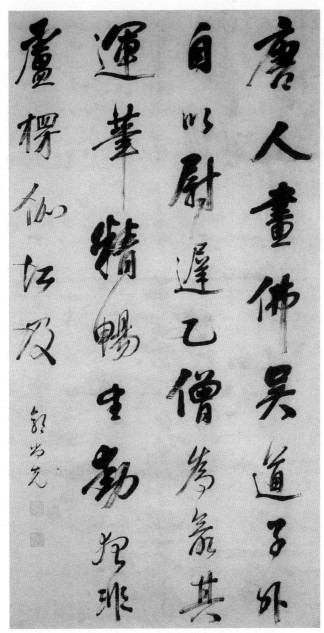

圖 10《郭尚先行書「唐人畫佛」中堂》

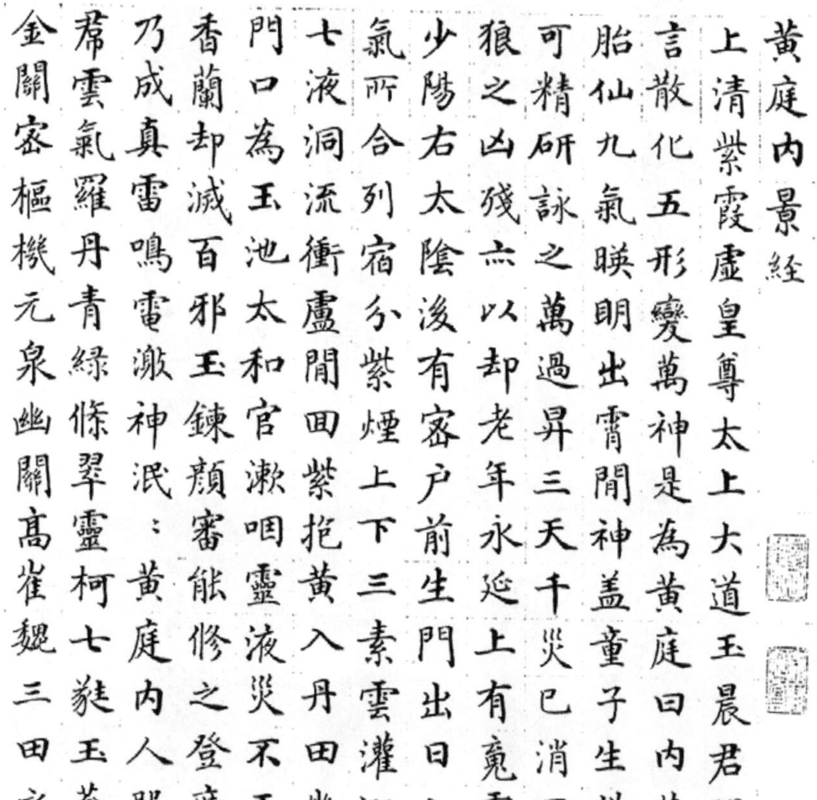

黃庭內景經

上清紫霞虛皇尊太上大道玉晨君閒居藥珠作七
言散化五形變萬神是為黃庭曰內篇琴心三疊舞
胎仙九氣暎明出霄間神蓋童子生紫煙是曰玉書
可精研詠之萬過昇三天千災已消百病痊不但祥
狼之凶殘六以却老年永延上有竟靈下關元左為
少陽右太陰後有密戶前生門出日入月呼吸存元
氣兩合列宿分紫煙上下三素雲灌漑五華植靈根
七液洞流衝盧間回紫抱黃入丹田幽室內明照陽
門口為玉池太和官漱咽靈液災不干體生光華氣
香蘭却滅百邪玉鍊顏能修之登廣寒晝夜不寐
乃成真雷鳴電激神泯：黃庭內人服錦衣紫華飛
幕雲氣羅丹青絛翠靈柯七蕤玉籥開兩扉重掩
金關密樞機元泉幽關高崔巍三田之中精氣微嬌

圖 11《郭尚先楷書〈黃庭內景經〉》

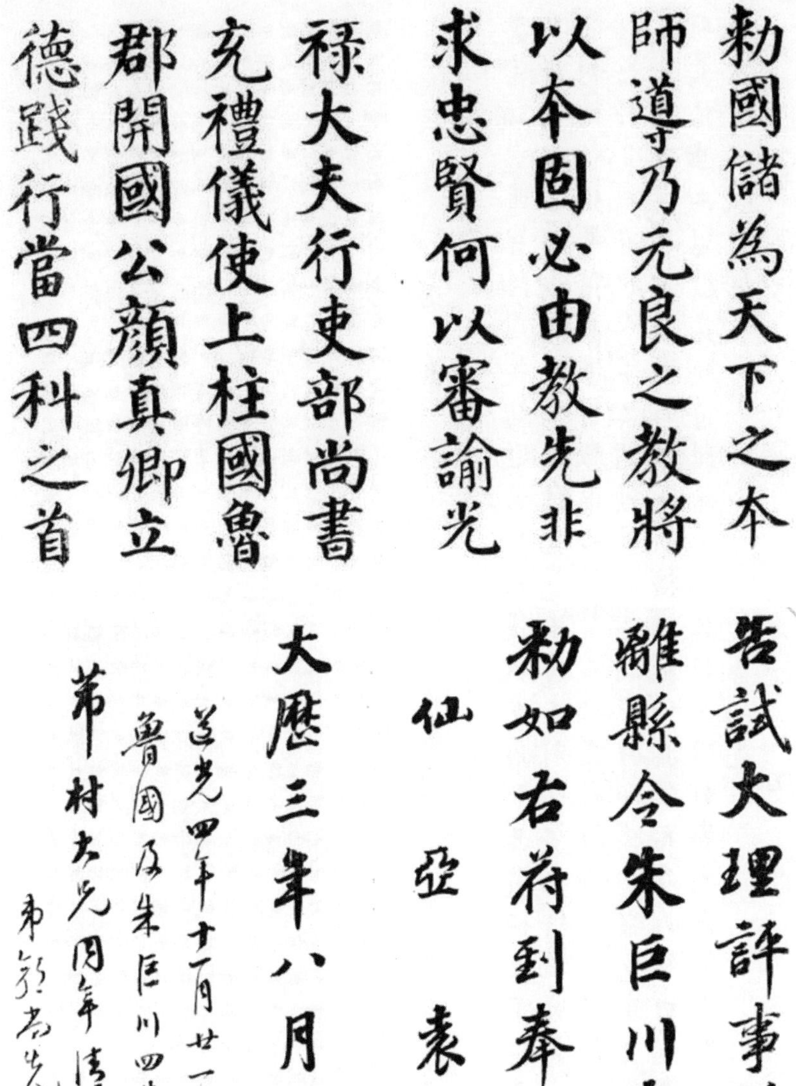

勅國儲為天下之本
師導乃元良之教將
以本固必由教先非
求忠賢何以審諭光
告試大理評事蕭鍾

雛縣令朱巨川奉
勅如右苻到奉行
仙　亞　袁琳

祿大夫行吏部尚書
充禮儀使上柱國魯
郡開國公顏真卿立
德踐行當四科之首

大歷三年八月日下

逄先四年十月廿一日臨顏
魯國及朱巨川四告率

帝村大先因年清己
帝郭志先

圖 12《郭尚先楷書臨〈顏真卿及朱巨川告身〉》

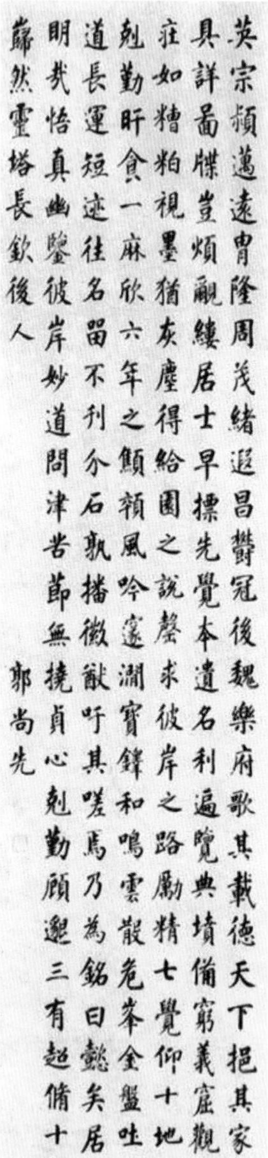

圖 13《郭尚先楷書臨〈王居士塼塔銘〉》

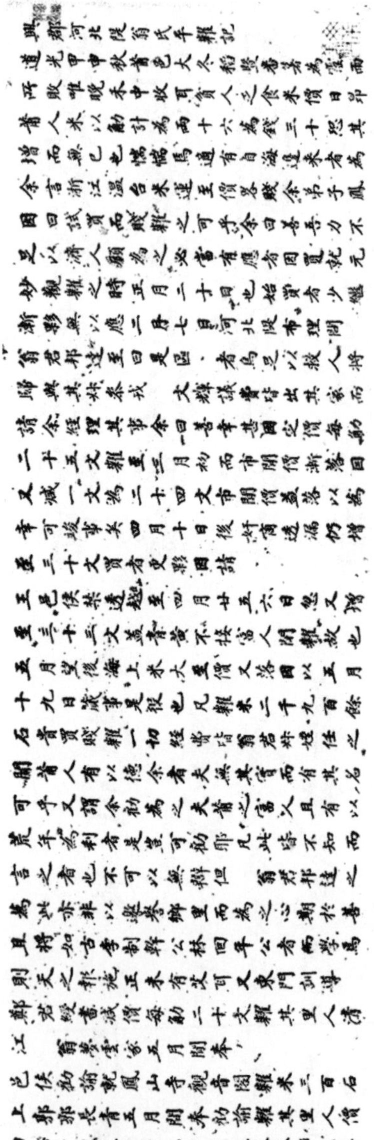

圖 14《郭尚先楷書〈翁氏平糶記〉》

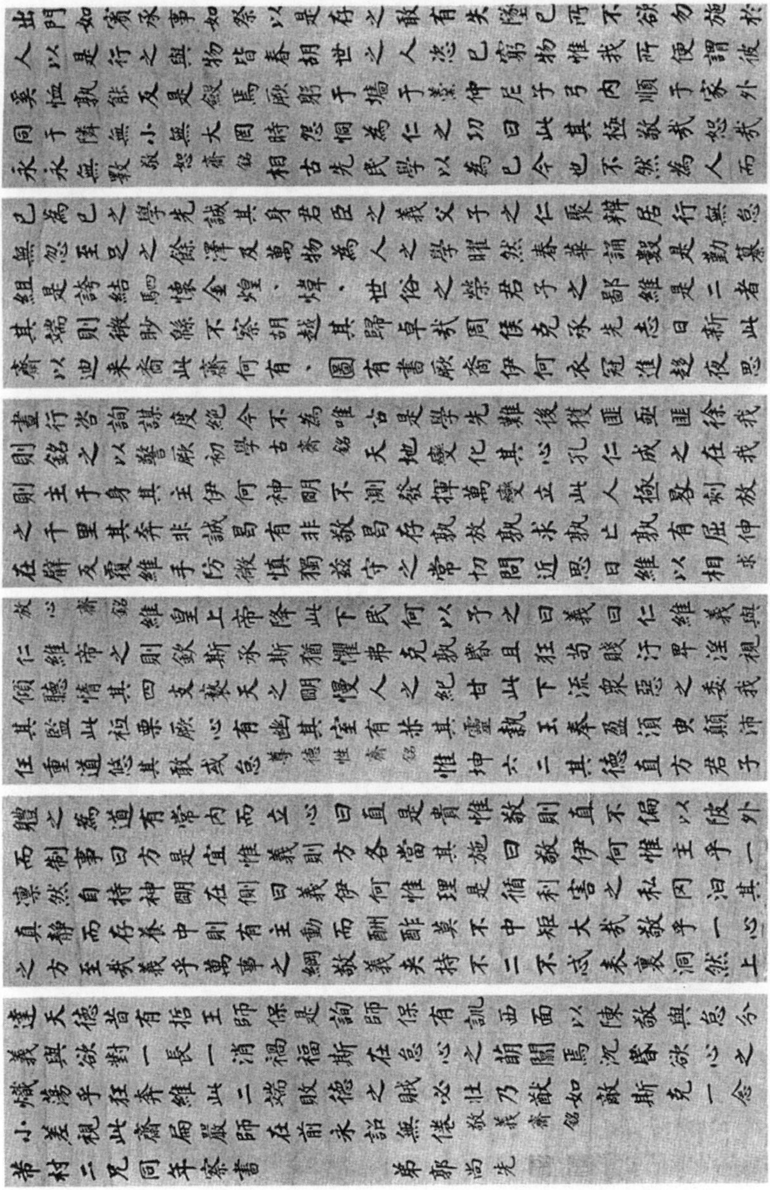

圖 15《郭尚先楷書《敬恕齋銘》屏條》

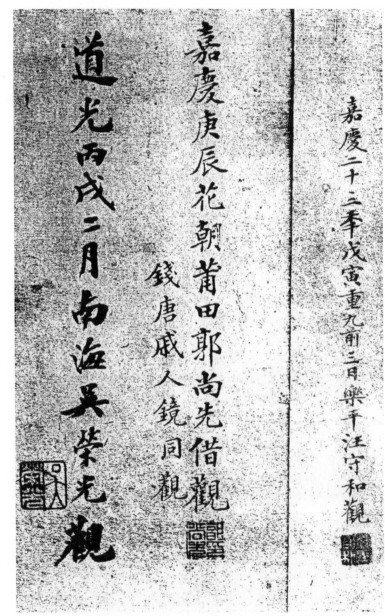

圖 16《郭尙先楷書「嘉慶庚辰花朝」跋語》

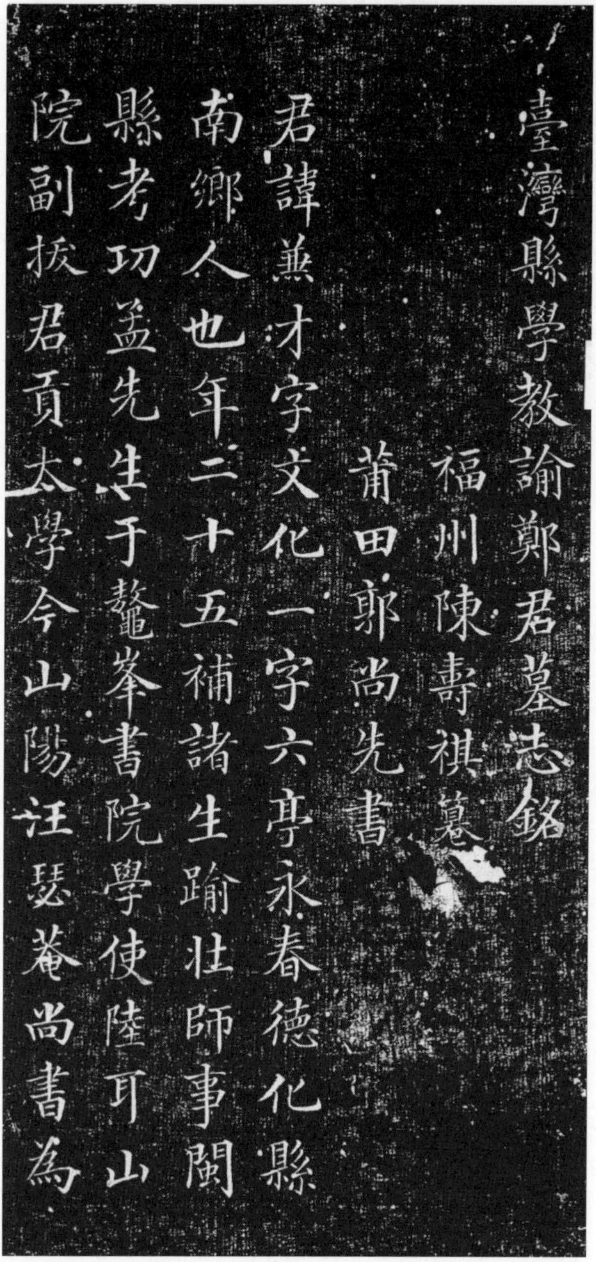

臺灣縣學教諭鄭君墓志銘

福州陳壽祺篆

莆田郭尚先書

君諱薰才字文化一字六亭永春德化縣
南鄉人也年二十五補諸生踴壯師事閩
縣考功益先生于鼇峯書院學使陸耳山
院副振君貢太學今山陽汪瑟菴尚書爲

圖 17《郭尚先楷書〈臺灣縣學教諭鄭君墓志銘〉》

圖 18《郭尚先行書「赤子視萬類」對聯》

圖 19《郭尚先行書「刻燭
分題閒人忙事」對聯》

圖 20《郭尚先行書「山色只宜遠處看」對聯》

圖 21《郭尚先行書「山花
雨露圖書室」對聯》

圖 22《郭尚先行書「梅花
四照成珠海」對聯》

圖 23《郭尚先行書「樓中飲興因明月」對聯》

圖 24《郭尚先行書「顧視清高氣深稳」對聯》

圖 25《郭尚先行書「琴裡知聞惟淥水」對聯》

圖 26《郭尚先行書「朝夕長吟甫頌仰」對聯》

圖 27《郭尚先行書「深心託毫素」對聯》

圖 28《郭尚先行書「漏滴銅壺諸籟靜」對聯》

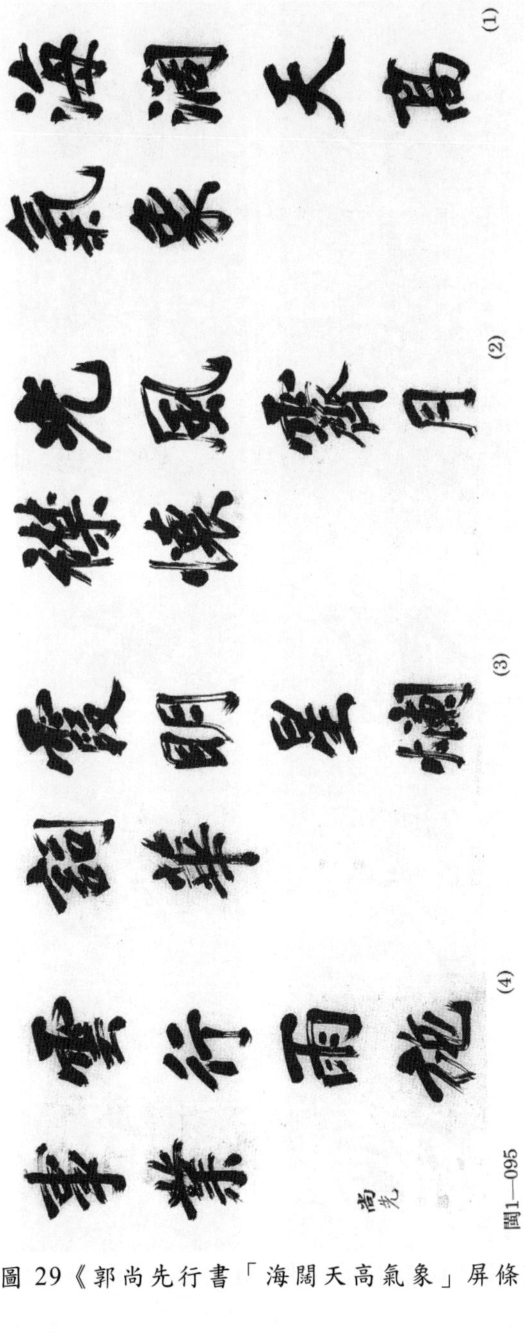

(1)

(2)

(3)

(4)

圖1—095

圖 29《郭尚先行書「海闊天高氣象」屏條》

圖 30《郭尚先行書「道出古人轍」對聯》

圖 31《郭尚先行書「平揖古賢氣吞時輩」對聯》

圖 32《郭尚先行書「五更
曉色來書幌」對聯》

圖 33《郭尚先行書「餘子風流追魏晉」對聯》

圖 34《郭尚先行書「道心靜似山藏玉」對聯》

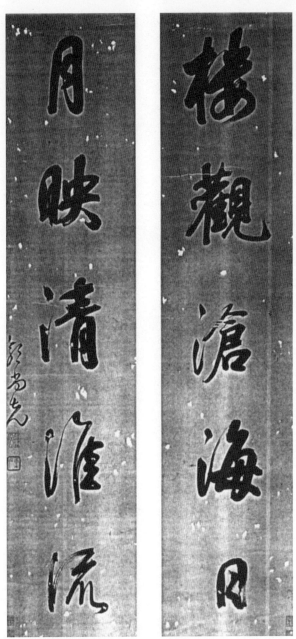

圖 35《郭尚先行書「樓觀滄海日」對聯》

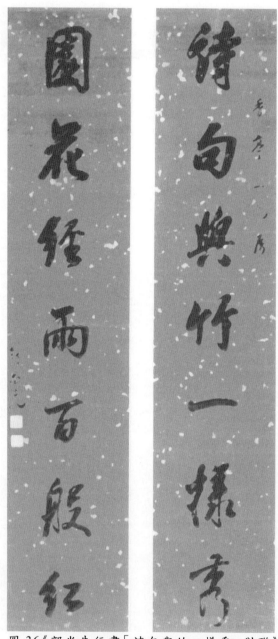

圖 36《郭尚先行書「詩句與竹一樣秀」對聯》

圖 37《郭尚先行書「深院鈔書梧葉雨」對聯》

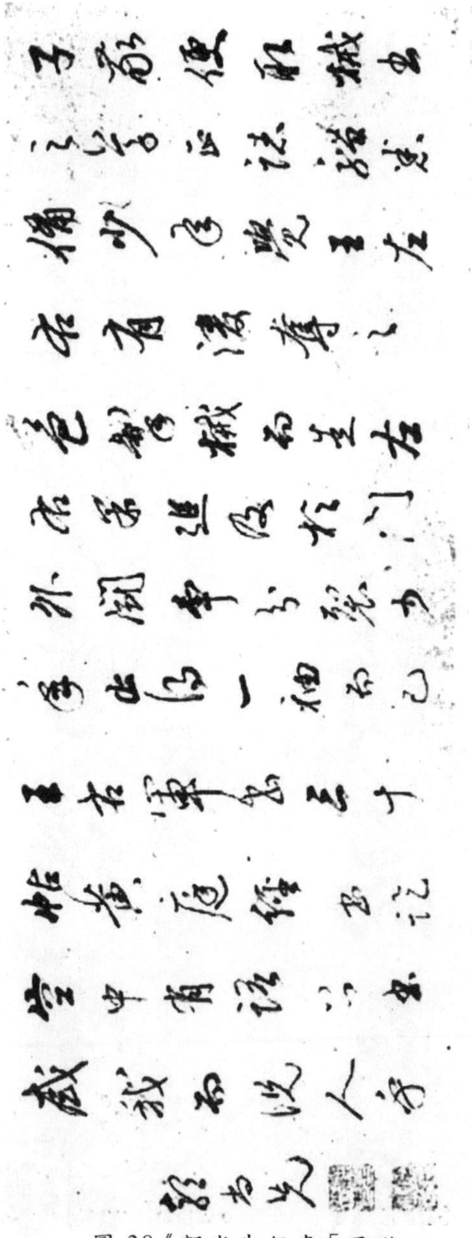

圖 38《郭尚先行書「子敬
便取械書之」橫批》

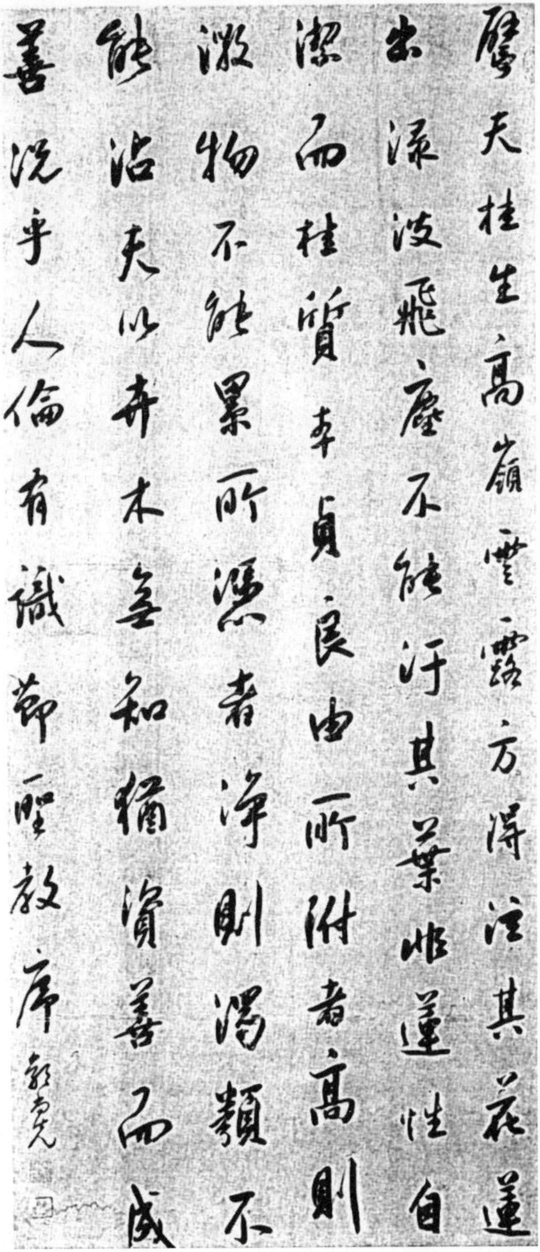

擘天桂生高嶺雲露方得泫其花蓮出淥波飛塵不能汙其葉唯蓮性自潔而桂質本貞良由所附者高則激物不能累所憑者淨則濁類不能污夫以卉木無知猶資善而成善況乎人倫有識節聖教序　郭尚先

圖 39《郭尚先行書「擘天柱生高嶺」中堂》

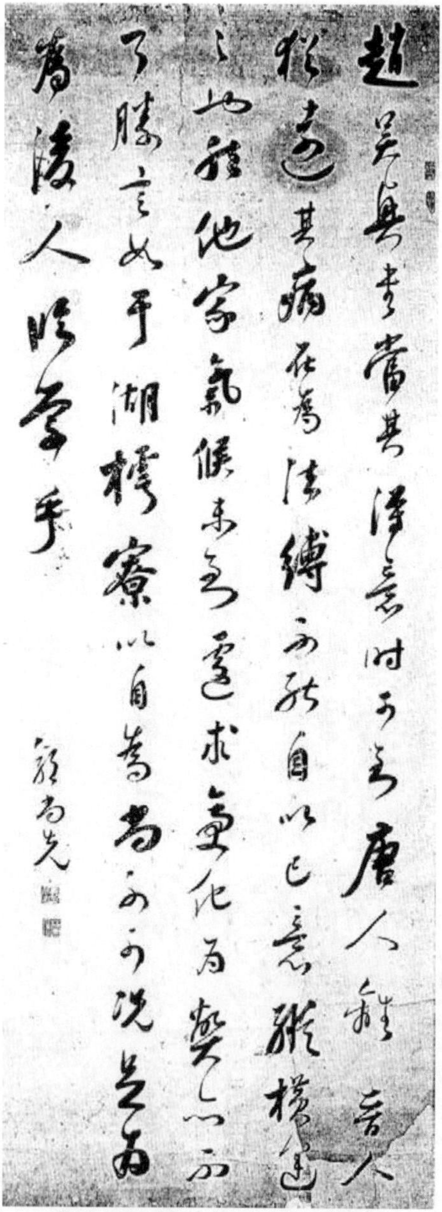

圖 40《郭尚先行書「趙吳
興書當其得意時」中堂》

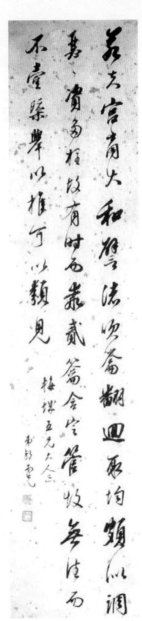

圖 41《郭尚先行書「顏書
千福寺塔頌」條幅》

圖 42《郭尚先行書「若夫
宮商大和」條幅》

圖 43《郭尚先行書「影軋雙枝柔櫓齊」中堂》

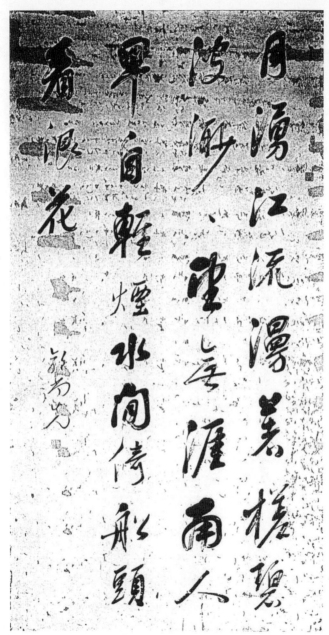

圖 44《郭尚先行書「月湧江流漫著槎」中堂》

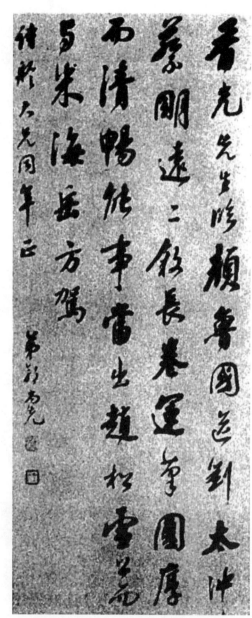

風雨望峩眉
竹亞枝驕馬青衣江畔路一字
沈黎西上古犍為紅樹蒼藤
　　　郭尚先

圖 45《郭尚先行書「沈黎
　　西上古犍為」條幅》

待弊大兄同年正
與米海岳方駕
而清暢能事當出趙松雪室
蓉關遠三餘長春運筆圓厚
香光先生臨顏魯國送劉太沖
　　　郭尚先

圖 46《郭尚先行書「香光先生
　臨顏魯國送劉太沖」中堂》

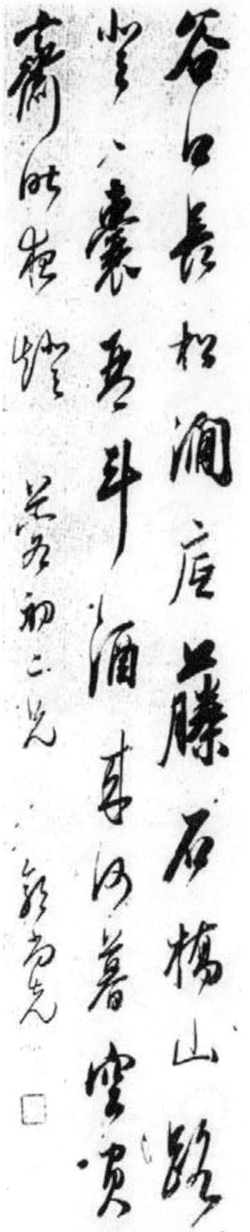

圖 47《郭尚先行書「谷
口長松澗底藤」條幅》

圖 48《郭尚先行書「謝安
格在子敬上」中堂》

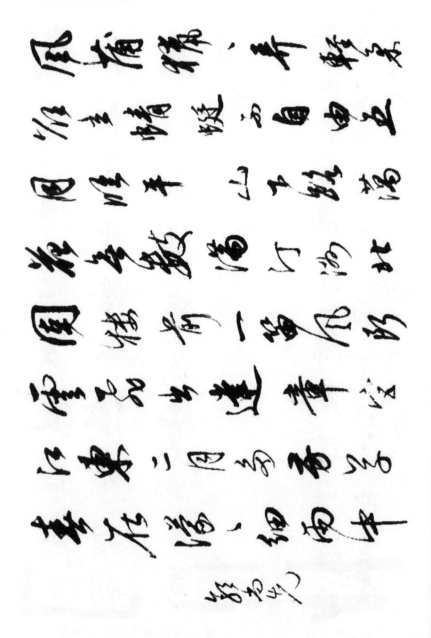

圖 49《郭尚先行書「風蒲獵獵弄輕柔」橫幅》

圖50《郭尚先行書「昔顏平原鹿脯帖」中堂》

圖 51-1《郭尚先行書「昨日
有人點第一綱茶」屏條》

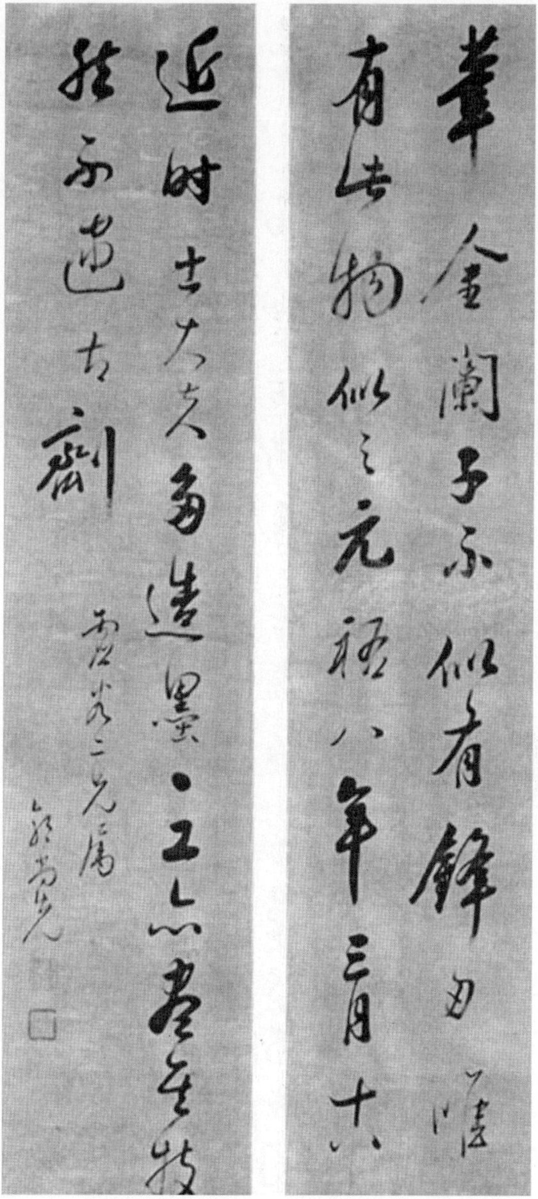

筆金蘭子不似有鋒田陰
有古物似之元稹八年三月十

近时士大夫多造墨王以書至枝
拄不追古劇

圖 51-2《郭尚先行書「昨日
有人點第一綱茶」屏條》

圖 52-1《郭尚先行書「江東
煙水多白鳧」屏條》

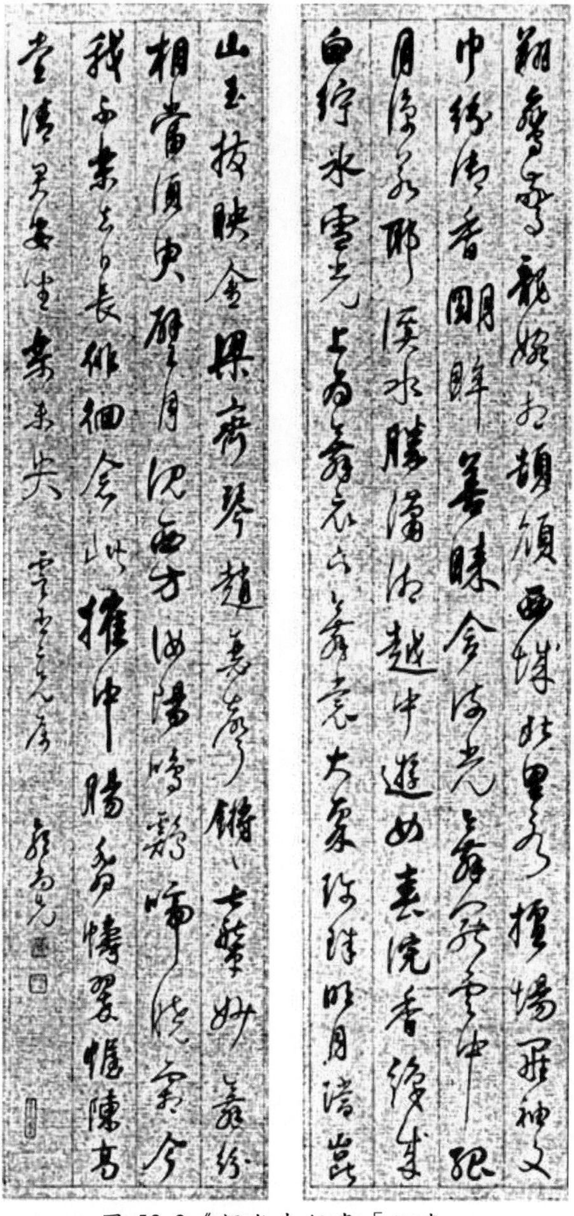

圖 52-2《郭尚先行書「江東
煙水多白鷗」屏條》

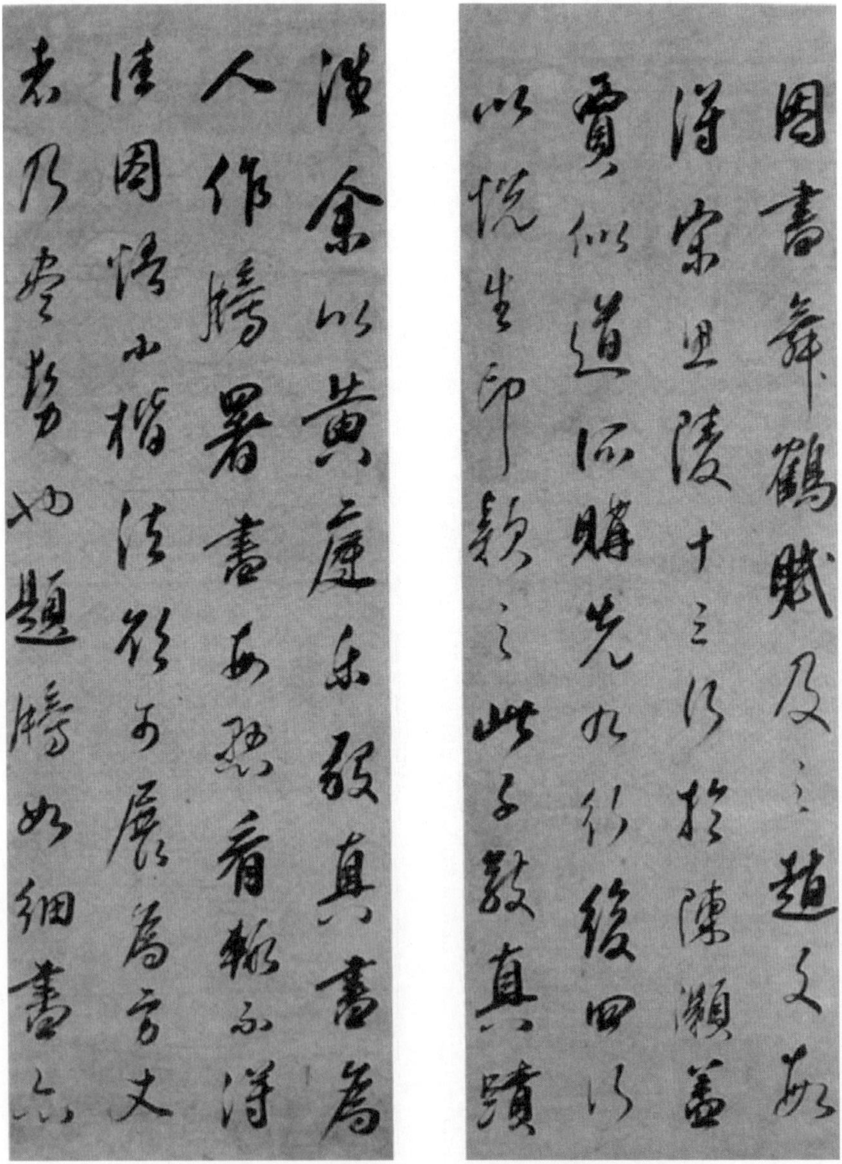

圖書舞鶴賦及之趙文敏
浮宗巡陵十三乃於陳瀨菴
賣似道以贈先九行後四以
以悅生卯毅之此予毅真蹟

淞余以黃庭乐毅真書為
人作牓署書而熟看報示浮
佳因悟小楷法形而屬為方丈
素乃耆恭如題牓如細書也

圖 53-1《郭尚先行書「因書舞鶴賦」屏條》

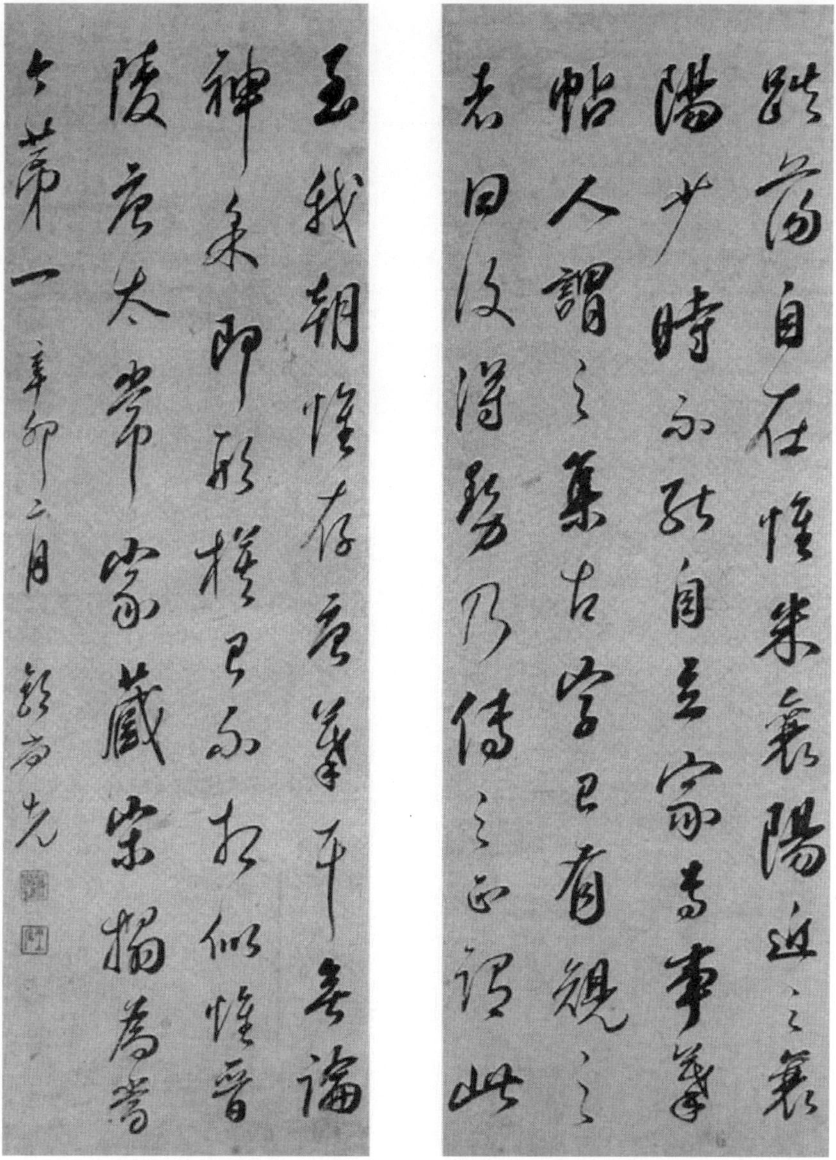

圖 53-2《郭尚先行書「因書舞鶴賦」屏條》

今日尊前忽憶君為惜秋夢
又平分坐上潇湘晚雨風定色
臺下遠樹雲野梅香
軟雨新晴寺畔閒居陸農考

圖 54-1《郭尚先行書「今日尊前忽憶君」屏條》

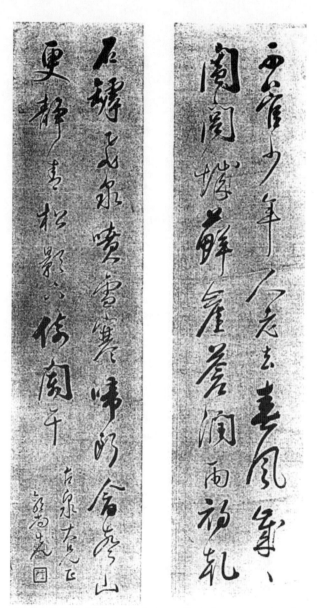

圖 54-2《郭尚先行書「今日尊前忽憶君」屏條》

圖 55《郭尚先行書「貞觀所購大王書」中堂》

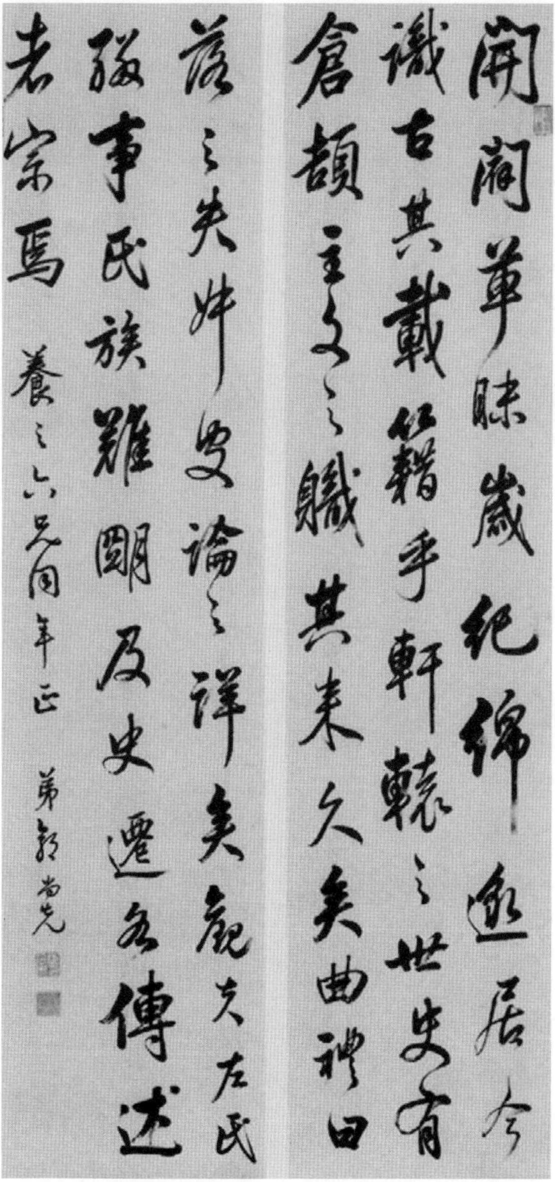

開闔草昧歲紀綿邈居今

識古其載籍手軒轅之世史有

倉頡□□□□職其來久矣曲神田

蓋三失其分史論之詳矣鹿夫左氏

紋事氏族難閱及史遷名傳述

志宗焉　養之六兄尚年正

弟郭尚先

圖 56《郭尚先行書「開闔草昧」中堂》

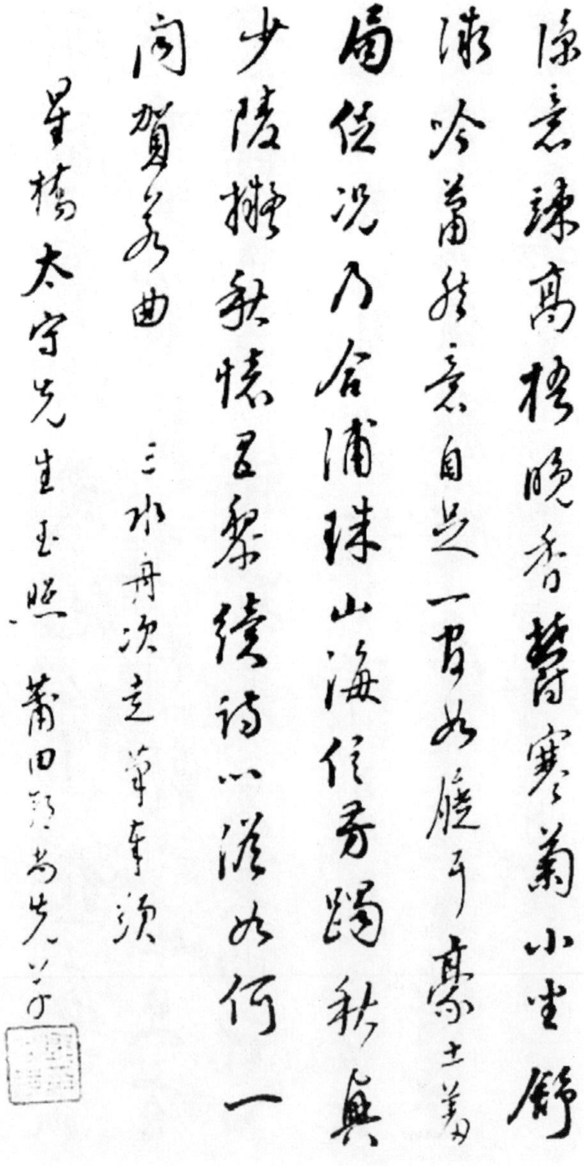

涼意竦高梧晚香馨寒菊小堂餘
凍吟蕭疏意自足一覺如憩于豪士菴
寓位況入合浦珠山海信奇蹈秋真
少陵攡秋懷豆梨續詩以遣如何一
尚賀高曲　　三水舟次走筆率題
星橋太守先生玉照　　蒲田郭尚先

圖57《郭尚先行書「涼意竦高梧」中堂》

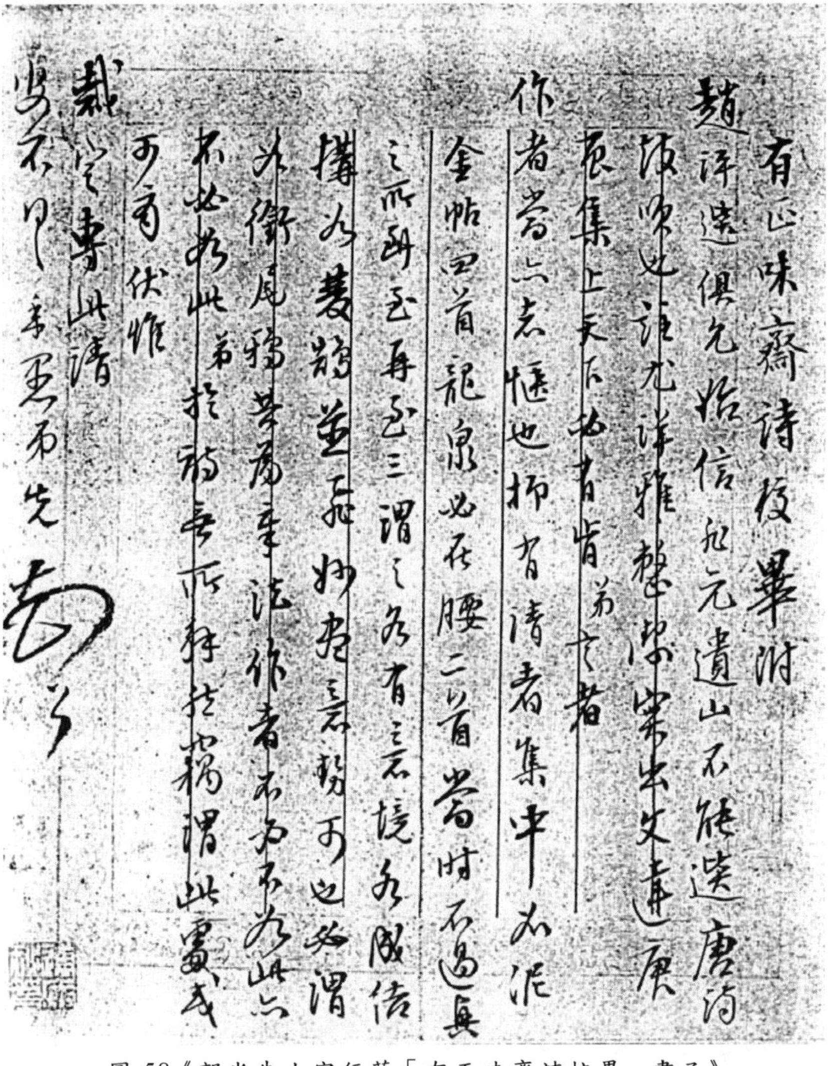

圖 58《郭尚先小字行草「有正味齋詩校畢」書函》

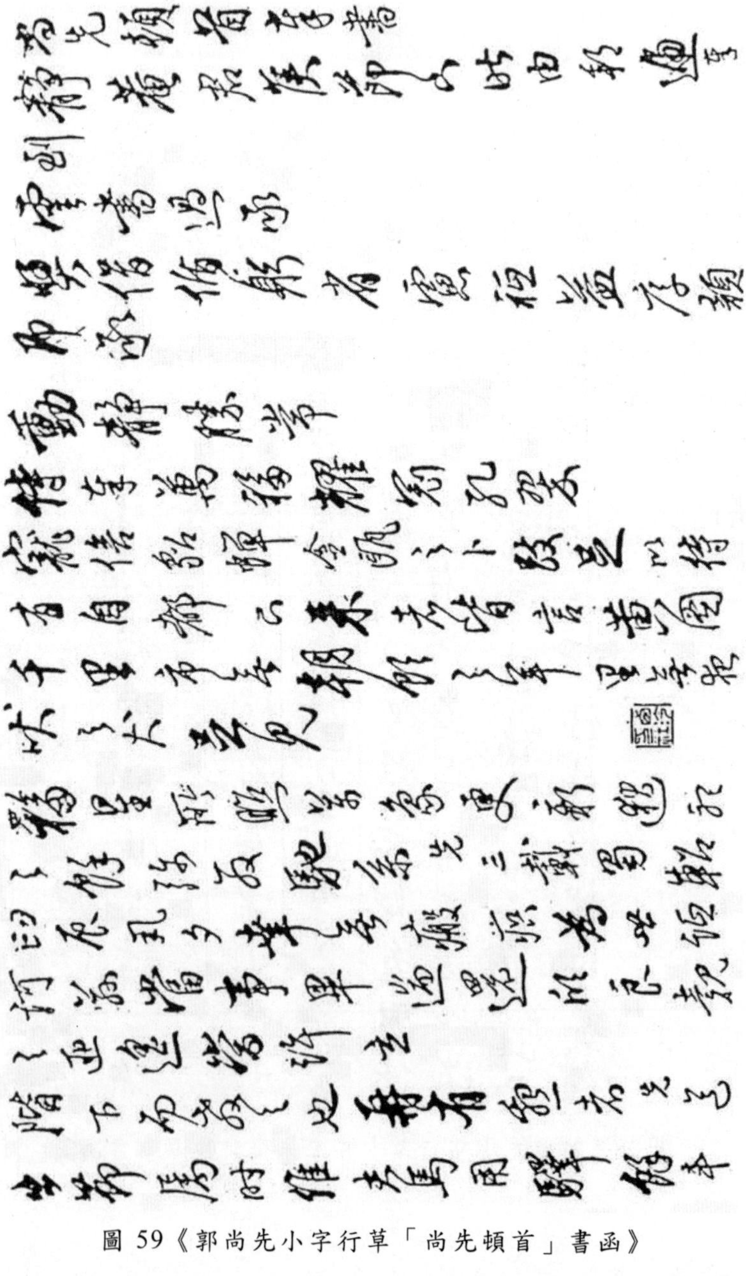

圖 59《郭尚先小字行草「尚先頓首」書函》

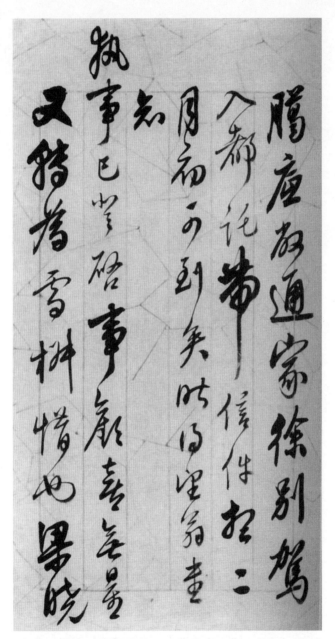

圖 60-1《郭尚先小字行草「臘底敕通家徐別駕」書函》

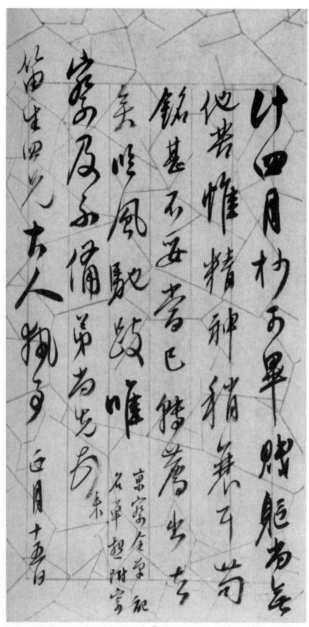

圖 60-2《郭尚先小字行草「臘底敝通家徐別駕」書函》

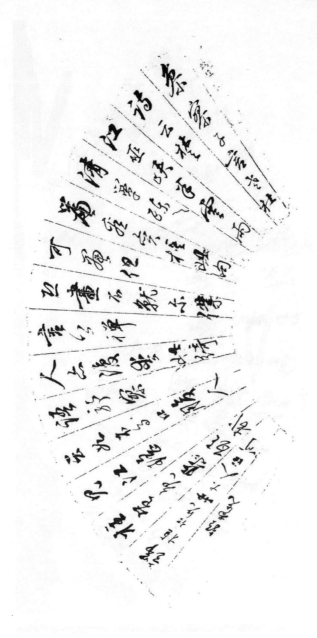

圖 61《郭尚先行草「參寥子言老杜詩云」扇面》

圖 62《郭尚先行草「西山香山妙無比」扇面》

圖 63《郭尚先行草「文湖州畫竹」扇面》

圖 64《郭尚先行草「為人性僻耽佳句」扇面》

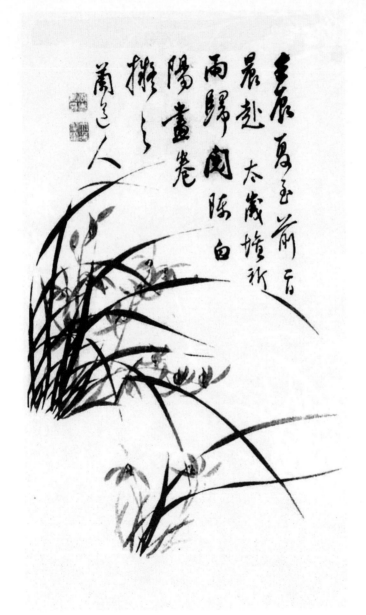

圖 65《郭尚先行草「壬辰夏至前二日」題〈蕙蘭圖〉》

圖 66《郭尙先行草「樗板橋山人筆
意」題〈墨蘭〉》（局部）

圖 67《郭尚先行草「空谷佳人絕世姿」題〈蘭石〉》（局部）

圖 68《郭尚先行草「震卿大兄正」題〈扇面蘭石〉》

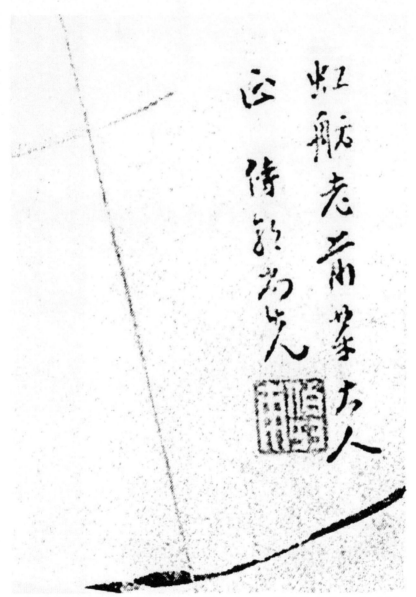

圖 69《郭尚先行草「虹舫老前輩大人正」題〈扇面香祖友石〉》

圖 70《郭尚先楷書「長白介文女史」題〈介文女史山水〉》